Kenneth S. Leong
Jesus – der Zenlehrer

W0060559

HERDER spektrum

Band 5503

Das Buch

Ein Jesus-Buch für das neue Jahrtausend. Der ungewöhnliche Blick auf den Kern der Jesus-Botschaft – voller Überraschungen: Ein Mensch mit der spirituellen Erfahrung des Ostens entdeckt Jesus auf inspirierende Weise neu. Es ist ein am Zen geschulter Zugang, der, so Leong, am ehesten der Art entspricht, wie Jesus selbst lehrte. Es geht nicht um Beherrschung des Lebens durch Doktrin. Paradoxa und Geheimnisse haben ihren Platz im Leben des Menschen. Darin besteht das Wesen des Zen – und der Weg Jesu: einen ganzheitlichen unverstellten Zugang zum Leben zu eröffnen, wie es wirklich ist und von Menschen erfahren wird, zu einem Leben, bei dem man den Wert von Spannungen erkennt, Kostbares im Dunkel findet, Schwierigkeiten in kreative Möglichkeiten verwandelt und die menschliche Unvollkommenheit als höhere Form der Vollkommenheit zu schätzen lernt (denn nur sie ermöglicht ein Weiterwachsen). Viele Menschen haben die Freude, den Humor und die Tiefe der Lehren Jesu übersehen, weil sie für immer bei der ersten Deutung, nicht selten bei ihrem Kinderglauben, stehengeblieben sind. Aber nur für den, der sein Verständnis im Maß der persönlichen Erfahrungen wachsen läßt, werden die Heiligen Schriften lebensprägend. Die spirituelle Seite des Zen findet sich auch in zentralen Stellen aus den Evangelien. Es ist die Kunst des reinen Daseins in der Gegenwart; die Kunst des Sehens, was ist; der Blick auf die „alltägliche Hölle" (nicht die Drohgebärde) und paradoxe Einsichten über Leid und den Tod. Die Sicht des Glaubens als Empfänglichkeit, die Überwindung des Bösen durch Wahrhaben und eine neue Sicht der Wirklichkeit („die Realität sehen, ist der Anfang der Liebe") stehen im Zentrum von Jesu Lehre. „Leong macht auf spannende Weise klar: Die spirituelle Seite des Zen, die Kunst des Lebens in der Haltung der Gelassenheit und des Vertrauens, trifft sich mit dem Kern der Evangelien. Auch sprachlich ein ausgezeichnetes Buch" (Professor Dr. Ludwig Wenzler).

Autor

Kenneth S. Leong ist Zenlehrer in Rye, New York, und in Manhattan. Er ist in Honkong geboren und lebt in Rye. Sein Buch ist das Ergebnis jahrelanger Zenpraxis und seiner Erfahrung im Dialog mit Christen verschiedener Denominationen.

Kenneth S. Leong

Jesus – der Zenlehrer

Das Herz seiner Lehre

Aus dem Amerikanischen
von Bernardin Schellenberger

Herder
Freiburg · Basel · Wien

Titel der amerikanischen Ausgabe:
The Zen Teachings of Jesus, published by arrangement with
The Crossroad Publishing Company, New York
© 1995 by Kenneth S. Leong

Gedruckt auf umweltfreundlichem,
chlorfrei gebleichtem Papier

Deutsche Erstausgabe
Alle Rechte vorbehalten- Printed in Germany
© Verlag Herder Freiburg i. Br. 2000
Satz: Rudolf Kempf, Emmendingen
Herstellung: Freiburger Graphische Betriebe 2000
Umschlaggestaltung: R · M · E, Roland Eschlbeck, Liana Tuchel
Umschlagmotiv: Christus des Schweißtuchs der Veronika.
Tempera auf Holz. Kathedrale der Dormitio, Moskau, Kreml, 12. Jh.
Moskau, Galerie Tretjakow
ISBN 3-451-05503-1

Inhalt

Die Evangelien als Zen-Texte

In der Welt seid ihr in Bedrängnis; aber habt Mut.
JOHANNES 16,33

Mit sechzehn verließ ich Jesus, um das Tao zu suchen. Heute bin ich vierzig, und mir geht auf, daß ich das Tao in Jesus hätte finden können.

Dieses Buch ist ein Stück weit der Ertrag meines Weges. Er könnte wie ein Weg im Kreis herum aussehen; das ist er aber nicht. Ich glaube nicht, daß ich ohne diesen Weg zu einem wirklichen Verständnis Jesu gefunden hätte. Im vorliegenden Buch geht es mir darum, deutlich zu machen, daß Zen nichts Fremdes von außen ist. Zen ist *Alltagsspiritualität*. Die aber hatten wir immer selbst im Haus! Nur haben die meisten von uns gar nicht gemerkt, was ihnen unmittelbar vor Augen lag. Zen ist ein die Kulturen und Religionen übergreifendes Phänomen. Wo Sie auch sein mögen, Sie können es immer entdecken. Denn Zen ist in Ihnen.

Jesus dürfte die berühmteste Gestalt der Menschheitsgeschichte sein. Die christliche Bibel ist ein ewiger Bestseller, und das Christentum ist in der westlichen Welt immer noch die am weitesten verbreitete Religion. Aber noch zweitausend Jahre nach seinem Tod bleibt Jesus für uns so rätselhaft wie eh und je.

Wer ist Jesus? Wofür steht er wirklich? Was genau hat er gelehrt? Über diese Fragen herrscht unter uns noch immer kaum Übereinstimmung. Paradoxerweise ist der bekannteste Mensch der Geschichte auch der am wenigsten faßbare.

In diesem Buch unternehmen wir keine Suche nach dem historischen Jesus. Auch soll es kein gelehrtes Buch über das Christentum oder die traditionellen Lehren und Vorstellungen über Jesus sein. Vielmehr geht es mir um den Versuch, die Lehren Jesu unter einem neuen Blickwinkel anzugehen und die verlorengegangenen Dimensionen seiner Spiritualität wieder zu erschließen: die Freude, den Humor, die Poesie. Dabei ist es für uns wichtig, zwischen dem zu unterscheiden, was über Jesus gesagt wird und dem, was Jesus gesagt hat. Tut man das, stößt man auf eine ganz neue Welt, die voller Farben und Lebendigkeit ist. Es ist der Beginn einer abenteuerlichen Entdeckungsfahrt, bei der einem die Augen aufgehen.

Wir deuten Jesus oft deshalb falsch, weil wir versucht sind, ihn zu „ernst" oder zu „feierlich" zu nehmen. Paradoxerweise heißt, Jesus „ernst" zu nehmen, ihn nicht ernst zu nehmen. Echte Spiritualität beginnt damit, daß man sich entspannt und locker wird. Packt man die Heilige Schrift „ernst" und angespannt an, geht man mit ihr respektlos um!

Wer die Lehren Jesu verstehen will, braucht Sinn für Humor. Humor ist auch der Schlüssel zum Zen. Die Legende will wissen, das Zen sei mitten aus Mahakashyapas Lächeln geboren worden. Mahakashyapa war einer der älteren Schüler Buddhas. Mehr über sein Lächeln soll gesagt werden, wenn wir im 1. Kapitel die „Blumenpredigt" vorstellen.

Die Auffassung, wer der jüdisch-christlichen Tradition folge, müsse die Zähne zusammenbeißen und sich anstrengen, ist falsch. Es mag für dieses Thema hilfreich sein, daran zu erinnern, daß Gott immer auch eine humorvolle Seite und Freude am Spaß hat. So hat er zum Beispiel Mose, einen Mann „mit langsamer Rede und schwerer Zunge", zum wichtigsten Propheten der Juden gemacht. Oder er ließ Sara in hohem Alter ein Kind bekommen. Aus diesem Grund erhielt das Kind den Namen Isaak, was „Lachen" bedeutet, denn „Sara sagte: Gott ließ mich lachen; jeder, der davon hört, wird mit mir lachen" (Genesis 21,6). Der Apostel Paulus beschrieb uns, wie Gott die Welt auf den Kopf stellt und das allzu Ernste lächerlich macht: „Das Törichte in der Welt hat Gott erwählt, um die Weisen zuschanden zu machen, und das Schwache in der Welt hat Gott erwählt, um das Starke zuschanden zu machen. Und das Niedrige in der Welt und das Verachtete hat Gott erwählt: das, was nichts ist, um das, was etwas ist, zu vernichten" (1. Korintherbrief 1,27–28). Angesichts der Tatsache, daß Gott Humor liebt, sollte es nicht überraschen, daß zu großer Ernst ein Haupthindernis für die Spiritualität ist. Denn eine Vorbedingung für den Humor ist eine gewisse Lockerheit und Entspanntheit. Jesus hat einmal ausgerufen, Gott habe „all das (d. h. die Wahrheiten und Geheimnisse des Reiches Gottes) den Weisen und Klugen verborgen, den Unmündigen aber offenbart" (Matthäus 11,25). Es ist eine geradezu Zen-hafte Äußerung, die allerdings nur allzu gern von Laien wie Klerikern und Theologen übersehen wird. Der springende Punkt dabei ist, daß „Unmündige", womit „kleine Kinder" gemeint sind, entspannter als Erwachsene sind und sich eher auf ihre Intuition als ihren Verstand verlassen, wodurch sie besser für die Spiritualität disponiert sind als Erwachsene.

Was die meisten als „Ernst" bezeichnen, ist in Wirklichkeit ein Symptom des Ego. Die meisten von uns sind „ernst", weil wir zu sehr um unser eigenes Ich kreisen, um unseren Selbstwert und unsere eigenen Vorstellungen darüber, was gut, was richtig, was wahr ist usw. Ich rede nicht der Leichtfertigkeit das Wort, doch legt sich Ernsthaftigkeit in dem Maß selbst lahm, in dem sie die Folge einer gewissen Fixierung ist. Wer hartnäckig in starren Vorstellungen verharrt, verbaut sich Weitsicht und Flexibilität. Andererseits sind Entspanntheit und Humor in dem Maß das eigentlich Ernsthafte, in dem sie uns zu größerer Achtsamkeit und Lebendigkeit verhelfen.

Doch gibt es noch andere Arten des Fixiertseins, von denen die geläufigste das Festgelegtsein auf den „gesunden Menschenverstand" sein dürfte, wozu das Vernünftigsein gehört. Die meisten Menschen nehmen etwas nur dann „ernst", wenn es „vernünftig" ist. Alles andere betrachten sie als „Un-Sinn". Wie Albert Einstein aber bemerkt hat, stellt sich das, was uns unser „gesunder Menschenverstand" sagt, oft schlicht als Vorurteil heraus, das uns im Lauf vieler Jahre sozialer Konditionierungen in Fleisch und Blut übergegangen ist. Im Zen geht es nicht darum, die Vernunft völlig abzuwerten, sondern die Beschränktheit des Vernunftdenkens einzusehen.

Anders als es scheinen mag, ist der Humor ein Weg zur Wahrheit. Während viele Menschen mit Humor eher die Vorstellung von Oberflächlichkeit und eleganter Leichtfertigkeit gegenüber dem Leben verbinden, sieht das zum Beispiel der Philosoph Georgias Leontinus ganz anders: „Humor ist das ausschlaggebende Kriterium für Ernsthaftigkeit, und Ernsthaftigkeit ist das Kriterium für echten Humor. Jemand, der Spaß nicht vertragen kann, ist verdächtig; und ein Scherz, der ernsthafter Untersuchung nicht standhält, ist eindeutig ein falscher Spaß."[1]

Definieren wir für unsere Zwecke „Humor" so: Humor ist die geistige Fähigkeit, das Lachhafte, Unangemessene oder Absurde zu entdecken, beim Namen zu nennen oder zu schätzen. Das unterstellt eine gewisse Schärfe und Schnelligkeit des Geistes. Humor ist eng verwandt mit *Witz*, also der geistigen Fähigkeit, erhellende oder amüsante Zusammenhänge blitzschnell zu erkennen. Beides sind entscheidende geistige Fähigkeiten dafür, Erleuchtung zu erlangen.

Echter Humor setzt Wachheit voraus – eine Wachheit, die Ergebnis des Entspanntseins ist, und nicht der Angst. Drückt man tiefe spirituelle Wahrheiten mit Worten aus, so scheinen sie wie Widersprüche in sich selbst, wenn nicht gar wie Albernheiten zu klingen. Ein naheliegendes Beispiel ist der berühmte Ausspruch Jesu: „Wer sein Leben zu bewahren sucht, wird es verlieren; wer es dagegen verliert, wird es gewinnen" (Lukas 17,33). Diese Aussage entbehrt aller Logik. Simone Weil hat es so formuliert: „Widersprüche sind das Kriterium dafür, ob etwas wirklich ist."

Wir sind darauf abgerichtet worden, Vernünftigkeit als etwas Unantastbares zu behandeln. Aber das Leben ist in einem sehr tiefen Sinn selbst etwas völlig Unlogisches. Es beugt sich ganz und gar nicht der Tyrannei der Vernunft. Selbst dem klügsten Menschen verschlägt es die Sprache angesichts der hartnäckigen Fragen eines Dreijährigen, warum dies oder jenes so ist. Überzeugt Sie das nicht, dann stellen Sie sich selbst einmal die Frage, welchen vernünftigen Grund eigentlich unser Leben hat. Unser Leben ist zutiefst ein Rätsel, das gar nicht darauf angelegt ist, mittels unseres Verstandes gelöst zu werden. Deshalb kann man über das Leben fast nichts mit dem Gehirn „wissen", sondern braucht das Herz, um es zu erfassen. Das ist eine Grundbotschaft des Zen.

Jesus ist immer wieder falsch verstanden und in falsche Begriffe gefaßt worden, und das oft deshalb, weil man ihn zu verbissen ernst genommen hat. Er ist mehr verehrt (oder angegriffen) worden, als daß man wirklich auf ihn gehört hätte. Beim Zen geht es darum, sich zu entspannen und hinzuhören, und das mit einem gesunden Schuß Humor. Wenn wir Jesus wirklich zuhören, stellen wir fest, daß er selten gepredigt oder moralisiert hat. Seine Stärke bestand darin, mit seinen farbigen Geschichten zu uns in Beziehung zu treten und uns mit seiner Poesie zu erleuchten.

Gewiß, wir können Jesus als Erlöser, Messias, Sohn Gottes und Wundertäter sehen. Aber über all dem können wir den springenden Punkt verpassen, wenn wir nicht erkennen, daß er zutiefst ein Poet war und daß seine Aussprüche die Lieder seiner Seele sind. In Zen-Kreisen ist allbekannt, daß das Tao (die Wahrheit) seiner Natur nach paradox ist und sich nicht verkünden oder auf andere Weise in Worte fassen läßt; man kann nur in seine Richtung zeigen. Aus diesem Grund hat auch Jesus auf Poesie und Humor zurückgegriffen. Wo sonst als in der Poesie finden wir die Möglichkeit, daß Widersprüche nebeneinander bestehen und dennoch eine anmutige Harmonie eingehen?

Wollen wir die spirituelle Wahrheit der Evangelien erfassen, müssen wir auf ihre Poesie und ihre kosmischen Scherze achten. Viele Christen (und auch Buddhisten) neigen dazu, Freude, Spaß, Lachen und Scherze zu gering zu bewerten, sehr zu ihrem eigenen Nachteil. Während einer meiner Unterrichtsstunden im Zen forderte ich meine Schüler auf, die Augen zu schließen und sich plastisch Buddha vorzustellen. Danach wies ich sie an, sich auch Jesus Christus vorzustellen. Hierauf sollten sie mir ihre Bilder von Buddha und Christus beschreiben. Es kam nicht überraschend, daß die meisten von ihnen Buddha als lächelnde Gestalt beschrieben, Christus dagegen als ernste.

In diesem Buch geht es mir zum Teil darum, die heitere Seite Jesu darzustellen. Das Lachen, vor allem das Lachen in der Welt, die wir als die „reale" bezeichnen (in der es, wie es heißt, „nichts zu lachen gibt"), gehört wesentlich zu unserer spirituellen Gesundheit. C. S. Lewis legte in seinen *Dienstanweisungen für einen Unterteufel* dem Teufel folgende Aussage in den Mund: „Das Lachen dieser Art (nämlich als Ausdruck der Freude) ist für uns (Teufel) nur schädlich, weshalb davon immer abgeraten werden sollte. Im übrigen ist dieses Phänomen an sich abstoßend und eine offene Beleidigung der Wirklichkeit, Würde und Strenge der Hölle." Ähnlich bemerkt R. H. Blyth, einer der Vorläufer des Zen in der westlichen Welt: „Erleuchtung ist immer von einem gewissen feinsinnigen Lachen begleitet."

Heiterkeit ist eine Fähigkeit der Seele und kein natürlicher Instinkt. Wäre sie ein solcher, müßten die meisten Menschen heiter durchs Leben gehen. Aber Heitersein will erlernt sein. Mit fortschreitender Lektüre dieses Buches wird sich zeigen, wie Jesus in den Evangelien die Kunst der Heiterkeit gelehrt hat.

Lachen ist der Anfang der Befreiung. Wir müssen lernen, weniger verbissen und ernst zu sein und uns innerlich zu lösen. So gesehen ist Humor ein wesentlicher Bestandteil des spirituellen Erwachens. Dabei ist das Lachenkönnen über sich selbst besonders hilfreich, denn es löst unser schlimmstes Fixiertsein: das auf unser eigenes „Ich" oder „Selbst". Menschen, die nicht über sich selbst und ihre eigenen „heiligen Kühe" lachen können, geben keine guten Zenschüler ab. Die Erleuchtung besteht schließlich weithin darin, uns selbst als kosmischen Scherz zu erkennen und herzhaft darüber zu lachen.

Daher gehört es zum ersten, was wir über das Zen wissen müssen, daß es nichts Feierliches und Würdevolles an sich hat. Es gibt im Zen nichts „Heiliges", was umgekehrt heißt, daß dem Zen *alles* heilig ist. Ein berühmter Zen-Scherz lautet: „Wenn du den Buddha auf der Straße gehen siehst, töte ihn!" Zen ist vorsätzlich „respektlos", ja „blasphemisch", denn alles, was uns „heilig ist", erweist sich oft zugleich als Quelle unserer ganz besonderen Fixierung. Hier liegen die eigentlichen Gründe, die uns daran hindern, wirklich spirituelle Menschen zu werden. Ist es da verwunderlich, wenn Jesus zu seiner Zeit oft vorgeworfen wurde, er „lästere Gott"?

Die meisten von uns wissen: Die ersten beiden Gebote des Dekalogs handeln vom Götzendienst. Das Problem ist, daß wir uns die ganze Zeit Götzen erschaffen, oft ohne uns dessen bewußt zu sein. Ja, die gefährlichsten Spielarten von Götzendienst sind diejenigen, die im Namen Gottes begangen werden. Ein naheliegendes Beispiel dafür ist die Vergötzung der Worte Jesu, indem man sie ganz buchstäblich nimmt, statt sie als Poesie zu erkennen. Daß uns dabei ihre Schönheit, Heiterkeit und Einsicht entgehen, ist die „Strafe" dafür.

Um zu veranschaulichen, wie wichtig es ist, die Heilige Schrift als Poesie zu lesen, seien die folgenden Verse aus der Bergpredigt zitiert:

„Selig ihr Armen, denn euch gehört das Reich Gottes.
Selig, die ihr jetzt hungert, denn ihr werdet satt werden.

Selig, die ihr jetzt weint, denn ihr werdet lachen.
Selig seid ihr, wenn euch die Menschen hassen und aus ihrer Gemeinschaft ausschließen,
wenn sie euch beschimpfen und euch in Verruf bringen um des Menschensohnes willen.
Freut euch und jauchzt an jenem Tag;
euer Lohn im Himmel wird groß sein" (Lukas 6,20–23).

Einer der traurigsten Irrtümer, die wir begangen haben, bestand darin, das Reich Gottes ganz in die Zukunft zu verlegen. Der Apostel Paulus hat uns eindeutig gesagt: *„Jetzt* ist sie da, die Zeit der Gnade" (2. Korinther 6,2). Die Formulierung im obigen Gedicht „ihr werdet" will eine kausale Verknüpfung anzeigen, nicht in eine ferne Zukunft verweisen. Deutet man es anders, nimmt man dem Reich Gottes sein Geheimnis und seine Schönheit, und zugleich seine befreiende Wirkung.

Das Reich Gottes ist *jetzt* zugänglich; das meinte Jesus, als er davon sprach, das Reich Gottes sei „nahe" (Markus 1,15). Ist unser spirituelles Auge erst einmal geöffnet, sehen wir, daß es *in* der Armut Reichtum gibt, *im* Hunger Fülle, *in* der Trauer Freude, *in* der Drangsal Segen. Im Reich Gottes fallen alle Gegensätze zusammen. Sie werden alle zu gegenwärtigen Wirklichkeiten. Jesus sagte: „Euer Lohn im Himmel wird groß sein." Dieser Himmel ist im Hier und Jetzt, vorausgesetzt, wir geben uns Mühe, genau hinzuschauen. Wir werden darauf im Kapitel „Das Himmelreich ist Gegenwart" noch näher eingehen.

Jesus war nicht nur Poet, er war auch Künstler. In gewisser Hinsicht impliziert das eine schon das andere; denn ein Poet ist ein Künstler mit Worten. Aber Jesus war nicht nur mit Worten ein Künstler: *er war auch ein Meisterkünstler des Lebens*. Er verwendete das Leben als Rohmaterial, um damit seine Seele zum Ausdruck zu bringen. Er brachte Qualität in das Leben.

Zen ist sehr eng mit Kunst und Poesie verknüpft. Ja, Zen ist nichts anderes als die Kunst des Lebens. Die Übung des Zen bringt Schönheit und Qualität ins Leben, ins eigene und in das Leben anderer. In den nächsten beiden Kapiteln wird sich zeigen, daß zu den Grundelementen des Zen das Gewärtigsein, das Gewöhnliche, Würze, Ungezwungenheit, Freundlichkeit, Freiheit, Einfachheit und das Paradoxe gehören. Es sind zugleich wichtige Elemente der

Kunst. In den beiden Kapitel „Was ist Zen?" werden wir sehen, daß die Bergpredigt zutiefst eine Lektion in der „Kunst des Lebens" ist.

Ich will hier schon einmal kurz auf das Zen-Element der „Gewöhnlichkeit" eingehen. Es besteht kein Zweifel, daß die moderne Zivilisation riesige Fortschritte gemacht hat, was Wissenschaft, Technologie und materiellen Wohlstand angeht. Eines der wichtigen Themen dieses Buches wird sein, weshalb wir angesichts dieses „Fortschritts" trotzdem nicht das Glück gefunden haben. Ein Artikel in den *New York Times* mit dem Titel „A Rising Cost of Modernity: Depression" (8. Dezember 1992) ist nur ein Bericht von vielen, die dieses absurde Schicksal vieler Menschen von heute beklagen, von Menschen, denen es eigentlich gut geht. Warum sind wir trotz unseres materiellen Überflusses so unglücklich? Meines Erachtens liegt der Grund dafür vor allem darin, daß die moderne Welt die *Kunst, den „Zauber des Gewöhnlichen" zu entdecken*, verlernt hat, das heißt die Kunst, unser gewöhnliches, weltliches und vielleicht eintöniges Dasein in ein Leben voller Schönheit und Freude zu verzaubern.

Genau aus diesem Grund ist Jesus so wichtig für unsere Welt. Jesus ist ein großer Lehrer der Kunst des „Zaubers des Gewöhnlichen". Diese große Gabe Jesu haben wir aber völlig übersehen, weil wir uns darauf verlegt hatten, auf seine Wunder und anderen übernatürlichen Taten zu starren. Es mag ganz interessant sein, gelegentlich an einem „Heilungs-Gottesdienst" teilzunehmen, viel wichtiger aber ist, den „Zauber des Gewöhnlichen" kennenzulernen, da er unser alltägliches Leben betrifft. Normalerweise schauen wir nach äußeren Wundern aus, wenngleich sich das wichtigste Wunder im Inneren abspielt: das Wunder, daß sich unsere Art und Weise, die Welt wahrzunehmen, von Grund auf verändern kann. Ereignet sich dieses Wunder nicht, kann auch das Gewöhnliche seinen „Zauber" nicht offenbaren.

Jesus ist ein genialer Lehrmeister, der zur „inneren Alchemie" anleitet, indem er den in uns schlummernden Künstler weckt. Genau wie bei allen anderen Künsten geht es bei der „Kunst des Lebens" nicht so sehr um die Veränderung der äußeren Welt, sondern um das Entdecken kreativer und konstruktiver Möglichkeiten, mit dieser Welt umzugehen. Das allein ist das echte Wunder. Marianne Williamson bietet uns folgende Einsicht in die Natur von Wundern:

„Es (das Wunder) bedeutet nicht so sehr die Verlagerung einer objektiven Gegebenheit – obwohl sich das oft ergibt –, als vielmehr eine Verlagerung der Art und Weise, wie wir eine Gegebenheit *wahrnehmen*. Was sich primär ändert, ist die Art und Weise, wie wir mit unserem Geist eine Erfahrung registrieren, das heißt wie wir die Erfahrung erfahren."[2]

Wir mögen über phantastische Möglichkeiten verfügen, die äußere Welt zu verändern – viel phantastischer sind die Möglichkeiten unseres Ego, immer neue Wünsche und Unzufriedenheiten zu entwickeln. Unser Ego begehrt ewig Neues. Dem ist nur dadurch wirklich abzuhelfen, daß man eine „innere Alchemie" anwendet, das heißt einen Prozeß der Umwandlung vollzieht, kraft derer man das Himmelreich (bzw. die Qualität oder Schönheit) im *Inneren* erkennt. Die Einübung in die Praxis des „Verzauberns des Gewöhnlichen" besteht in einer Art von spirituellem Erwachen. Erst nach diesem Erwachen kann man „neu geboren" werden und als neuer Mensch leben.

Echte Spiritualität ist eine Kunst, denn die Praxis der Spiritualität erfordert schöpferische Phantasie und ein hohes Maß an Sensibilität. Bloßes Frommsein genügt nicht, um Zugang zur Kunst oder zu den Worten Jesu zu finden, die der poetische Ausdruck seiner inneren spirituellen Erfahrung sind.

Vielen fromm gesinnten Menschen verschleiert die Vergötzung und ein buchstäbliches Verständnis der Heiligen Schrift die Bedeutung Jesu. Halten wir uns immer vor Augen, daß Jesus Künstler und Poet ist. Kunst ist nur möglich, wenn eine echte Kommunikation zwischen zwei Seelen stattfindet: die zwischen Künstler und Publikum. Bei einer bestimmten Art von Gottesdienst besteht das Problem, daß sie die beiden Seelen eher voneinander trennt als zusammenführt. Die Soziologin Ellen Rosenberg stellt über eine bestimmte Form der Verehrung der Bibel fest: „Da im Mittelpunkt das Prinzip steht: ‚Die Bibel hat immer recht', wird die Bibel eher gepredigt als gelesen, eher geschwungen als ausgelegt . . . Die Bibel ist zum Talisman geworden."[3]

Ein weiteres Hindernis für echte Kommunikation liegt in der Angst vor dem Individuellen bzw. dem Zwang zum Konformismus. Auf dem Gebiet der Spiritualität ist es jedoch unmöglich, sich immer „genau an die Parteilinie" zu halten. Bei bestimmten christlichen Gruppen, die an die buchstäbliche Unfehlbarkeit der Bibel glauben, nimmt der Mangel an Vertrautheit mit der Bibel eine ganz neue Form an. Die Mitglieder dieser Gruppen werfen oft geschickt mit Bibelzitaten um sich, wenngleich ihr Bibelverständnis eher das Ergebnis einer Indoktrination als die Frucht einer persönlichen Wahrnehmung ist. Als solchem fehlt ihm die Echtheit. Harold Bloom meint zu diesem Phänomen:

> „Die hohe Wertschätzung der Heiligen Schrift, die im 17. Jahrhundert Baptisten und anderen Protestanten zur Freiheit von institutionellen Zwängen und zur spirituellen Autonomie verholfen hat, führte zu einer der großen Paradoxien der Geschichte des Protestantismus: Gegen Ende des 20. Jahrhunderts ist sie dazu verkommen, daß sie Baptisten und andere Protestanten ihrer Freiheit als Christenmenschen beraubt. Denn sie haben ihre seelische Kompetenz zum Lesen und Auslegen der Bibel verloren, über die jeder Mensch kraft seines inneren Lichts verfügen kann."[4]

Die Aussprüche Jesu sind spirituelle Poesie. Betrachten wir sie nur mit der Brille der institutionellen Religion, rühren wir nicht an ihr Wesen. Vielmehr müssen wir uns auf unsere eigene „seelische Kompetenz" verlassen, um in Resonanz mit ihnen zu kommen. Wir müssen mit unserem eigenen Herzen die Wahrheit und Schwingung der Worte Jesu *erfühlen*. Nur wenn wir über diese unsere ganz persönliche „Herzensverbindung" mit Jesus in Beziehung treten, können wir ihn wirklich kennenlernen.

Das vorliegende Buch möchte auch versuchen, die negativen Bilder, die manche Menschen von Jesus haben, zu beheben. Manche stellen sich ihn so vor, als habe er Feuer und Schwefel gepredigt. Für einen Lehrmeister aber, der „kühn" genug war, uns ans Herz zu legen, unsere spirituellen Anregungen eher bei kleinen Kindern als bei den „frommen und rechtschaffenen" Pharisäern zu suchen, ist das unvorstellbar. Jesus sagt, das Himmelreich gehöre den Kindern. Die meisten unserer Mißverständnisse über seine Lehren lassen sich zerstreuen, wenn wir etwas näher betrachten, wie sich Kinder verhalten. Kinder sind lebhaft, strahlend, voller Energie, sorglos, verspielt und haben Freude am Spaß. Sie leben im Augenblick und sind fähig, bei allem, was sie tun, sich selbst völlig zu vergessen. Kinder suchen Abenteuer und leben das Leben voll aus. Sie praktizieren sogar Spiritualität, ohne sich dessen bewußt zu sein. Darin liegen die spirituellen Qualitäten der Kinder, von denen Jesus gesagt hat, wir sollten sie wieder erlernen.

Jesus beweist, daß seine Religion etwas *Natürliches* ist; seiner Spiritualität geht jede Spur des Künstlichen oder Verbissenen ab. Ebenso wie Kunst sich nicht erzwingen läßt, verstand Jesus auch den Weg zu Gott als Weg des *wu-wei* (des taoistischen „Handelns durch Nicht-Handeln"). Was damit genauer gemeint ist, werden wir im Kapitel „Mein Joch drückt nicht" sehen.

Eine weitere Fehleinschätzung Jesu besteht in der Auffassung, er sei ein Moralist gewesen. Ein Moralist beruft sich für das Gutsein auf ein System ausdrücklicher Regeln. Aber Jesus war kein beharrlicher Verfechter von Regeln, denn er war davon überzeugt, daß es für Schönheit (oder Qualität) kein Rezept gebe. Ja, schon der Versuch, Schönheit zu erlangen, indem man streng festgelegte Regeln anwendet, ist der Anfang der Häßlichkeit. Laotse hat es so gesagt: „Geht der große *Sinn* (Tao) zugrunde, so gibt es Sittlichkeit und Pflicht."[5] Zum Gutsein kann man so wenig gezwungen werden wie zur Kunst; es muß ein spontaner Ausdruck der Seele sein. Dieses Prinzip, das Gutsein nicht von Regeln abhängig zu machen, mögen manche für eine Art moralischer Laxheit halten. In Wirklichkeit vertrat Jesus jedoch eine *höhere Form* der Moral, nämlich eine Moral (oder besser, eine Meta-Moral) in Form einer echten Kunst. Diese Thematik von Gut- und Bösesein werden wir im Kapitel „Was den Menschen unrein macht" genauer erörtern.

Jesus war ein Liebender. Er liebte vor allem das Leben. Das erste, was es über die Liebe zu lernen gibt, ist: Sie ist ein Geheimnis, das heißt, etwas, das man nie ganz begreifen kann. Ich habe in diesem Buch ein ganzes Kapitel der Liebe gewidmet, bin mir aber über die Schwierigkeit im klaren, über dieses tiefgründige Thema zu sprechen. In gewissem Sinn ist die Liebe etwas Verrücktes. Sie hält sich weder an Regeln noch an die Vernunft. Wir wissen, daß wahre Liebe „bedingungslos" ist, das heißt, sie ist ein freies Geschenk und nicht eine Investition oder eine Belohnung. Doch „Bedingungslosigkeit" gilt in unserer Welt als etwas Irrationales, weil ja in dieser rationalen Welt eigentlich alles einen bestimmten vernünftigen Grund haben muß.

Liebe und Angst vermischen sich nicht; Angst wird von der Vernunft ausgetrieben, Liebe nicht. Aber „fromme" Menschen können zwischen beiden oft nicht genau unterscheiden. Als Jesus gefragt wurde, welches das größte Gebot im Gesetz sei, gab er zur Antwort: „Du sollst den Herrn, deinen Gott, lieben mit ganzem Herzen und ganzer Seele, mit all deinen Gedanken und all deiner Kraft" (Markus 12,30).

Sollten Sie es nicht gemerkt haben: Hinter dieser Antwort steckt ein gehöriges Maß an Humor. Damit untergrub Jesus die Auffassung der religiösen Autoritäten, die Liebe und Angst miteinander verwechselten. Er gab uns zudem einen Hinweis, indem er uns sehr deutlich einbleute: „mit ganzem Herzen und ganzer Seele . . ." Wenn wir uns diesen Spruch ganz entspannt anhören, geht uns auf, daß es sich hier um einen seiner größten „kosmischen Scherze" handelt, nämlich um ein *unmögliches* Gebot! Alles, was sich durch Gebote vorschreiben läßt, ist keine echte Liebe. Nur Angst läßt sich durch Gebote verordnen. Mit anderen Worten: Das größte und einzige Gebot, das Jesus der Welt gegeben hat, erweist sich als eine in sich widersprüchliche Aussage. Dieses „Nicht-Gebot" stellt einen scharfen Kontrast zwischen der Vorstellung Jesu und der Vorstellung der Pharisäer über die Ethik her. Es spiegelt seine spirituelle Einsicht, daß wir durch Gnade, nicht durch Anstrengung erlöst werden.

Der Weg zu wahrer Spiritualität liegt in anmutiger, müheloser Liebe, nicht in starrer Moralität. Wahre Liebe ist Kunst. Sie ist keine beschränkte Form der Moralität, denn sie schert sich nicht um Anstrengung oder Regeln. Liebe ist spontan und schöpferisch; sie ist eine Kunst, die den Geist freisetzt. Moralität besteht aus Regeln, die den Geist binden. Genau aus diesem Grund geriet Jesus in großen Konflikt mit den religiösen Autoritäten, den Pharisäern, Schriftgelehrten und ihresgleichen. Hält man sich streng an die Moral, untergräbt das die Liebe.

Eine Geschichte aus dem Evangelium veranschaulicht Jesu Moralvorstellung:

„Als Jesus in Betanien im Haus Simons des Aussätzigen bei Tisch war, kam eine Frau mit einem Alabastergefäß voll kostbarem, wohlriechendem Öl zu ihm und goß es über sein Haar. Die Jünger wurden unwillig, als sie das sahen, und sagten:

Wozu diese Verschwendung? Man hätte das Öl teuer verkaufen und das Geld den Armen geben können. Jesus bemerkte ihren Unwillen und sagte zu ihnen: Warum laßt ihr diese Frau nicht in Ruhe? Sie hat ein gutes Werk an mir getan. Denn die Armen habt ihr immer bei euch, mich aber habt ihr nicht immer. Als sie das Öl über mich goß, hat sie meinen Leib für das Begräbnis gesalbt. Amen, ich sage euch: Überall auf der Welt, wo dieses Evangelium verkündet wird, wird man sich an sie erinnern und erzählen, was sie getan hat" (Matthäus 26,6–13).

Markus und Johannes berichten von einem ähnlichen Geschehen. Johannes setzte die Frau mit Maria von Betanien, der Schwester von Martha und Lazarus gleich, die ein besonders inniges Verhältnis zu Jesus hatte. Interessant ist auch der Umstand, daß im Bericht des Johannes darüber es Judas Iskariot war, der die Rolle des Moralisten spielte und mit der Frage aufwartete: „Warum hat man dieses Öl nicht für dreihundert Denare verkauft und den Erlös den Armen gegeben?" (Johannes 12,5). Die Forschung hat gezeigt, daß dreihundert Denare zur damaligen Zeit fast das Jahreseinkommen eines Handwerkers waren, also eine sehr große Geldsumme. In den Augen eines Moralisten muß diese „Verschwendung" schlicht als unsittlich erscheinen. Daher entrüstet sich Judas „moralisch mit Recht".

Die ganze Szene hat einen amüsanten Zug. Die Jünger erheben einen ernsten Vorwurf: Sie bezichtigen die Frau der unmoralischen Verantwortungslosigkeit und Jesus des Mitmachens. Aber als einzige Rechtfertigung der Frau und seiner selbst bringt Jesus das offensichtlich schwache Argument: „Sie hat ein gutes Werk an mir getan."

Wollen wir dieses merkwürdige Verhältnis verstehen, müssen wir uns daran erinnern, daß Jesus zuerst und vor allem Künstler und nicht Moralist war. Wichtiger als die Moral ist die Kunst, denn nur die Kunst vermag wirkliche Güte hervorzubringen. Echte Kunst ist reines „Spiel"; sie hat kein fixes Ziel, sie denkt nicht an sich selbst. Dagegen kommt die Moral „ernst" oder feierlich daher. Diese Ernsthaftigkeit gefällt dem Ego. Daher beobachten wir bei vielen Moralisten so viel Heuchelei. Jesus, der Lebenskünstler, entschied, was Maria getan habe, sei richtig gewesen. Er war wie ein guter Zenmeister fähig, direkt in Marias Herz zu schauen. Es wäre nicht richtig gewesen, sie zu hindern, denn was sie tat, war ein schöner und natürlicher Ausdruck dessen, was in ihrer Seele vorging. Daher akzeptierte Jesus ihr Handeln mit Dankbarkeit und Freude.

„Die Armen habt ihr immer bei euch, mich aber habt ihr nicht immer": eine wunderbare Strophe aus der Poesie Jesu, deren spirituelle Dimension nicht übersehen werden darf. Mit den „Armen" ist hier die Armut des Herzens gemeint, die Unfähigkeit der Seele, sich selbst spontan ausdrücken zu können. Das „mich" bezieht sich hier auf jene seltenen Augenblicke in unserem Leben, in denen wir unsere Liebe schlicht in ihrer ganzen Fülle ausströmen lassen. Augenblicke dieser Art gibt es nur wenige; darum sollte man sie hochschätzen und nicht unterdrücken.

Jesus, der Künstler, erkannte eine Perle, wenn ihm eine solche begegnete. Während sich die Jünger auf die soziale und wirtschaftliche Bedeutung dieses Ereignisses konzentrierten, ging es Jesus um die spirituelle Bedeutung. Daher sagte er: „Überall auf der Welt, wo dieses Evangelium verkündet wird, wird man sich an sie erinnern und erzählen, was sie getan hat." Jesus kam nicht nur zu dem Schluß, diese Handlung solle man nicht verachten, vielmehr verdiene sie, in Ewigkeit weitererzählt zu werden. In den Augenblicken, in denen wir Liebe erweisen, ist das Himmelreich bereits gegenwärtig.

Der Moralist begeht den Fehler, die Kunst und die Liebe mit einem Preisschild zu versehen. Aber die Tatsache, daß man das Öl für dreihundert Denare hätte verkaufen können, war in diesem Augenblick völlig unwichtig. Da die Liebe eine Kunst ist, entfallen bei ihr alle Kosten-Nutzen-Rechnungen. Die Kunst sollte um der Kunst willen geübt werden. Sie ist ein Ausdruck des taoistischen *wu-wei*, kein Werkzeug, mit dem sich ein praktischer Nutzen erzielen läßt. Wahre Kunst ist „nutzlos". Ihr nutzloser und zweckloser Charakter läßt die Liebe gegen den korrumpierenden Einfluß des Ego gefeit sein. In dem Augenblick, in dem wir der Liebe einen Nutzeffekt abringen wollen, erniedrigen wir sie. Maria nutzt einfach die Gelegenheit, ihrer Liebe das Kostbarste zu bieten, was sie zu bieten hat. Sie rechnet überhaupt nicht.

Diese Geschichte stellt zugleich Jesus in höchster Form als Mensch mit Humor vor. Übertragen wir dazu ganz einfach diese Geschichte in unsere heutigen Verhältnisse. Stellen wir uns vor, wir lesen morgens in der Zeitung die Schlagzeile: „Frau verwendet 50 000 DM teures Parfüm, um damit die Füße ihres Liebhabers zu waschen." Was für eine Verschwendung! Was für eine Tollheit! Die ganze Szene riecht nach mondänem Gehabe und Dummheit – und doch verordnet Jesus, sie solle für immer erzählt werden!

Aber gerade diese Elemente waren es, die dieses Ereignis in den Augen Jesu denkwürdig erscheinen ließen. Machen wir uns klar: der Frau ging es nicht um ewigen Ruhm. Eben deshalb beschloß Jesus, ihr diesen zu verschaffen, denn seine Eigenart war es, „die Ersten als die Letzten und die Letzten als die Ersten" zu behandeln. Für den gesunden Menschenverstand ist solche Geld-„Verschwendung" nichts Rühmenswertes, denn es hätte besser für die Speisung der Armen verwendet werden können. Dieses Handeln spiegelt nur die übliche Verrücktheit der Liebe. Doch das unterscheidende Auge Jesu erkannte in solcher „Vulgarität" Schönheit. Für ihn war die Tat einer gewöhnlichen Frau, die ihr Herz ohne Rücksicht darauf ausschüttete, ob sie Lob oder moralische Anerkennung einstecken würde, viel lobenswerter als die Frömmigkeit eines Pharisäers, der versuchte, ein moralischer Superheld zu werden. Jesus zog die „Gewöhnlichkeit" der Heldenhaftigkeit vor, ist doch letztere oft nur eine Spielart der Ichbezogenheit. Wahre Spiritualität hat wenig mit moralischem Athletentum zu tun, aber viel damit, ganz „gewöhnlich" zu sein und seine Gefühle offen zu zeigen.

Schließlich lehrt diese Geschichte, wie wichtig es ist, im Augenblick zu leben: eine der Kernbotschaften des Zen. Jesus sagte: „Als sie das Öl über mich goß, hat sie meinen Leib für das Begräbnis gesalbt." Das Geheimnis eines erfüllten Lebens liegt darin, jeden Tag so zu leben, als sei es der letzte. Nur dann wird der Reichtum eines jeden Augenblicks ausgekostet.

Haben wir aber erst einmal gelernt, mit unserem Herzen auf Jesus zu hören, entdecken wir, daß das, was er wirklich gelehrt hat, sich ziemlich anders ausnimmt als das, wovon andere behaupten, er habe es gelehrt. Deshalb ist es wichtig, unser überkommenes Gepäck und unsere üblichen Vorurteile abzulegen und mit der *Einstellung eines Anfängers* wieder zu beginnen. Es war für mich eine kostbare und bereichernde Erfahrung, die Evangelien auf diese Weise neu zu lesen. Ich hoffe, daß es den Lesern dieses Buches ebenso ergeht.

ERSTES KAPITEL

Was ist Zen? (I): Die Kunst des Lebens

Mein Joch drückt nicht, und meine Last ist leicht.
JESUS

TAO ist: ganz gewöhnlich sein.
NAN TSCHUAN

Zenlehrer zu sein, ist eine schwierige Aufgabe, vielleicht sogar die schwierigste der Welt. Ein Schreiner, eine Tänzerin oder ein Arzt können anderen erklären, womit sie ihren Lebensunterhalt verdienen. Aber Zenlehrer versuchen, Zen zu lehren, ohne den Leuten vorher zu sagen, was Zen überhaupt ist. Eine der Vorbedingungen dafür, Zen zu lehren, ist eine Art „heiliger Verrücktheit."

Jesus, einer der größten Zenlehrer, stellt darin keine Ausnahme dar. Als ihm die Scharen auf den Berg folgten, erwarteten sie von ihm eine welterschütternde Rede. Aber Jesus forderte sie schlicht auf, den Vögeln zuzuschauen und sich die Lilien anzusehen. Die wichtigsten Aussagen überließ er der Natur und steuerte nur hie und da ein paar erhellende Bemerkungen bei. Zenlehrer wissen um die Gefahr, zu viel zu reden. Und wir sollten natürlich nicht vergessen, daß Gott mit Abstand der gewaltigste Zenlehrer ist. Als Mose in ihn drang, ihm seinen Namen zu sagen, erklärte Gott ihm, er sei der „Ich bin". Der berühmte Psychoanalytiker Erich Fromm übersetzte diese Selbstaussage Gottes treffend mit „mein Name ist: der Namenlose".

Über die grundlegendsten und wichtigsten Dinge im Leben läßt sich oft am schwierigsten etwas sagen, so auch über das Zen oder Ähnliches wie Qualität, Schönheit und Wahrheit. All dies neigt dazu, sich dem Vernunftdenken zu entziehen. Genauso wie ein

Biologe das Leben nicht aufspüren kann, indem er ein Lebewesen zergliedert, kann ein Künstler die Schönheit nicht finden, indem er sie analysiert.

Ebenso entzieht sich die Antwort auf die Frage „Was ist Zen?" dem Zugriff des Verstandes. Unsere Vernunft kann Zen nicht besser definieren, als sie „weiß" oder „kühl" definieren kann. Wie wir gleich sehen werden, hängt diese Schwierigkeit damit zusammen, daß es sich hierbei um direkte Erfahrungen handelt, die in den Bereich der rechten Gehirnhälfte fallen. Als solche entziehen sie sich der linken Gehirnhälfte. Die rechte Gehirnhälfte ist wie ein Künstler; sie funktioniert nonverbal, erfahrungsgemäß, intuitiv, räumlich und konkret. Die linke Gehirnhälfte dagegen ist wie ein Wissenschaftler; sie funktioniert verbal, linear, analytisch, logisch und symbolisch. Darin liegt die Schwierigkeit. Ein Wissenschaftler mag die Kühle in Begriffen der vom Thermometer registrierten Temperatur messen können; aber alle noch so genaue Messung wird niemals den Genuß einer leichten Sommerbrise erfassen.

Der Begriff „Zen" ist die japanische Form des chinesischen Wortes *Ch'an*, das seinerseits wieder vom Sanskrit-Wort *dhyana* abgeleitet ist. Ursprünglich bedeutet *dhyana* Meditation. Wie wir jedoch sehen werden, wäre es ein großer Fehler, Zen im Sinne von Meditation zu definieren. Wie der Zen-Gelehrte D.T. Suzuki hervorgehoben hat, ist Zen „mehr als Meditation und Dhyana im üblichen Sinn."

Obwohl sich in den USA erst in jüngster Zeit eine Zen-Kultur entwickelt hat, ist dort der Begriff „Zen" im allgemeinen Sprachgebrauch bereits geläufig. Dennoch verstehen nur wenige Menschen, was damit eigentlich gemeint ist. Manche sehen es als eine Religion an; andere halten es für eine Philosophie. Nichts von beidem ist richtig. Zen paßt nicht in die üblichen Kategorien der Religion, denn es verfügt über keinen Gegenstand der Verehrung und kennt nur ganz wenige Rituale, Formalitäten und Lehrsätze. Genauso paßt das Zen nicht in die übliche Definition von Philosophie, denn es hegt ein grundsätzliches Mißtrauen gegen Verstand und Sprache als Mittel zur Weitergabe von Wahrheit.

Statt das Zen als Religion oder Philosophie einzuordnen, sollte man es eher als eine *mentale Kultur* betrachten, eine Kultur, bei der es um ein besonderes Gespür für die Wirklichkeit und einen künstlerischen Zugang zum Leben geht. Schon oft wurde mir gesagt, wie erlesen und geschmackvoll Zen-Kunst und -Handwerk seien. Dieser Zusammenhang von Zen und Schönheit ist kein Zufall. Denn dieser Auserlesenheit liegt zugrunde, daß auf jede kleine Einzelheit geachtet wird, was große Sorgfalt und Ehrfurcht gegenüber allem, womit man zu tun hat, verrät.

Offensichtlich ist Kunst nicht möglich ohne Sorgfalt. In dieser Hinsicht können wir Zen als eine Kultur der *Sorgfalt* verstehen, die Kunst und Qualität ermöglicht. Die Bedeutung dieser Kultur geht weit über die engeren Bereiche der Spiritualität und der schönen Künste hinaus. Sie hat auch einen ungemein praktischen Wert. Ich bin davon überzeugt, daß die Geisteshaltung des Zen auch ein Stück weit zum Erfolg der Japaner auf dem Weltmarkt beigetragen hat. Zum Zen gehört das sich hingebende Bemühen um das Hervorragende, worin der Schlüssel zum Erreichen einer Spitzenqualität liegt.

Obwohl die Geisteshaltung des Zen ein schlummerndes Element in jedem Menschen ist, wird es hilfreich sein, hier kurz in ihre Entwicklungsgeschichte in Asien einzuführen, wo das Zen seine größte Blüte erlangt hat und eine kulturelle Bewegung geworden ist, deren Einfluß alle Gesellschaftsschichten erfaßt hat: vom kaiserlichen Hof bis zum kleinen Mann auf der Straße.

Die Anfänge der Zen-Bewegung lassen sich bis auf die Ankunft ihres ersten Patriarchen, des grimmig dreinschauenden indischen Weisen Bodhidharma, im Jahre 520 n. Chr. in China zurückverfolgen. Wenngleich der Buddhismus bereits ungefähr zur Zeit Jesu (gegen 65 n. Chr.) nach China eingeführt wurde, war die Ankunft des Bodhidharma von besonderer Bedeutung, weil er einen einzigartigen spirituellen Ansatz mitbrachte. Bei diesem Ansatz wird davon ausgegangen, daß alle Worte, Begriffe und Gedanken nur sehr beschränkt tauglich sind, weshalb er die Kraft des Schweigens schöpferisch einsetzt. Von daher sagen die Vertreter des Zen, Zen sei „eine besondere Überlieferung außerhalb der Schriften."

Historisch gesehen, ist die Einsicht wichtig, daß das Zen einer Vermählung zwischen Buddhismus und Taoismus entstammt und seine Stärke und seinen Reichtum aus China und Indien bezieht, von zwei der ältesten Kulturen der Welt. (In einer späteren Entwicklungsphase nimmt das Zen auch neue Qualitäten und Farben aus der Kultur Japans auf. So haben das Genie Indiens, das Genie Chinas und das Genie Japans gemeinsam zur Zen-Bewegung beigetragen.) Während das Zen seinen philosophischen Rahmen von der Madhyamika-Schule des Buddhismus geerbt hat, bezieht es seine Vitalität, seinen Humor und seine Schönheit wie auch sein alles integrierendes Ganzheitsdenken vom Taoismus. Die zuletzt genannte Komponente hebt das Zen von allen anderen spirituellen Überlieferungen der Welt ab. Nirgendwo in der Menschheitsgeschichte hat es je eine derart nahtlose Integration des Heiligen mit dem Weltlichen gegeben. Nirgendwo sonst ist die Kluft zwischen der Welt des Spirituellen und der Welt des Materiellen so elegant mittels des Wunders eines kunstvollen Lebens überbrückt worden. R. H. Blyth sagte in diesem Zusammenhang: „Wenn das Heilige tatsächlich mit dem Profanen in eins fällt, ergibt sich Zen."

Das Zen ist eine Frucht des chinesischen Geistes. Das erste, was man von den Chinesen wissen muß, ist, daß sie mit beiden Füßen fest auf dem Boden stehen. Allgemein gesprochen, kennen die Chinesen nicht die gleiche einseitige Ausrichtung auf anderweltliche Ideale wie die Menschen auf der anderen Seite des Kaukasus. Auch fühlen sie sich nicht besonders zu metaphysischen Fragen hingezogen. Als Konfuzius einmal nach dem Leben nach dem Tod gefragt wurde, gab er zur Antwort: „Wenn wir nicht einmal die Lebenden richtig kennen, warum sollten wir dann nach den Toten fragen?" Eine typisch chinesische Antwort: bar jeder Spekulation und rein pragmatisch, mit einer unheimlichen Fähigkeit, sich nur auf das wirklich Relevante zu konzentrieren. In gewisser Hinsicht hat das Zen diese ganz dem Diesseits zugewandte Lebenseinstellung von China geerbt. Es interessiert sich nicht besonders dafür, ob es einen Schöpfer der Welt gibt oder ein Dasein oder Nichtdasein nach dem Tod, oder ob es ein übernatürliches Wesen gibt, das in das Geschehen in der Welt eingreift. Das Zen interessiert sich in erster Linie für die Qualität des Lebens, das wir hier und jetzt führen.

Im traditionellen China hat es Religion im westlichen Sinn des Wortes nie gegeben. Sicher, auch in China besuchen die einfachen Leute Tempel. Doch geht es ihnen dabei immer um irgendeinen praktischen Zweck: sie wollen die Zukunft ergründen, um die Genesung von einer Krankheit beten oder um Erfolg im Leben bitten. In der chinesischen Volksreligion gibt es über zweihundert Gottheiten, was die Chinesen aber nicht zu einem „religiösen" Volk macht, denn ihrem Wesen nach verkörpern diese Gottheiten

Mächte, die im Dienst der Menschen stehen, und nicht höhere Wesen, denen sich die Menschenwesen hingeben sollten. Wie Hans Küng bemerkt hat, war die chinesische Volksreligion eine rein *utilitaristische Frömmigkeit*.

Noch bis in die jüngste Zeit war dem chinesischen Denken der Begriff eines höchsten Wesens als Patentlösung für die Probleme des Daseins und letzte Zuflucht in allen Nöten völlig fremd. Natürlich kennen die Chinesen wie alle anderen Menschen auch auf ihrem Lebensweg Etappen des Zweifels, der Angst, der Traurigkeit und Hilflosigkeit. Während sich aber die Menschen des Abendlands in solchen Fällen herkömmlicherweise an Gott gewandt haben, fehlt den Chinesen solch eine Abhilfe für ihre Nöte. Angesichts der Abwesenheit eines letzten Problemlösers haben sie gelernt, aus ihren Phasen der Finsternis etwas Seelenvolles zu machen: sie wandeln ihre existentielle Angst in Poesie und Lieder um.

Daher haben die Chinesen im Lauf der Geschichte als Alternative zum Pfad der Religion den Pfad der Seele erschlossen. Thomas Moore meinte, im Abendland ließe sich eine Entsprechung zu diesem Pfad am ehesten in einer Episode der Geschichte von Tristan und Isolde finden. Darin wird beschrieben, wie „Tristan, nur mit seiner Harfe ausgestattet, in einem kleinen Boot ohne Steuer und Ruder nach Irland segelt. Diese Szene, sagt Joseph Campbell, veranschauliche das Vertrauen ins Schicksal: dem Helden bleibt zum Überleben nur noch die Musik der Sphären."[6] Was diese Szene so eindrucksvoll macht, ist Tristans Sorglosigkeit: er ist kein Opfer der neurotischen Kultur des Sich-Absicherns und nicht in den Zwängen des Habens.

Mehr als alles andere stellt das Zen einen seelenvollen Zugang zum Leben dar. Dabei bleibt man völlig verletzlich und offen für das Leben, ohne Gott als Sprungtuch. Der Versuch, die grundlegende Unsicherheit oder Unvorhersehbarkeit des Lebens auszuschalten oder die Rätsel des Daseins zu lösen, wird überhaupt nicht unternommen. Ein solcher Versuch ist ja nicht nur unrealistisch; er bedeutet auch das Aus für ein seelisch reiches Leben. Das Leben wird nicht dadurch bewältigt, daß man einen starken Verbündeten (nämlich Gott) findet, sondern indem die Seele fähig wird, eine neue Perspektive zu entwickeln, die es ermöglicht, die rauhe Wirklichkeit des Lebens in Lieder umzuwandeln. Auf diese Weise hat die Spiritualität des chinesischen Volkes traditionellerweise ihren Ausdruck in der Poesie gefunden. Ja, das Fehlen einer religiösen Antwort hat den Glanz der chinesischen Spiritualität nur noch verstärkt, wie der Gelehrte Lin Yutang bemerkt:

> „Wenn auch die Religion Frieden schenkt, indem sie eine fix und fertige Antwort auf alle diese Probleme bietet, lenkt sie aber zugleich entschieden von jenem Sinn für das unergründliche Geheimnis und die quälende Traurigkeit dieses Lebens ab, den wir als Poesie bezeichnen. *Der christliche Optimismus tötet alle Poesie.* Ein Heide, der diese fix und fertigen Antworten auf seine Probleme nicht hat und dessen Sinn für das Geheimnis für immer unbeantwortet und unbeantwortbar bleibt, wird unvermeidlich in eine Art pantheistischer Poesie gedrängt. Tatsächlich hat im chinesischen Lebensentwurf die Poesie die Funktion der Religion als Quelle der Inspiration und lebendigen Emotion übernommen."[7]

Diese Vorstellung, Religion durch Poesie zu ersetzen, ist gar nicht so weit hergeholt. Amerika ist im Gefolge des Verfalls seiner traditionellen Religionen vielleicht an die gleiche Wegscheide geraten.

Auf eine Kurzformel gebracht, ist Zen eine Poetisierung des Lebens und ein lebendiger Ausdruck der menschlichen Seele, wenn auch ohne den Formalismus, die Starre und die Oberflächlichkeit, die mit den organisierten Religionen verbunden sind. Zen ist eine Tradition, in der Konformismus und Herdeninstinkt fehl am Platz sind. Als Kunstform verlangt es Originalität. Denn anders als manches gebrauchsfertige spirituelle Produkt ist Zen ein innerliches Suchen nach Schönheit und Sinn in der kompromißlosen Rauheit des „wirklichen Lebens".

Ein gutes Stück der Eigenart, Einsicht, Verspieltheit und künstlerischen Qualität des Zen läßt sich auf Tschuang-tse zurückführen, Chinas großen Philosophen, literarisches Genie und Lebenskünstler. Thomas Merton führte über den Stammbaum des Zen aus: „Es gibt keinen Zweifel, daß die Denkmethode und die Kultur des Tschuang-tse den übertriebenen spekulativen indischen Buddhismus in den humorvollen, farbigen und in höchstem Grade praktisch orientierten Buddhismus überführten, wie er in China und Japan in den verschiedenen Zen-Schulen blühte und noch blüht. Zen wirft ein Licht auf Tschuang-tse, und Tschuang-tse wirft ein Licht auf Zen."[8] Tschuang-tses Humor, seine erdhafte Spiritualität und gegen das Establishment eingestellte Haltung sind in der gesamten Zen-Tradition spürbar.

Eine weitere Quelle taoistischer Inspiration stellt Laotse dar, der einen Großteil seiner spirituellen Einsichten in seinem kurzen, aber brillianten Meisterwerk, dem *Tao te king*, eingefangen hat. Eines der gebräuchlichsten Zen-Wörter, *Tao*, stammt direkt aus diesem taoistischen Klassiker. Der Begriff hat eine vielschichtige Bedeutung. Er kann den „Sinn", den „Weg", die „Wahrheit" oder die „letzte Wirklichkeit" meinen. Besonders bemerkenswert an diesem Wort ist, daß es die engste chinesische Entsprechung zum christlichen Begriff „Gott" darstellt. Tatsächlich beginnt die chinesische Übersetzung des Johannesevangeliums mit den erstaunlichen Worten:

Im Anfang war das Tao.
Das Tao ist bei Gott.
Tao ist Gott (Johannes 1,1).

Noch heute bezeichnen chinesische christliche Geistliche ihre Predigten als „Tao-Reden". Im folgenden werde ich „Tao" und „Gott" als gleichbedeutende, miteinander austauschbare Begriffe verwenden. Beide sind Ausdruck des Versuches des Menschen, dem, für den es keinen Namen gibt, einen Namen zu geben. Es gibt viele weitere taoistische Begriffe, die die Zenlehrer übernommen haben, darunter *„wu-wei"*, „Spontaneität", „Nutzen der Nutzlosigkeit", der „wahre Mensch" und *„yin-yang"*. Wir werden sie jeweils an passender Stelle genauer erklären.

Zen ist eher taoistisch als buddhistisch, eher chinesisch (und japanisch) als indisch. Tatsächlich waren um die Zeit seines sechsten Patriarchen Hui Neng (636–712 n. Chr.) alle buddhistischen Elemente, die Bodhidharma noch mitgebracht hatte, der chinesischen Kultur assimiliert. Die spirituelle Ausrichtung auf eine andere Welt, die in der indischen Version des Buddhismus so ausgeprägt ist, war spurlos verschwunden. *Die Botschaft des Hui Neng lautet, man könne zugleich spirituell und irdisch tätig sein.* Das Wassertragen und Holzhacken sind genauso spirituelle Übungen wie das Lesen der heiligen Schriften.

Nach Auffassung von Hui Neng kann eine nicht fest in der Gewöhnlichkeit und Konkretheit des Alltagslebens verwurzelte Spiritualität gar nicht als solche bezeichnet werden. Ganz im Sinne des Mahayana-Buddhismus ist Hui Neng dafür, alle Arten von Unterscheidungen aufzugeben, um den Tücken des Idealismus' und spirituellen Heroismus' zu entkommen. So setzt er das Nirwana mit dem Hier und Jetzt gleich, die Leidenschaften mit *bodhi* (der Weisheit) und die Weisen mit den gewöhnlichen Menschen. Seiner Auffassung nach besteht die wahre Praxis der Spiritualität darin, die *Askese des Gewöhnlichseins* zu üben, also ganz im jeweiligen Augenblick zu leben und aus sich selbst nichts besonderes zu machen. Denn jeder Versuch, etwas besonderes zu werden, sei eine offene Einladung an das Ego. Mit Hui Neng erhält das Zen endgültig sein festes Gepräge als praktische Lebenskunst, die gleichermaßen Adligen wie armen Leuten zugänglich ist. Die Spiritualität bleibt nicht länger das Privileg derer in den Klöstern, sondern wird zum Gemeinbesitz und zur Kultur des gewöhnlichen Volkes.

Ein weitverbreitetes Mißverständnis der Praxis des Zen besteht darin, es biete ein „System", an das sich die Schüler halten könnten. Das Zazen (die Sitzmeditation) ist zum Symbol schlechthin für das Zen geworden. Tatsache jedoch ist, daß Systeme und Rezepte genau das sind, was Hui Neng entschieden ablehnte, weil sie dazu neigen, eine falsche Fassade zu schaffen und die Kreativität zu ersticken. Eine der Haupterrungenschaften Hui Nengs bestand darin, den gesamten Begriff der Meditation *(dhyana)* zu revolutionieren und zu jener ursprünglichen Geisteskultur zurückzukehren, die der Buddha vertreten hatte.

Vor Hui Neng hatte eine Vorstellung der Meditation vorgeherrscht, die eine Form des *Quietismus* darstellte: der Übende steht vor der Aufgabe, seinen Geist durch absolutes Stillwerden zu läutern, so daß sich der „Staub" seiner Innenwelt setzen kann. Die Tücke dieser Vorstellung ist, daß sich der Übende auf die Vorstellung der Lauterkeit fixieren kann und dadurch aus der Meditation wiederum eine Form der Abhängigkeit macht, die die Sinne abtötet. Hui Neng stellte diese Neigung zur Geist-Tötung auf den Kopf, indem er verkündete, echte Meditation habe mit Sitzen oder Stillhalten überhaupt nichts zu tun. Sie bestehe darin, „sich weder an den Begriff des Geistes zu hängen, noch an den Begriff der Lauterkeit, noch mit dem Gedanken der Reglosigkeit zu liebäugeln." Echtes Üben besteht nach Hui Neng darin, „in allen Dingen nicht behindert zu sein." Spiritualität sei nämlich ein Ausdruck der Kreativität und nicht ein Ausdruck der Anhänglichkeit.

Ein weiterer oft mißverstandener Begriff des Zen ist die *Disziplin*. In einem Wörterbuch wird „Disziplin" definiert als „Beherrschung, die man durch Betonung von Gehorsam oder Ordnung erreicht". In diesem Sinn bedeutet „Disziplin" unglücklicherweise praktisch das gleiche wie Bestrafung.

Doch die Zen-Disziplin hat nichts mit Kontrolle, Gehorsam, Regeln oder Bestrafung zu tun. Sie ist auch keine militante Zurschaustellung der Willenskraft. Vielmehr geht es dabei um die Kultivierung der Achtsamkeit und Empfindsamkeit, also um Qualitäten, die für die Übung jeder Kunst wichtig sind. Mit Zen-Disziplin ist vor allem gemeint, vollständig offen zu sein für das, was ist, sowie in der Lage zu sein, sich ganz auf das einzulassen, was immer man gerade tut. Zu dieser Offenheit gehört eine dynamische und flexible Anpassungsfähigkeit, die das genaue Gegenteil von Starre ist. Denn die Zen-Disziplin ist zutiefst eine Disziplin des Nicht-Fixiertseins. So geht es bei ihr ganz bestimmt nicht darum, in sklavischen Gehorsam gegenüber einem vorgegebenen System von Regeln zu verharren.

Grundlegend ist, daß das Zen kein Rezept kennt. Es sagt uns nicht, *was* wir tun sollen; vielmehr befaßt es sich damit, *wie* wir das angehen, was immer wir tun. Angenommen, ein Kunstlehrer stellt einer Gruppe Kinder die Aufgabe, einen Schmetterling zu zeichnen. Jedes Kind wird diesen Schmetterling auf eine ganz bestimmte Weise zeichnen: manche werden einen Schmetterling ohne Beine malen, andere mit einem zusätzlichen Paar Beine usw. Der springende Punkt ist: Es gibt nicht eine einzige, „richtige" Art, einen Schmetterling zu zeichnen. Die Qualität der Zeichnung hängt nicht davon ab, ob das Kind seinem Schmetterling die richtige Anzahl Beine gegeben hat; sondern davon, ob es echte Gefühle über den betreffenden Gegenstand zum Ausdruck gebracht hat.

Viele Menschen können keine Beziehung zwischen dem Zen und den Lehren Jesu sehen. Aber Reginald H. Blyth, der mit D. T. Suzuki zu den führenden Interpreten des Zen zählt, bietet uns eine kleine Überraschung. Er sieht das Verhältnis zwischen Zen, Christentum und Buddhismus wie folgt:

„In mancher Hinsicht steckt im Christentum mehr Zen als im Buddhismus; bestimmt aber findet sich mehr Zen in der englischen Literatur als in der japanischen oder chinesischen Literatur, und in der indischen Literatur fehlt das Zen schmerzlich ... Das Zen ließe sich als die äußerste Vereinfachung von Christentum wie Buddhismus bezeichnen, wobei ersteres voller Emotionalität und Theologie steckt, letzterer sich in Moralismus und einer mehr oder weniger wissenschaftlichen Philosophie verstrickt hat."[9]

Wir müssen nur einfach hinhören, auf welche Weise Jesus gesprochen hat. Seine Zen-Qualitäten sind offenkundig. Im Gegensatz zu den Lehren vieler buddhistischer Philosophen, die sich oft in Abstraktionen und abstruse metaphysische Vorstellungen verrannt haben, sind die Lehren Jesu poetisch statt pedantisch, einfach statt gezwungen, intuitiv statt analytisch, humorvoll statt trocken.

Das vielsagendste Zeichen dafür, daß Jesus ein Zen-Lehrer und Künstler war, ist die bekannte Tatsache, daß er oft Kinder als Vorbilder für das Tao (den Weg) hinstellte. Während uns die Traditionalisten und Moralisten ermahnen, „endlich erwachsen zu werden", sagt Jesus: „Werdet wie die Kinder!" Der kindhafte Wagemut, die Einfalt, Offenheit und Sorglosigkeit von Kindern waren immer Schlüsselelemente der Kunst. Ja, das künstlerische Wesen ist ein kindliches Wesen! Picasso äußerte aus diesem Verständnis heraus: „Ich pflegte zu zeichnen wie Raphael, aber ich habe mein ganzes Leben gebraucht, um wie ein Kind zeichnen zu können."

Das Zen kann man nicht erklären; man kann es nur „zeigen." Die einfachste Art, das Zen zu lehren, ist, es anhand von Beispielen zu illustrieren. Eine der besten Zen-Lektionen hat tatsächlich Siddharta Gotama, der Buddha, selbst in seiner legendären „Blumenpredigt" erteilt. Ich gebe hier meine eigene, adaptierte Fassung dieser köstlichen Predigt wieder:

„Eines Tages war der Buddha dabei, vor einer großen Versammlung von fünfzehnhundert Mönchen und Nonnen eine Predigt zu halten. Als der Buddha nach vorne trat und die Zuhörer begrüßte, reichte ihm jemand eine Blume. Der Buddha nahm die Blume und zeigte sie jedem. Lange Zeit sagte er kein Wort, was sehr ungewöhnlich war, denn normalerweise zeigte sich der Buddha sehr beredt. Nach einiger Zeit wurde es der Versammlung unbehaglich zumute.

‚Der Meister muß wegen seines hohen Alters das Gedächtnis verloren haben', mutmaßten manche. Andere dagegen meinten: ‚Der Meister scheint uns etwas ungemein Tiefes sagen zu wollen. Ich muß mir alle Mühe geben, herauszubringen, was es ist.' Unter allen Anwesenden vermochte nur ein Jünger, Mahakashyapa, völlig gelassen zu bleiben. Er schien den springenden Punkt erfaßt zu haben und lächelte dem Buddha zu. Als der Buddha das sah, war er voller Freude und sagte zur Versammlung:

‚Ich habe einen Schatz an Einsicht und ein Herz voll Segen.

Da die Letzte Wirklichkeit keine Form hat, habe ich eine wunderbare Methode gefunden, sie zu vermitteln.

Diese Methode ist nicht an Worte gebunden.

Ja, meine Lehre ist nicht so wichtig wie die eigene Wahrnehmung des Jüngers.

Hiermit übermittle ich diese Methode dem Mahakashyapa.'"

Was wollte er damit sagen? Bevor ich diese Predigt im einzelnen erläutere, möchte ich noch einen Abschnitt aus der Bergpredigt Jesu zitieren, von dem ich meine, er stelle eine direkte Entsprechung zur Blumenpredigt des Buddha dar. Zugleich ist es eine der schönsten und poetischsten Lehraussagen Jesu. Ich werde sie im folgenden als seine „Naturpredigt" bezeichnen:

„Deswegen sage ich euch: Sorgt euch nicht um euer Leben und darum, daß ihr etwas zu essen habt, noch um euren Leib und darum, daß ihr etwas anzuziehen habt. Ist nicht das Leben wichtiger als die Nahrung und der Leib wichtiger als die Kleidung? Seht euch die Vögel des Himmels an: Sie säen nicht, sie ernten nicht und sammeln keine Vorräte in Scheunen; euer himmlischer Vater ernährt sie. Seid ihr nicht viel mehr wert als sie? Wer von euch kann mit all seiner Sorge sein Leben auch nur um eine kleine Zeitspanne verlängern?

Und was sorgt ihr euch um eure Kleidung? Lernt von den Lilien, die auf dem Feld wachsen: Sie arbeiten nicht und spinnen nicht. Doch ich sage euch: Selbst Salomo war in all seiner Pracht nicht gekleidet wie eine von ihnen. Wenn aber Gott schon das Gras so prächtig kleidet, das heute auf dem Feld steht und morgen ins Feuer geworfen wird, wieviel mehr dann euch, ihr Kleingläubigen! Macht euch also keine Sorgen und fragt nicht: Was sollen wir essen? Was sollen wir trinken? Was sollen wir anziehen? Denn um all das geht es den Heiden. Euer himmlischer Vater weiß, daß ihr das alles braucht. Euch aber muß es zuerst um sein Reich und um seine Gerechtigkeit gehen; dann wird euch alles andere dazugegeben.

Sorgt euch also nicht um morgen; denn der morgige Tag wird für sich selbst sorgen. Jeder Tag hat genug eigene Plage" (Matthäus 6,25–34).

Wo sind die Ähnlichkeiten? Beide Meister forderten ihre Zuhörer auf, einfach zu schauen und achtzugeben. Kunst hat mit *Hinsehen* zu tun. Picasso hat einmal gesagt: „Ich schaue für andere." Aufmerksamkeit ist im Zen der Schlüssel, ebenso wie in allen anderen Künsten. Als der Buddha die Blume nahm und sie der Versammlung zeigte, wollte er die Aufmerksamkeit aller auf die Blume lenken. Ähnlich verhielt es sich, als Jesus sagte: „Lernt von den Lilien, die auf dem Feld wachsen." Er forderte seine Zuhörer auf, genau auf das zu achten, was sie vor Augen hatten.

Die erste und wichtigste Regel des Zen lautet: Sei gewärtig! Gewärtig sein heißt: voll und ganz das wahrzunehmen, was im eigenen Inneren und um einen herum vorgeht. In der Theravada-Tradition des Buddhismus wird das als *sati* oder Achtsamkeit bezeichnet. Die Übung der Achtsamkeit ist in dieser Tradition ohne Frage die wichtigste spirituelle Übung. Mit diesem Thema befaßt sich die Satipatthana-Sutta, die meistgeschätzte Rede, die der Buddha über die Entwicklung des Geistes gehalten hat. Ein Abschnitt aus dieser Sutta lautet:

„. . . Ein bhikkhu (Mönch) übt volle Aufmerksamkeit, indem er vorwärts oder rückwärts geht; indem er geradeaus oder weg schaut; indem er sich beugt oder streckt; indem er Gewänder trägt oder die Schale hält; beim Essen, Trinken, Kauen oder Schmecken; beim Erledigen seiner natürlichen Bedürfnisse; beim Gehen oder Stehen; beim Sitzen; beim Einschlafen, beim

Aufwachen; beim Reden oder beim Stillschweigen. Bei all dem pflegt er volle Aufmerksamkeit.“[10]

Danach soll der theravadische Mönch genau auf jede Einzelheit seines Alltagslebens achten. Ein Kernsatz des buddhistischen Glaubens lautet, daß die Samenkörner der Erleuchtung in ein achtsames Leben gesät werden.

Die Blumenpredigt ist vor allem eine Geschichte, die die Wichtigkeit der Achtsamkeit vor Augen führt. Was mag wohl der Grund dafür gewesen sein, daß niemand in der Versammlung außer Mahakashyapa zu erfassen versuchte, was der Buddha sagen wollte? Die Antwort ist ganz einfach: Die meisten von uns befinden sich nie ganz in der Gegenwart. Wir neigen dazu, nicht im Augenblick zu leben. Als der Buddha die Blume hochhob und sie jedem Anwesenden zeigte, wollte er einfach, daß jeder ihre Schönheit sehen und ihren Duft riechen sollte. Das ist doch wirklich genug. Und dennoch erfaßte es nur Mahakashyapa! Alle anderen begriffen es nicht, weil sie viel zu sehr mit Spekulieren, Nachdenken und Sorgen beschäftigt waren. Sie lebten nicht im Augenblick, weshalb ihnen entging, die Schönheit im Hier und Jetzt wahrzunehmen und zu schätzen. Leider passiert genau das auch uns immer wieder.

Mit Recht läßt sich sagen, daß „Gegenwärtigsein“ der Eckstein jeder echten Spiritualität ist. Das Gegenwärtigsein hat Jesus immer und immer wieder betont. In den Evangelien finden sich viele Aussagen Jesu, die mit Worten anfangen wie „Achtet auf . . .“, „Seht . . .“, „Hört und versteht . . .“ In dieser Hinsicht ist die Lehre Jesu mit der des Buddha sehr verwandt. Buddhismus ist eine Kultur der Achtsamkeit. Das Wort „Buddha“ selbst bedeutet „der Erwachte“ oder „der Erleuchtete“. Ähnlich wird Jesus im Johannesevangelium als „das Licht der Welt“ bezeichnet. In der Bergpredigt wies Jesus seine Jünger darauf hin, wie wichtig die Achtsamkeit sei:

> „Das Auge gibt dem Körper Licht. Wenn dein Auge gesund ist, dann wird dein ganzer Körper hell sein. Wenn aber dein Auge krank ist, dann wird dein ganzer Körper finster sein. Wenn nun das Licht in dir Finsternis ist, wie groß muß dann die Finsternis sein!“ (Matthäus 6,22–23).

Vergleich des Zen mit den Schönen Künsten	
Zen	*Schöne Künste*
Gegenwärtig sein	Sehen/Hören/Fühlen/Schmecken . . .
Zauber des Gewöhnlichen	Kraft der Verwandlung
In seinem Element sein/ Ausstrahlung/Freude	Vitalität/Verspielheit/Lebensfreude
Einsicht	Tiefe
Wu-wei	Mühelosigkeit/Zweckfreiheit/ Nutzlosigkeit
Milde, Güte	Leichtigkeit/Anmut/Effizienz
Freiheit	Kindhaftigkeit/kunstvolle Torheit/ Sorglosigkeit
Einfachheit	Einfachheit
Paradoxität	Vereinigung von Gegensätzen, poetische Verquickung von Wider sprüchen
„Geistlosigkeit"	Verlegen auf die rechte Gehirnhälfte/ Nicht-Intellektuelles
Innere Suche	Selbsterkundung/Selbst-Ausdruck/ seelenvoll sein
Kreativität	Kreativität
Individualität	Charakter
Weglosigkeit	Kein System, kein Rezept
Mittlerer Weg	Ausgewogenheit/Harmonie
Offenheit	Offenheit
Spontaneität	Spontaneität
Nicht moralisieren	Nicht verurteilen
Qualität	Schönheit; guter Geschmack
Echtheit	Echtheit
Disziplin	Disziplin
Konzentration/ Sich ganz hineingeben/ Ichlosigkeit	Konzentration/Sich ganz hineingeben/ Sich selbst ganz vergessen

Gewiß, wenn das Auge nicht gesund ist, kann man weder die Wahrheit noch die Schönheit sehen. Hier sagt Jesus ausdrücklich, daß die Achtsamkeit eine Grunderfordernis der Spiritualität sei.

Um dies zu bestärken, betrachten wir jetzt die Aussage Jesu über die Lilien auf dem Feld. Zweifellos sprach Jesus hier ein grundlegendes und allgemeines menschliches Problem an: unser Gefühl der Unsicherheit. Er sprach zu Menschen, die die gleiche existentielle Angst wie wir verspürten. Tatsächlich beginnt dieser Abschnitt der Bergpredigt mit den Worten: „Deswegen sage ich euch: Sorgt euch nicht (man kann auch übersetzen: Habt keine Angst) um euer Leben und darum, daß ihr etwas zu essen habt, noch um euren Leib und darum, daß ihr etwas anzuziehen habt" (Matthäus 6,25). Nachdem Jesus seine Zuhörer aufgefordert hatte, auf die Vögel des Himmels zu schauen, wies er sie an, die Lilien des Feldes zu betrachten. So, als hätte er ihnen etwa sagen wollen: „Laßt für einen Augenblick ab von dem, was euch beschäftigt. Ihr könnt von der Natur etwas sehr Wichtiges lernen. Aber ihr könnt diese Botschaft nur dann erfassen, wenn ihr es fertigbringt, ruhig zu werden und wirklich auf sie zu hören." Genauso wie der Buddha mit seiner Blumenpredigt führte Jesus mit diesen Gleichnissen die *Kraft des Schweigens* vor Augen.

Solange wir nicht die Kunst des Schweigens erlernt haben, können wir auch nicht das Gegenwärtigsein pflegen. Das Schweigen erfordert tiefe Entspannung, die wiederum das Sichlösen voraussetzt von jeglichen Sorgen, ob physisch oder mental. Die meisten von uns sind mit ihren Sorgen, Wünschen, Ängsten oder Gedanken beschäftigt. Der Lärm, den diese vielen Sorgen, Wünsche, Ängste und Gedanken ständig machen, ist genau der Grund für unser Unvermögen, wirklich den jeweiligen Augenblick zu verkosten. Während der Blumenpredigt des Buddha waren viele Zuhörer damit beschäftigt, sich Gedanken darüber zu machen, was er ihnen wohl sagen wollte, was sie daran hinderte zu schweigen. Ähnlich kommt Jesus in seiner Naturpredigt darauf zu sprechen, daß die meisten Menschen mit ihren Sorgen beschäftigt sind. Das Problem ist: Solange wir uns nicht entspannen, können wir die Wahrheit nicht sehen.

Die zweite Regel des Zen lautet: Sei gewöhnlich! Sowohl in der Blumenpredigt als auch in der Naturpredigt verwenden die Lehrmeister als Lehrmittel allgemein bekannte Erscheinungen aus der

Natur. Buddha nahm einfach eine Blume in die Hand. Ebenso sagte Jesus nicht etwa: „Alles aufpassen, ich führe euch jetzt ein eindrucksvolles Wunder vor!" Er lenkte die Aufmerksamkeit seiner Zuhörer auf etwas ganz Gewöhnliches und Weltliches: die Vögel in der Luft und die Lilien auf dem Feld. Gerade solch einfache Erscheinungen, die scheinbar gar nicht der Rede wert sind, enthalten wichtige spirituelle Lektionen. Diese Fähigkeit, etwas ganz Alltägliches und Allbekanntes in etwas Erstaunliches umzuwandeln, ist ein unverkennbarer Zug der Kunst.

In der Einleitung haben wir über den Begriff des „Zaubers des Alltäglichen" gesprochen, mit der Betonung auf dem „Alltäglichen". Im landläufigen Christentum stand das Außergewöhnliche und Wunderbare weit über Gebühr im Mittelpunkt. Manche Christen meinen sogar, ihr Glaube hänge entscheidend davon ab, daß bestimmte außergewöhnliche oder übernatürliche Dinge geschehen. Doch widerspricht solch ein Fixiertsein auf das Übernatürliche und Außerordentliche dem ursprünglichen Geist der Lehren Jesu. Als die Pharisäer und Schriftgelehrten zu Jesus kamen und ihn um ein Zeichen baten, lehnte Jesus ihr Ansinnen ab (Matthäus 12,39; 16,1–4). Einen solchen Zugang zum Glauben wies er zurück. Die Gefahr von Zeichen, Wundern und psychischer Macht liegt darin, daß sie oft mißbraucht und falsch gedeutet werden. Die Evangelien berichten, Jesus habe seine psychische Macht zum Heilen verwendet. Dabei ist allerdings zu beachten, daß Jesus aus Mitleid heilte und nicht, um den Eindruck zu erwecken, Bekehrungen zu bewirken oder Spiritualität zu lehren.

Viele Christen haben die übernatürlichen Fähigkeiten Jesu nachdrücklich hervorgehoben. Sie weisen mit Vorliebe darauf hin, daß er in der Lage war, die verschiedensten übermenschlichen Taten zu vollbringen, auch Totenerweckungen. Ich will diese Behauptungen durchaus nicht in Zweifel ziehen, glaube aber, daß es nicht entscheidend ist, ob er Wunder gewirkt hat. Denn selbst wenn wir annehmen, er habe alle diese erstaunlichen Taten vollbracht, kommt es letztlich doch darauf an, wie sie auf die Menschen seiner Umgebung gewirkt haben. Erregten sie nur Aufsehen, oder veränderten sie das Leben derer, die sie miterlebten, und führten sie auf einen Weg des inneren Friedens und der Freude?

Viele stellen sich Jesus als Wundertäter vor, aber sehr wenige erkennen in ihm den Künstler und den Meister im „Zauber des Alltäglichen". Der Schriftsteller und Psychologe John Welwood liefert uns dazu die folgende Einsicht:

„Unter Magie (oder Zauberei) verstehe ich die Fähigkeit, den Geist jäh für die Wunder des Daseins zu öffnen. Es ist ein Gespür dafür, daß zum Leben viel mehr gehört, als wir gewöhnlich erkennen; daß wir nicht auf die engen Perspektiven beschränkt bleiben müssen, die uns unsere Familie, unsere Gesellschaft und unser gewohntes Denken gezogen haben; daß das Leben viele Schichten, Tiefen, Strukturen und Bedeutungen kennt, die weit über unsere üblichen Überzeugungen und Begriffe hinausgehen."[11]

Ich bezeichne das Zen aus zwei Gründen als Fähigkeit, den „Zauber des Alltäglichen" zu entdecken. Erstens führt es den Schüler mittels natürlicher und alltäglicher Dinge zum spirituellen Erwachen. Übernatürliche Kräfte waren dem Zen immer fremd. Zweitens, und noch wichtiger, lenkt das Zen unsere Aufmerksamkeit auf die Wunder des Alltäglichen. In der ganz gewöhnlichen uns umgebenden Welt steckt eine verborgene Dimension der Schönheit, des Reichtums und der Harmonie, die wir allerdings nur selten beachten. Das Zen versucht unser Empfinden für diese natürlichen Wunder zu schärfen und damit wieder Freude in unser Alltagsleben zu bringen.

Kunst ist eine Verzauberung des Alltäglichen. Bei der Kunst der Fotografie zum Beispiel ist der Gegenstand oft etwas völlig Alltägliches: ein altes verfallendes Haus, ein Fenster, ein Bettuch auf der Wäscheleine. Weil aber der Fotograf Blickwinkel, Beleuchtung, Textur, Abstand und Kontrast geschickt zu wählen versteht, wird dieses ganz Gewöhnliche in etwas Wunderbares verwandelt. Die Autorin Dorothea Brande stellt fest:

„Der geniale Künstler bewahrt sich bis zum letzten Atemzug jene Spontaneität und wache Sensibilität eines Kindes, die ‚Unschuld des Auges', die dem Maler so viel bedeutet, also die Fähigkeit, frisch und rasch auf neue Szenerien zu reagieren, und auf alte, als seien sie neu; Züge und Eigenarten zu sehen, als seien sie gerade erstmals von der Hand Gottes geprägt worden, statt sie schnell in Kategorien zu stecken und ohne Staunen und Überraschung abzuhaken; Situationen derart unmittelbar und scharf zu erspüren, daß ihm das Wort ‚abgedroschen' kaum viel Sinn macht; und immer die ‚Entsprechung zwischen Dingen' zu sehen, von der Aristoteles vor zweitausend Jahren gesprochen hat."[12]

Die „Unschuld des Auges", von der Dorothea Brande spricht, entspricht dem *Geist des Anfängers*, von dem schon früher die Rede war. Das Zen ist eine Kunst des Sehens. Genau wie bei anderen Künsten auch, geht es beim Zauber des Alltäglichen nicht so sehr darum, die äußere Welt zu verändern, als die Welt in anderem Licht zu sehen. Wenn man bei Zen überhaupt von einem Ziel sprechen kann, dann besteht es im *satori* (der Erleuchtung). D. T. Suzuki, einer der Pioniere des amerikanischen Zen, hat *satori* als das Erwerben einer neuen Perspektive definiert. Im Zen wie auch in anderen Künsten ist es der „Geist des Anfängers", der den Zauber ermöglicht, nämlich dadurch, daß man alles mit völlig neuen Augen anschaut.

Jedenfalls hat Jesus mit seinem Erschließen des „Zaubers des Alltäglichen" viel eindrucksvoller und nachhaltiger gewirkt als mit seinen Wundern. Die Pharisäer und Schriftgelehrten hatten wohl seine Wunder gesehen oder von ihnen gehört, ließen ihn aber trotzdem ans Kreuz schlagen. Doch der „Zauber des Alltäglichen", den er erschließt, vermag, auf diejenigen, die darauf achten, eine positive und bleibende Wirkung auszuüben. In seiner Naturpredigt lehrte Jesus zum Beispiel angesichts der „Vögel des Himmels" und der „Lilien auf dem Feld" das friedvolle Dasein in der Gegenwart. Obwohl es hier um etwas ganz Alltägliches geht, konnte Jesus damit eine nachhaltige Wirkung erzielen, denn er verwandte es nicht dazu, großen Eindruck zu machen, sondern um etwas zu wecken, was tief im Herzen der Zuhörer schlummert.

Demnach ist es ein Wesenszug des Zen, auf dem Weg über das Alltägliche und ganz Gewöhnliche in die Spiritualität einzuführen. Dem Abendländer, der es gewohnt ist, eine klare Linie zwischen dem Spirituellen und dem Weltlichen zu ziehen, erscheint dies merkwürdig. Aber genau das macht das Zen so interessant und verleiht ihm seine Poesie. D. T. Suzuki bemerkt dazu:

„Das Zen offenbart sich im langweiligsten und ereignislosesten Leben des einfachen Mannes auf der Straße, dem aufgeht, daß er inmitten des Lebens, wie es gelebt wird, lebt. Das Zen schult den Geist systematisch darin, dies zu sehen; es öffnet die Augen des Menschen für das größte Geheimnis, wie es sich täglich und stündlich ereignet; es weitet das Herz, daß es mit jedem Schlag die Ewigkeit der Zeit und die Unendlichkeit des Raums zu umschließen vermag; es läßt uns in der Welt leben, als schritten wir durch den Garten Eden; und dieser ganze spirituelle Gewinn ergibt sich ohne Zuhilfenahme von Lehren, sondern einfach daraus, daß man auf ganz unmittelbare Weise die Wahrheit bejaht, die in unserem innersten Wesen steckt."[13]

Die dritte Regel des Zen lautet: Genieße! Sie hängt eng mit dem Gewärtigsein zusammen. Das Zen ist Kunst, und bei der Kunst geht es um Freude. Wer seine Fähigkeit, sich freuen zu können, verloren hat, wird auch seine Freude am Leben mehr und mehr verlieren. Wir erleben, wie trotz allem materiellen Überfluß unserer heutigen abendländischen Gesellschaft viele Männer und Frauen immer depressiver werden. Was ist da schief gelaufen? Warum haben wir unsere Lust am Leben verloren, indes unsere Zivilisation sich hoch entwickelt und verfeinert hat? Sollten wir nicht in unserer Gesellschaft, die immer weitere „Fortschritte" macht, auch immer glücklicher werden?

Aber lassen wir uns dadurch nicht den Mut nehmen. Was da auf sozialer Ebene passiert ist, kennt seine Entsprechung im individuellen Bereich. Auch bei uns ist es so, daß wir ein gutes Stück unserer Lust am Leben verlieren, wenn wir von der Kindheit ins Erwachsenenalter treten. Ich habe zwei kleine Kinder, über deren unerschöpfliche Vitalität ich immer wieder staunen muß. Sie sind voller Leben! Verglichen mit ihnen, habe ich nicht halb so viel Energie. Mir ist klar, daß hier das Alter und die Biologie mit im Spiel sind. Doch ist mir auch klar, daß dies nur ein Teil der Geschichte ist. Dieser Unterschied hat auch mit der Psychologie des Erwachsenseins zu tun.

Die Sympathie Jesu für Kinder ist bekannt; sie verrät, wie sehr er um den inneren Zusammenhang zwischen Psychologie und Spiritualität weiß. Er sagt, das Reich Gottes gehöre den Kindern (Markus 10,14). Und auch: Wenn wir nicht umkehrten und wie die Kinder würden, könnten wir nicht in das Himmelreich gelangen (Matthäus 18,3). „Wie die Kinder zu werden" ist die *einzige* Bedingung, die Jesus für den Eintritt ins Himmelreich im einzelnen genannt hat; was nicht überrascht, denn Kinder sind große Lebenskünstler. Kinder verfügen über erstaunliche Fähigkeiten zum Staunen und Spielen, zum Wahrnehmen von Schönheit und Geheimnissen, zur Freude und zur Sorglosigkeit.

Kleine Kinder haben noch wenig Anhänglichkeiten. Anders als Erwachsene sind sie noch nicht fest darauf konditioniert, sich an bestimmte Begriffe, Meinungen, Werte oder Handlungsweisen zu halten. Daher sind sie kreativer und verfügen über größere Fähigkeiten, sich an den einfachsten Dingen zu erfreuen. Indem wir reifer werden, nehmen auch unsere Anhänglichkeiten und Fixierungen zu. Sie erwecken in uns ablenkende Gefühle wie Sorgen, Ängste, Begehrlichkeiten und Wut, worunter unsere Achtsamkeit und Kreativität leiden. Einem von vielfältigen weltlichen Anliegen und Sorgen geplagten Verstand fällt es schwer, die einfachen Freuden des Lebens wahrzunehmen.

Die vierte Regel des Zen lautet: Übe Einsicht! Diese Einsicht ergibt sich aus der Achtsamkeit. Der Zauber des Alltäglichen offenbart sich nicht ohne Einsicht, das heißt, ohne die Fähigkeit, tief in die Natur der Dinge zu schauen. Für Humor und Poesie hat man nur einen Sinn, wenn man über Einsicht verfügt. Das Lachen über einen Scherz wie auch die Freude am *satori* werden durch ein Aha-Erlebnis ausgelöst. Ohne Einsicht gibt es keine Kunst. Die Fähigkeit zur Wahrnehmung (zum Sehen von mehr als dem Offensichtlichen) ist eine entscheidende Eigenschaft des Künstlers. Der Maler Paul Klee hat gesagt: „Der Künstler bildet nicht das Sichtbare ab; vielmehr macht er Dinge sichtbar."

Jesus hat immer wieder darauf hingewiesen, daß Befreiung eine Frage der spirituellen Einsicht sei. Daß beim Erlösungsprozeß die spirituelle Einsicht an erster Stelle stehe, wird durch Jesu Ausspruch auf den Punkt gebracht: „Die Wahrheit wird euch frei machen" (Johannes 8,31). Angesichts der Tatsache, daß in den Evangelien Begriffe wie „Wahrheit", „Licht", „Auge", „Ohr" und „Blindheit" eine so große Rolle spielen, ist schwer zu verstehen, warum die Kirche bisher nicht zu erkennen vermochte, daß Befreiung eine Frage der Wahrnehmung und nicht des Glaubens ist. Jesus preist seine Jünger dafür, daß sie spirituelle Einsicht und Verständnis haben: „Ihr aber seid selig, denn eure Augen sehen und eure Ohren hören" (Matthäus 13,16). Er sah, daß das spirituelle

Problem der Menschen darin besteht, daß es ihnen an Einsicht und Achtsamkeit fehlt.

Jesus unterscheidet zwischen bloßem Hinschauen und wirklichem Sehen. Hinschauen kann oberflächlich sein; wirkliches Sehen erfordert Tiefgang. Echte Spiritualität ist ohne tiefe spirituelle Einsicht nicht möglich. In seiner Naturpredigt führt Jesus vor, wie sich aus dem Entwickeln von Einsicht in die Natur der Dinge innerer Friede ergeben kann. Er nennt uns drei Anhaltspunkte:

Erstens sorgen sich die Vögel nicht ängstlich um ihre Nahrung, und die Lilien sorgen sich nicht ängstlich um ihre Kleidung. Das alles funktioniert verblüffend gut, ohne daß wir eingreifen oder uns darum sorgen müßten. Die Vögel und Lilien haben schlicht „Gottvertrauen". (Das ist natürlich nur poetisch gesprochen. Denn Vögel und Lilien denken ja gar nicht. Aber sie sind Bilder für denjenigen, der sich Gott ganz anheimstellt.)

Zweitens gibt es vieles Wichtiges im Leben, das wir einfach nicht in der Hand haben. Als Menschenwesen sind uns ernsthafte Grenzen gesetzt. Es ist Zeit, daß wir das einsehen. Jesus stellte die rhetorische Frage: „Wer von euch kann mit all seiner Sorge sein Leben auch nur um eine kleine Zeitspanne verlängern?" (Matthäus 6,27). Die zentrale Tatsache unseres Lebens ist, daß wir unser eigenes Leben, so kostbar es uns sein mag, nicht in der Hand haben. Das Annehmen dieser Wahrheit führt zu innerem Frieden; ihr Leugnen dagegen in unnötige Ängste und Frustrationen.

Drittens haben wir schon genug damit zu tun, uns um den jeweiligen Tag zu kümmern, ohne schon an morgen zu denken. „Jeder Tag hat genug eigene Plage" (Matthäus 6,34), meinte Jesus. Mit dem Sich-Sorgen um die Zukunft lähmen wir uns selbst, machen es uns schwer, das gerade Anstehende zu bewältigen.

Jesus lehrte in seiner Naturpredigt, wie wichtig die Einsicht sei. Echte Spiritualität mit der sie begleitenden Freude, dem Frieden und der Freiheit ist eine Frage des richtigen Sehens und nicht des Glaubens. Einem Menschen mit Einsicht muß man nichts beweisen, glauben machen oder einreden. Daher kommt es an erster Stelle darauf an, die Wirklichkeit so zu sehen, wie sie ist. Der Nobelpreisträger und Schriftsteller Albert Camus hat gesagt: „Ein Mensch ist immer das Opfer seiner Wahrheiten. Hat er sie einmal erkannt, so kann er sich von ihnen nicht frei machen. Man muß eine Kleinigkeit bezahlen."[14] Die gute Nachricht dabei ist jedoch: Unsere Wahrheiten mögen uns zwar fesseln, durchschauen wir sie aber, wirkt das auch befreiend und hat die Wirkung, unserem Druck den Dampf zu nehmen. Wiederum im Blick auf die Naturpredigt, befinden sich diejenigen, die immer versuchen, alles im Griff zu haben und alle Ungewißheiten auszuschalten, in einer schlimmen Lage, denn sie kämpfen gegen die Natur. Andererseits können diejenigen, die Ungewißheiten als unvermeidlich annehmen, in Frieden leben. Von den Vögeln und Lilien können wir eine Menge lernen.

Vielfach wurde die Naturpredigt Jesu in dem Sinn ausgelegt, daß sie von der Vorsehung Gottes handle. Nach dieser Deutung beruht der Friede eines Menschen auf dem Glauben, „daß Gott schon immer für alles sorgen wird". Dabei ist klar, daß der Friede des Betreffenden auf einem Glauben für die Zukunft und nicht auf gegenwärtiger Einsicht beruht, denn ein konkreter Beweis dafür, daß Gott tatsächlich immer für alles sorgen werde, läßt sich nicht erbringen. Ein weiteres Problem besteht darin, daß diejenigen, die stets auf Gottes Vorsehung zählen, immer noch erwarten, daß Gott ihren eigenen Interessen diene. Sie setzen sich selbst vor Gott an die erste Stelle.

Aber in diesem Abschnitt fordert Jesus uns auf, es solle uns „zuerst um Gottes Reich und um seine Gerechtigkeit gehen" (Matthäus 6,33). Wir sollten also Gott an die erste Stelle setzen. Ja, er sagt, wenn uns das tatsächlich gelinge, werde für alles andere von allein gesorgt werden. Sein Standpunkt ist klar: Letztlich ergeben sich Freude und Frieden nicht daraus, daß man die Garantie besitzt, Gott werde einem immer den eigenen Willen erfüllen oder alle unsere Bedürfnisse stillen. Vielmehr geht es darum, unseren Willen dem Willen Gottes zu unterwerfen, mit der Konsequenz, die Wirklichkeit ohne jeden Abstrich und jede Bedingung anzunehmen, wie sie ist.

Daher braucht man die Naturpredigt Jesu nicht als eine Lehre über die Vorsehung Gottes auszulegen. Ja, das Wesentliche an dieser Predigt läßt sich auch ohne jeden übernatürlichen Unterton erfassen. Man müßte nicht einmal an die Existenz eines persönlichen Gottes glauben. Es genügt die Einsicht, daß ängstliches Sorgen vergeblich ist und sich wahrer Friede dann einstellt, wenn wir fähig sind, die Wirklichkeit so anzunehmen, wie sie ist.

Die fünfte Regel des Zen lautet: Handle immer aus der Haltung des „wu-wei"! Wörtlich übersetzt heißt *wu-wei* „nichts tun". Aber in gewisser Hinsicht handelt es sich dabei um das gerade Gegenteil von Nichtstun, das sich als „kreative Ruhe" bezeichnen läßt. Denn gemeint ist hier der paradoxe Zustand, in dem höchste Aktivität mit höchster Entspannung einhergeht. Huston Smith formuliert den Sinn dieses Begriffs folgendermaßen:

> „Wu-wei ist höchste Aktion; es ist die kostbare Geschmeidigkeit, Einfachheit und Freiheit, die eher aus uns erfließt, oder eher durch uns hindurch, wenn sich unser privates Ego mit seinen bewußten Anstrengungen einer Kraft überläßt, die nicht aus ihm selbst stammt. Man könnte sagen, es ist Tugend, die genau auf der entgegengesetzten Seite von Konfuzius ansetzt."[15]

Statt theoretisch über das *wu-wei* zu sprechen, will ich es an einem Beispiel veranschaulichen. Vor nicht allzu langer Zeit wurde ich von meiner Bekannten zu sich nach Hause zum Essen eingeladen. Mitten in ihrem Wohnzimmer hing ein eingerahmtes Blatt mit einer Kalligraphie, einem Kunstwerk des Großvaters meiner Bekannten. Es war sein Lieblingswerk. Interessant daran war, daß diese Kalligraphie auf einem Blatt Konzeptpapier ausgeführt war, nicht auf Papier, das man normalerweise für Kalligraphien verwendet. Dem Großvater meiner Bekannten war dieses Werk beim bloßen Üben gelungen, er hatte überhaupt nicht vorgehabt, ein Kunstwerk zu schaffen. Aber gerade da gelang ihm sein allerbestes Werk.

Ein typischer Fall von *wu-wei*: Etwas gelingt, ohne daß man sich darum besonders bemüht hat. Es ist erstaunlich, wie viele Meisterwerke und Gipfelleistungen auf diese entspannte, unabsichtliche Weise zustandekommen. Wie schon früher gesagt, ist die Entspannung eine Vorbedingung für die Spiritualität. Ein Problem unserer modernen Gesellschaft besteht darin, daß sie zu leistungsorientiert geworden ist. Wir neigen dazu, uns sogar auf Gebieten anzuspannen, wo Anspannung gar nicht angebracht ist. Kunst ist keine Frage der Leistung, genausowenig wie die Spiritualität. Wenn wir Kunst als etwas betrachten, was wir leisten müssen, wird sie zum Mittel für etwas anderes: für Ruhm, Geld, Ansehen. Echte Kunst ist mit Freude und Lust am eigenen Tun verbunden. Sie sollte ein Ziel in sich selbst sein.

Da das Zen eine Kunst ist, ist es „ohne Ziel" und „ohne Nutzen". Gerade darin liegt der große Nutzen seiner „Nutzlosigkeit": es gestattet uns, uns zu entspannen und uns am Leben zu freuen, wie es ist. Eben deshalb sagte Jesus: „Mein Joch drückt nicht, und meine Last ist leicht" (Matthäus 11,28–30). Alles wird „leicht", wenn man weiß, ab wann man alles Gottes Händen überlassen soll.

Jesus veranschaulicht den Grundsatz des *wu-wei* in seiner Naturpredigt eindrucksvoll. Die wilden Vögel säen nicht und ernten nicht und sammeln nicht in Scheunen, und doch werden sie ernährt; die Lilien auf dem Feld mühen sich nicht und spinnen nicht, und doch werden sie gekleidet. *Wu-wei* ist etwas anderes als Faulheit und Nichtstun. Vielmehr ist es ein Sich-Einschwingen in den Lauf der Natur und ein Verzicht auf Verschwendung von Energie. Es geht dabei um die Schönheit des „Loslassens"!

Darum geht es bei den fünf wichtigsten Regeln des Zen: Sei gewärtig, sei gewöhnlich, genieße, übe Einsicht, handle aus der Haltung des *wu-wei*. Betrachten wir jetzt die übrigen Grundregeln: Handle sanft, handle in Freiheit, sei einfach, habe Sinn für das Paradox, aktiviere deine rechte Gehirnhälfte und geh in die Tiefe.

ZWEITES KAPITEL

Was ist Zen? (II): Der Kern der Sache

*Wenn ihr nicht umkehrt und wie die Kinder werdet,
könnt ihr nicht in das Himmelreich kommen.*
JESUS

Höchste Güte ist wie Wasser.
LAOTSE

Das Zen ist wie die Mutter und ihr Apfelkuchen: wir wachsen mit ihm auf, ob wir ihn jedoch bewußt wahrnehmen, ist eine andere Frage. In Robert Fulghums wunderbaren Büchlein *All I Really Need to Know I Learned In Kindergarten* heißt es:

„Und dann erinnere dich an die schönen Bilderbücher und das erste Wort, das du dabei gehört hast, das größte aller Wörter: SCHAU.
Alles, was du wissen mußt, steckt irgendwo in diesem Wort. Die Goldene Regel und die Liebe und das grundlegende Gesundwerden, Ökologie und Politik und Gleichheit aller Menschen und vernünftiges Leben."[16]

Das Zen ist praktisch überall. In der traditionellen chinesischen Kultur gibt es sechs klassische Künste: Musik, Schach, Bogenschießen, Reiten, Kalligraphie und Malen. Würden wir eine dieser Künste intensiv zu erlernen versuchen, so könnten wir dabei viel über Zen erfahren, denn dabei geht es immer um die gleichen Grundsätze. Ähnlich gibt es in der japanischen Kultur das *chado*, *kendo*, *judo* und *bushido*. Das „-do" am Ende dieser Begriffe entspricht dem geheimnisvollen chinesischen Wort „tao". Mit diesen

Begriffen sind, in dieser Reihenfolge, gemeint: die Kunst des Tee-trinkens, die Kunst des Schwertfechtens, die Kunst der Sanftheit (denn das Judo basiert auf dem Grundsatz, vom Gegner Stärke zu entlehnen) und die Kunst des Kriegers. Jede dieser Künste wird als eine Form der Praxis des Zen betrachtet. Ja, wenn man achtsam ist, läßt sich das Zen in grundsätzlich allem entdecken, was man tut. Denn das Zen ist die Kunst, etwas vollkommen zu machen.

In diesem Kapitel wollen wir einige weitere Elemente des Zen genauer betrachten, wenngleich es im Grunde genommen gegen den Sinn des Zen ist, sich in langen Beschreibungen zu ergehen. Knüpfen wir auch hier wieder an die Naturpredigt Jesu an.

Die sechste Regel des Zen lautet: Handle sanft! Um zu verstehen, was im Zen mit „Sanftheit" gemeint ist, ist es hilfreich, sich zunächst den taoistischen Begriffen des *yin* und *yang* etwas näher zuzuwenden. *Yin* und *yang* bezeichnen wörtlich das männliche und das weibliche Prinzip. Diese Prinzipien kommen zum Ausdruck in den Gegensätzen von Mann und Frau, Gut und Böse, Licht und Finsternis, Tag und Nacht, positiv und negativ, explizit und implizit, stark und schwach usw. Das in der Form des *yin-yang* zusammengefaßte Paar ist das Emblem des Taoismus. Es zeigt den Zustand der Harmonie zwischen diesen beiden kosmischen Kräften, wobei im *yang* ein klein wenig *yin* enthalten ist und umgekehrt. Nach taoistischer Vorstellung hält die Wechselwirkung von *yin* und *yang* das Universum in Bewegung und erschafft alles Leben.

Während man im Hauptstrom des abendländischen Denkens das Gute und das Böse als zwei entgegengesetzte Kräfte betrachtet, von denen jede versucht, die andere auszuschalten, stellen die Taoisten sie sich als wechselseitig voneinander abhängig und einander ergänzend vor. Das *yin-yang* ist das vorzüglichste Symbol für *kreative Spannung*, ohne die es kein Leben und kein Wachstum gäbe. Dieses Verständnis, daß die Gegensätze etwas sich Ergänzendes sind, ist wesentlich für die sanfte Einstellung des Zen gegenüber dem Leben.

Die Sanftheit ist eine der vorrangigsten taoistischen Tugenden. Sie ist auch das, was den echten Künstler vom bloßen Handwerker unterscheidet. Laotse hält sie auch für entscheidend für das Leben. Der taoistische Meister Tschuang-tse lehrte die Kunst der Sanftheit in seinem Text „Einen Ochsen zerteilen":

„Der Koch des Fürsten Wen Hui zerteilte einen Ochsen. Hand hinein, Schulter herabgezogen, Fuß fest aufgesetzt, Knie dagegenstemmen – schon liegt das Tier in Stücken da. Das blanke Messer flüstert wie ein Windhauch. Das ist eine Harmonie, wie sie bei einem Kulttanz, beim Kinderreigen und bei alten Liedern selbstverständlich ist.

,Das nenne ich gute Arbeit!', sagt der Fürst, ,Du hast die richtige Methode.' ,Methode?' meint der Koch und legt sein Messer auf den Tisch. ,Ich folge nur dem Tao, und damit stehe ich haushoch über allen möglichen Methoden!

Als ich anfing, Ochsen zu zerteilen, sah ich das ganze schwere Tier vor mir: eine einzige dumpfe Masse. Nach drei Jahren entdeckte ich in dieser Masse feine Trennungslinien. Heute schaue ich erst gar nicht mehr hin. Alles in mir wird zum Auge. Meine Sinne können müßig bleiben, der Geist arbeitet für sie, der Geist, der keinem Plan folgt, sondern nur dem eigenen Instinkt gehorcht. So findet mein Messer mühelos die verborgene Öffnung, und ich brauche kein Gelenk mehr zu durchtrennen und keinen Knochen zu zerspalten.

Ein guter Koch braucht jedes Jahr ein neues Hackbeil. Er schneidet. Ein schlechter Koch braucht jeden Monat ein neues Hackbeil. Er hackt drauflos.

Dieses Messer benutze ich jetzt schon neunzehn Jahre. Ich habe damit tausend Ochsen aufgeschnitten, und es ist immer noch so scharf wie am ersten Tag.

In den Gelenken sitzen kleinste Zwischenräume. Die Messerklinge ist ganz dünn und spitz. Sie findet diese Zwischenräume. Mehr Raum braucht es nicht! Alles geht dann leicht und schnell. Deshalb bleibt auch mein Messer immer scharf, und ich brauche es nicht zu wetzen.' . . .

Fürst Wan Hui sagte: ,Mein Koch hat mir gezeigt, wie ich mein Leben leben sollte.'"[17]

Das Messer des Kochs wurde nicht stumpf, weil er sanft vorging, und diese Sanftheit ergab sich aus seiner Kenntnis der Wege der Natur. Die Sanftheit ist der Schlüssel dafür, daß Schönheit ins Leben einzieht und die Arbeit heilige Qualität gewinnt. Sanft sein bedeutet, dem Weg der Natur folgen, nicht gegen sie angehen, wodurch keine Energie vergeudet und die Effizienz erhöht wird.

Das Gegenteil von Sanftheit ist Gewalttätigkeit, und das ist jede Handlung, die sich der Wirklichkeit widersetzt. In unserer Gesellschaft überwiegt die spirituelle Gewalttätigkeit. Die meisten von uns sind auf die eine oder andere Weise gewalttätig, weil uns der rechte Einblick in die Natur der Wirklichkeit fehlt. Oft sind wir uns unserer Gewalttätigkeit gar nicht einmal bewußt.

C. S. Lewis hat das Christentum als eine „kämpferische Religion" bezeichnet. Diese Charakterisierung ist ziemlich irreführend. Was uns Jesus in Wirklichkeit gelehrt hat, ist die Kunst des „Gewinnens durch Verlieren", eine Art „spirituelles Judo". In seiner Naturpredigt veranschaulichte Jesus die Kunst der Sanftheit mit Hilfe der Vögel des Himmels und der Lilien des Feldes. Beachten wir, daß die Vögel zwar von der unsichtbaren Hand Gottes genährt und die Lilien von ihr gekleidet werden, beide aber auch den Elementen und anderen unberechenbaren Faktoren ausgesetzt sind. Die Vögel haben natürliche Feinde, die ihnen als Beute nachstellen, und die Lilien sind Dürre und Überschwemmung ausgesetzt. Auch sind sie genau wie wir nicht gegen die Grundgegebenheiten des Lebens gefeit: Krankheit, Altern und Tod. Ja, Jesus hat die Lilien als Lebewesen beschrieben, die „heute auf dem Feld stehen und morgen ins Feuer geworfen werden" (Matthäus 6,30). So ist mit „Vorsehung" offensichtlich nicht Sicherheit oder langes Leben gemeint.

Trotzdem scheinen die Vögel und die Lilien fähig zu sein, sich freundschaftlich ihrer Umgebung anzupassen und in Anmut zu leben, ohne Sorgen, Proteste oder Beschwerden. Jesus stellte die Frage in den Raum, warum es uns Menschen so schwer falle, dasselbe wie diese „niedrigeren Lebewesen" zu tun. Jesus pries die Vögel und die Lilien für ihre besondere Sanftheit. Sie ist es, die sie trotz allem in Schönheit leben läßt.

In der Naturpredigt geht es *nicht* in erster Linie um die Vorsehung, die für alles sorgt. Vielmehr geht es um die *Stärke der Schwachheit*. Wie Alan Watts schreibt, sind die Lilien „schwach und leichtfertig, sanft und inkonsequent, weshalb sie genau über jene Qualitäten vegetativer Weisheit verfügen, auf die die Menschen mit eiserner Willenskraft und stählernen Nerven, die energisch für das Gute kämpfen und unbeirrt ihr Ziel im Auge haben, nur mit Verachtung herabsehen können."[18]

Jesus lehrte, Spiritualität sei nicht eine Frage der Zähigkeit oder des Aufbietens von Willenskraft. Laotse, der Begründer des chinesischen Taoismus, hat bemerkt: „Höchste Güte ist wie das Wasser." Tatsächlich ist das Wasser der vollkommene Lehrmeister der Sanftheit. Ganz gleich, in welches Gefäß man Wasser gießt, es nimmt sofort die Form dieses Gefäßes an. Das Wasser sperrt sich nicht gegen die Wirklichkeit; es paßt sich ihr an. In dieser Anpassungsfähigkeit liegt seine überragende Stärke. Laotse sagte im *Tao te King* über die Stärke des Wassers:

„Auf der ganzen Welt gibt es nichts Weicheres und Schwächeres als das Wasser.
Und doch: in der Art, wie es dem Harten zusetzt, kommt nichts ihm gleich.
Es kann durch nichts verändert werden.
Daß Schwaches das Starke besiegt und Weiches das Harte besiegt, weiß jedermann auf Erden,
aber niemand vermag danach zu handeln."[19]

Die siebte Regel des Zen lautet: Handle in Freiheit! „Freiheit" ist heutzutage ein viel mißbrauchter Begriff. Freiheit ist für viele irrtümlicherweise gleichbedeutend mit der Abwesenheit von Zwängen und Einschränkungen.

Freiheit ist ein relativer Begriff, denn so etwas wie eine „absolute Freiheit" gibt es nicht. Tatsächlich gibt es Freiheit nur relativ zu entsprechenden Zwängen. So gesehen, sind Freiheit und Zwänge nur zwei Seiten der gleichen Wirklichkeit. Das eine kann ohne das andere nicht existieren.

In den USA neigen die Menschen in bezug auf die Freiheit zu einer militanten Haltung. Ein geläufiger amerikanischer Ausdruck ist „to fight for one's freedom – für seine Freiheit kämpfen". Aber spirituelle Freiheit ist keine Frage des Kämpfens. Vielmehr geht es dabei um das *Loslassen*.

Über Freiheit können wir viel lernen, wenn wir Kinder beim Spielen beobachten. Im Spiel von Kindern kommt viel mehr Freude als im Spiel von Erwachsenen zum Ausdruck. Kleine Kinder schämen sich nicht, sich selbst zum Narren zu machen oder ihre wirklichen Gefühle auszudrücken. Ihr Spiel ist von viel Lachen, Lärm und Schreien begleitet: Zeichen dafür, daß sie sich selbst ganz loslassen können. Werden wir älter, verlieren wir diese Unbekümmertheit, denn unaufhaltsam breitet sich in uns das Gefühl der eigenen Wichtigkeit aus. In dem Maß, in dem wir immer ich-bezogener werden und alles im Griff behalten wollen, schwinden unsere innere Freiheit und Freude.

Spirituell frei zu sein, bedeutet nicht, bar aller physischen Zwänge zu sein, sondern über die Fähigkeit zu verfügen, sich von den Fesseln seines eigenen Ichs zu lösen. Wahre Freiheit ist ein Spiegelbild der eigenen Sanftheit, nämlich der Fähigkeit, dem Weg der Natur zu folgen und bereit zu sein, die eigene feste Vorstellung aufzugeben, wenn diese fehl am Platz ist. Die Vögel und Lilien in der Naturpredigt Jesu sind in dem Sinn „frei", daß sie keine Ängste oder Sorgen haben, die beiden Ausdrucksformen des Ego. Anders als die meisten Menschen sperren sie sich nicht gegen die Wirklichkeit und begehren nicht gegen die Natur auf. Andererseits fühlen sich die meisten von uns unfrei, weil wir es nicht gelernt haben, mit den unumgänglichen Ungewißheiten wie Altern, Krankheit und Tod zu leben. Wir neigen dazu, dagegen anzukämpfen, als könnten wir ihnen entgehen. Dieser blinde Widerstand verschafft uns viel Elend.

Die achte Regel des Zen lautet: Sei einfach! In unserer Kultur dreht sich alles um das Kaufen und Konsumieren. Bei aller Intelligenz als moderne Menschen fällt es uns dennoch schwer, zwischen Qualität und Quantität zu unterscheiden.

Das Zen ist eine Disziplin, das Leben einfacher zu machen. Das chinesische Schriftzeichen für das Wort „Zen" besteht aus zwei Grundzeichen, von denen das eine „Offenbarung" bedeutet, das andere „Einfachheit". Demnach wird das Zen als die Wahrheit bezeichnet, die sich in der Einfachheit offenbart. In unserer Erwerbsgesellschaft besteht die Tendenz, uns zu viel Besitztum, Verantwortung, Verpflichtungen und und Vergnügungen aufzubürden. Unsere Lebensqualität hat sich genau deshalb verschlechtert, weil wir von all dem erdrückt werden. Es gibt so unendlich viel zu tun, und wir haben so schrecklich wenig Zeit dafür! Die Massierung der vielen interessanten Dinge nimmt uns alle Freude. Ja, zu viel des „Guten" führt zu Enttäuschung. Die Zenlehrer sind nicht die einzigen, die die *magic of thinking small*, den „Zauber der kleinen Dimensionen" schätzen.

Einfachheit wirkt sich nicht zuletzt auf die Tiefe und den Reichtum der Alltagserfahrung aus. Thomas Moore, ein früherer Mönch, der sich eingehend mit der Spiritualität des Mittelalters beschäftigt hat und heute als Psychotherapeut tätig ist, meint, ein Grund, weshalb unsere Generation ihre Seele verloren habe, liege darin, daß wir einen viel zu hektischen Lebensstil führen. In seinem Buch *Care of the Soul* sagt er: „In einem im Eiltempo geführten Leben kann sich die Seele nicht entfalten, denn es braucht Zeit, um tief beeindruckt zu werden, etwas aufzunehmen und gründlich zu verdauen." [20] Darin sind sich alle Experten einig: Spiritualität hat wesentlich damit zu tun, daß Alltagserfahrungen sich in die Tiefe entwickeln, was aber Langsamer-werden und Reduzierung seine Bedürfnisse verlangt.

Eben deshalb stellte Jesus ziemlich schockierend fest: „Eher geht ein Kamel durch ein Nadelöhr, als daß ein Reicher in das Reich Gottes gelangt" (Matthäus 19,24). Viele deuten diesen Ausspruch falsch, weil sie meinen, damit werde gesagt, ein Leben in materiellem Wohlstand sei grundsätzlich nicht mit einem geistlichen Leben vereinbar. Demnach wären alle Hungernden in Afrika in besonderer Weise für das spirituelle Leben disponiert!

Leben im Wohlstand und spirituelles Leben schließen einander nicht grundsätzlich aus. Das Wort Jesu über die Armen bezieht sich in Wirklichkeit auf das Verhältnis von Spiritualität und Einfachheit. Das Leben der Reichen ist selten einfach. Ihre große Kauf- und Erwerbskraft erweist sich eher als Fluch denn als Segen. Sie sind dafür anfällig, zu Sklaven ihrer Besitztümer und irdischen Freuden zu werden, die sie eher von ihrem inneren Leben ablenken. Daher ist ihre Chance auf Befreiung sehr gering.

Deshalb muß das Adjektiv „reich" bildlich verstanden werden. Der Besitz eines Menschen kann materieller, psychischer, intellektueller oder sogar religiöser Art sein. Wie es auch beschaffen sein mag, es bleibt für die Befreiung ein Hindernis, solange man sich daran klammert. Jesus stellt diesen Punkt in seinen Seligpreisungen klar: „Selig, die arm sind im Geist" (Matthäus 5,3; in der deutschen Einheitsübersetzung formuliert als: „Selig, die arm sind vor Gott", d. Ü.). Er sagt hier nicht, die Armen an sich seien selig. Schließlich ist es ein großer Unterschied, ob man einfach arm oder *arm im Geist, arm vor Gott* ist. Die Armen sind diejenigen, die nur wenig oder gar keinen materiellen Besitz haben, während die „Armen im Geist" bzw. „Armen vor Gott" die Menschen sind, die keinerlei Ballast haben, nichts, woran sie hängen. Man kann bitter arm und trotzdem voller Abhängigkeiten sein. Umgekehrt kann jemand über beträchtlichen Besitz verfügen und dennoch kaum daran hängen (was allerdings selten ist).

Die neunte Regel des Zen lautet: Habe Sinn für das Paradox! Ein berühmtes Zen-Koan lautet: „Wenn du einen Stock hast, gebe ich dir einen. Wenn du keinen Stock hast, nehme ich ihn dir weg." Das entspricht direkt dem paradoxen Spruch Jesu: „Wer hat, dem wird gegeben; wer aber nicht hat, dem wird auch noch weggenommen, was er hat" (Markus 4,25).

Die Zen-Paradoxa sollte man ernst nehmen, denn sie sagen uns etwas Wichtiges über die Natur der Wirklichkeit. Sie sind ein Schlüssel zur eigenen Erleuchtung und Befreiung. R. H. Blyth sagte über sie:

„Ein Paradox ist nicht eine Art Wortspielerei, die sich lösen läßt, indem man den Doppelsinn des betreffenden Worts erklärt. Es entspringt nicht dem Wunsch, die Zuhörer oder sich selbst vor Rätsel zu stellen. Seinen Grund hat es in der Unfähigkeit der Sprache, zwei Dinge auf einmal zu sagen. Ein Arzt amputiert ein Bein und verursacht Schmerz und Verlust, was schlecht ist, aber er rettet ein Leben, was gut ist. Wenn wir von einer zwiespältigen Handlung sprechen, deutet das unser Geist unvermeidlich so, daß sie zum Teil gut, zum Teil schlecht sei. In dieser Hinsicht verfügt die Musik über bessere Möglichkeiten. Mit ihr können wir zwei Dinge zugleich sagen, und die beiden je eigenen Melodien verschmelzen zu einer einzigen untrennbaren Harmonie."[21]

In unserer Gesellschaft neigt man dazu, Paradoxa zu übergehen, denn wir leben in einer Welt, in der das Rationale König ist. In diesem Zusammenhang ist der Hinweis wichtig, daß Zen wie Christentum anscheinend einen spürbar anti-intellektuellen und irrationalen Zug haben. Es gibt einen rätselhaften Spruch Jesu, der selten zitiert und ebenso selten richtig verstanden wird. Im Hinblick auf die „intelligenten" Menschen dieser Welt sagte Jesus: „Ich preise dich, Vater, Herr des Himmels und der Erde, weil du all das den Weisen und Klugen verborgen, den Unmündigen aber offenbart hast. Ja, Vater, so hat es dir gefallen" (Matthäus 11,25–26).

Ein ausgesprochen unlogisches Wort, das sich radikal gegen das Establishment richtet. Wie können Unmündige, Kleinkinder etwas wissen, was die Weisen und Gebildeten nicht wissen? Wie können die Ungebildeten einsichtsvoller als die Gebildeten sein? Für den rationalen Geist ein blanker Unsinn.

Aber eine solche „Verrücktheit" durchzieht wie ein roter Faden die Tradition des Christentums. Der Apostel Pauls zum Beispiel redete gelegentlich wie ein verrückter Zen-Mönch. Hier ein Beispiel:

„Wo ist ein Weiser? Wo ein Schriftgelehrter? Wo ein Wortführer in dieser Welt? Hat Gott nicht die Weisheit der Welt als Torheit entlarvt? Denn da die Welt angesichts der Weisheit Gottes auf dem Weg ihrer Weisheit Gott nicht erkannte, beschloß Gott, alle, die glauben, durch die Torheit der Verkündigung zu retten ... Denn das Törichte an Gott ist weiser als die Menschen, und das Schwache an Gott ist stärker als die Menschen" (1 Korinther 1,20–25).

So ist die Welt des Zen eine Welt *poetischer Verrücktheit*. Sie liegt in einer Zone des Zwielichts, wo Wissen zu Unwissen wird, Torheit zu Weisheit, Schwachheit zu Stärke und umgekehrt. Hier ist alle Alltagslogik aufgehoben.

Die buddhistische Tradition ist genauso unlogisch. Die Herz-Sutra, ein klassischer Text des Zen, beginnt mit der Aussage: „Form ist Leere, und die Leere selbst ist Form." Die Diamant-Sutra, ein weiterer klassischer Text, ist von noch markanterer Unlogik. Sie zitiert den Buddha, der gesagt haben soll: „Der Lehrer des Dharma (d. h. der Wahrheit) hat nichts zu lehren; genau das nennt man das Lehren des Dharma." Das klingt völlig verworren und verrückt. Und doch ist in all dem unverkennbar ein Hauch poetischer Schönheit und ein feiner Anklang von Wahrheit.

Um diese anscheinend irrationale Seite des Zen zu verstehen, müssen wir etwas genauer betrachten, wie unser Intellekt funktioniert. Als moderne Menschen sind wir für verschiedene Formen von Sucht hellhörig geworden: Fernsehsucht, Spielsucht, Sexsucht, Alkohol- und Drogensucht. Eine Sucht allerdings fällt uns kaum auf: unsere Sucht, logisch zu denken. Wenn wir uns der Grenzen und Tücken dieses logischen Denkens nicht bewußt sind, kann sie sich auf unsere spirituelle und mentale Gesundheit sehr nachteilig auswirken.

Diese Grenzen und Tücken der Logik lassen sich am besten an einigen der jüngsten Entwicklungen in der Computerwissenschaft aufzeigen. Der Computer ist der Inbegriff der rational-logischen Seite des menschlichen Geistes. Ohne die Hilfe, die der Computer bietet, wären viele der wissenschaftlichen und technischen Fortschritte dieses Jahrhunderts einfach nicht möglich gewesen. Der Computer ist der moderne Held auf einer nicht zu bezweifelnden Erfolgsspur. Seine atemberaubenden Leistungen in der Vergangenheit haben die Wissenschaftler angestachelt, auf ihn immer mehr Gehirnfunktionen des Menschen zu übertragen. Eine der jüngsten Bemühungen bestand darin, diese Maschine so weiterzuentwickeln, daß sie die menschliche Sprache versteht. Von der Forschung auf diesem Gebiet der „künstlichen Intelligenz" (KI) verspricht man sich ungemein viel. Doch nach dreißig Jahren Forschung und Investitionen von Milliarden von Dollars in dieses Projekt kommen unsere Wissenschaftler zu der Erkenntnis, daß man die Komplexität dieses Problems, bei dem es um das Wesen logischen menschlichen Denkens geht, grob unterschätzt hatte.

Die Logik schreibt vor, daß wir im Entweder-Oder-Schema denken: etwas ist entweder A oder Nicht-A, aber nicht beides zugleich. Dies wiederum ist ein Abbild unseres rationalen Geistes, der das Leben zu zerteilen versucht, zu klassifizieren, zu etikettieren und in lauter sauber voneinander getrennte Schubladen einzusortieren.

Tatsächlich aber ist die reale Welt durchaus nicht „sauber" eingeteilt, vielmehr bunt durcheinandergemischt. Der Computer arbeitet im binären Modus Entweder-Oder, was ihn bei Aufgaben mit Zweideutigkeiten versagen läßt. Während die Maschine ohne Probleme den Träger einer Weltraumrakete steuert, hat sie gewaltige Schwierigkeiten, auch mit den einfachsten Gesprächsthemen zu Streich zu kommen, denn für diese ist es typisch, immer eine ganze Anzahl von Bedeutungsebenen zu haben. Das Grundproblem hängt mit dem Gebrauch der Logik ganz allgemein zusammen. Ein Logiker hat das so formuliert:

> „Die gesamte traditionelle Logik geht gewöhnlich davon aus, daß präzise Symbole verwendet werden. Daher ist sie nicht auf dieses irdische, sondern nur auf ein imaginäres himmlisches Leben anwendbar. Das Gesetz vom Ausschluß des Mittleren (A oder Nicht-A) trifft zu, wenn präzise Symbole verwendet werden, nicht aber trifft es zu, wenn die Symbole verschwommen sind, wie es faktisch tatsächlich alle sind."[22]

Anders als die Computer läßt das Zen das Zerfließen der Grenzen zu. Es hat nichts dagegen, wenn etwas gleichzeitig A und Nicht-A ist. Demnach wäre es ein schwerer Fehler, Zenmeister für irrationale Menschen zu halten. Würden sie nicht an die Rationalität glauben, sollten sie nicht lehren und hätten auch nichts zu lehren. Worauf die Zenmeister in Wirklichkeit abzielen, ist, zu einer höheren Art Logik hinzuführen, die die binäre Entweder-Oder-Welt transzendiert, zu einer Logik, die flexibler ist und eine Vielzahl von Deutungen und Möglichkeiten zuläßt. Die Schwierigkeit mit unserer Alltagslogik ist, daß sie zu starr ist und sich nicht der fließenden und amorphen Natur des wirklichen Lebens anpassen kann.

So sagt die Zen-Logik provozierend: „A ist nicht A." Das ist nur eine andere Weise, zu sagen, daß „die Dinge nicht das sind, als was sie erscheinen" und daß „die herkömmliche Weise, A zu sehen, nicht endgültig ist". Das Zen verweist über seine raffinierten Argumente und grob schockierenden Aussagen hinaus auf eine tiefere Wirklichkeit jenseits der Gegensätze und Dualismen, in der wir zur Befreiung gelangen könnten.

Beim Zen geht es um Kreativität, die im Kern aus der Einsicht besteht, daß es mehr als eine Weise gibt, auf ein und denselben Gegenstand zu sehen oder mit ihm umzugehen. Daher verwenden die Zenmeister Paradoxa, um ihre Schüler mit einer Schockmethode anzustoßen, die Welt auf radikal unkonventionelle Weisen zu sehen. Schließlich ist die Erleuchtung *(satori)* eine Sache der kreativen Visualisierung. In diesem Sinn ist das Zen etwas Einzelgängerisches und Abweichlerisches. Einzelgängerisch deshalb, weil man das Zen nicht mit einem Herdeninstinkt, sondern nur mit einem unabhängigen Geist praktizieren kann; abweichlerisch, weil man dabei nie die herkömmliche Weise als vorgegeben zugrundelegen kann. Der Weg des Zen ist ein einsamer Weg, den zu betreten Mut und Kreativität verlangt.

Jesus preist die Unmündigen deshalb, weil ihr Geist noch nicht in starres Funktionieren nach dem dualistischen Schema versteinert ist. Sie verfügen noch über den *Geist von Anfängern*, der noch staunen, bewundern und neue Möglichkeiten entdecken kann.

Da Jesus kein Sklave der Alltagslogik war, konnte er sich mühelos paradoxer Formulierungen bedienen. Seine Naturpredigt zum Beispiel birgt ein gewaltiges Paradox. Einerseits sind die Vögel und die Lilien den Naturgesetzen unterworfen. Den Elementen und anderen unbekannten Faktoren ausgesetzt, sind sie Gefangene des Lebens. Andererseits kann man sie als völlig freie Wesen betrachten, denn sie sperren sich nicht gegen das, was die Realität vorschreibt. So sind sie sowohl frei wie nicht frei, je nachdem, wie wir sie betrachten.

Die zehnte Regel des Zen lautet: Aktiviere deine rechte Gehirnhälfte! Bei der Kunst geht es nicht um Gedanken. Es geht vielmehr um Sehen, Hören, Fühlen und Berühren. Das Konkrete hat den Vorzug vor dem Abstrakten. Der Philosoph George Santayana hat einmal bemerkt: „Kunstkritiker reden miteinander über Kunst. Künstler reden miteinander darüber, wo es guten Verdünner zu kaufen gibt." Wie wir von Buddhas wortloser Blumenpredigt her wissen, erfaßten diejenigen den springenden Punkt nicht, die zu viel dachten. Sehen und Denken vertragen sich nicht gut miteinander. Wirkliche Künstler verwenden nicht viel Zeit aufs Reden oder Denken. Sie ziehen es vor, in die konkrete und unmittelbare Erfahrung der Schönheit einzutauchen, statt mit deren Abstraktionen zu hantieren.

Diese nicht verbale und nicht intellektuelle Ausrichtung der Kunst (und des Zen) läßt sich einfacher als *Leben aus der rechten Gehirnhälfte heraus* bezeichnen. Nach neueren Erkenntnissen der Neurophysiologie steuert unsere linke Gehirnhälfte die analytischen, begrifflichen, linearen, verbalen, disziplinierten und zielorientierten Aktivitäten unseres Gehirns; sie werden als Tätigkeiten des *Intellekts* bezeichnet und sind entscheidend dafür, wie effektiv wir mit der äußeren Welt umzugehen vermögen. Die rechte Hälfte unseres Gehirns dagegen ist für die intuitiven, visullen, künstlerischen, integrativen, emotionalen, spontanen und ganzheitlichen Aktivitäten unseres Gehirns zuständig; diese werden als die Tätigkeiten des *Unbewußten* bezeichnet. Beide Kategorien von Aktivitäten des Gehirns ergänzen einander gegenseitig. Es sind die *yin*- und *yang*-Seiten unseres Geistes. Die folgende Übersicht zeigt Tätigkeiten der linken und der rechten Gehirnhälfte im Vergleich.

Die Tätigkeiten der beiden Gehirnhälften beziehen sich auf die Spiritualität wie folgt: Die linke Gehirnhälfte ist „männlich"; sie ist der Sitz des Ego und die Schaltzentrale unserer äußeren Tätigkeiten. Zu ihr gehört es, Verantwortung zu übernehmen, zu erwerben und zu beherrschen. Da sie zielorientiert und außengerichtet ist, treibt sie unseren Willen, unsere Wünsche und Ambitionen an.

Vergleich zwischen der Denkweise der linken und der rechten Gehirnhälfte

Links	*Rechts*
analytisch	synthetisch
präzis	ungenau
aufteilend	ganzheitlich/ in Beziehung setzend
systematisch	spielerisch
nacheinander	gleichzeitig
verbal	nonverbal
symbolisch/abstrakt	konkret
rational/logisch	künstlerisch/intuitiv/ emotional
geplant	spontan
zielorientiert	prozeßorientiert
satzhaft	wahrnehmend

Die rechte Gehirnhälfte ist „weiblich"; sie ist das Instrument der Seele. Ihre Eigenart äußert sich im Empfangen, Sich-Vorstellen, in Ausgeglichenheit und Sich-Anpassen. Da sie innengerichtet ist, befähigt sie uns zum Fühlen, Wahrnehmen, Hören und Verkosten. Um als Menschen richtig zu leben, brauchen wir offensichtlich beide Seiten. Das Zen versucht die Ausgewogenheit zwischen beiden wiederherzustellen, indem es die Verlagerung auf die rechte Gehirnhälfte fördert und die nonverbalen und integrativen Tätigkeiten betont.

Da die Zen-Erfahrung ihrer Natur nach zur rechten Gehirnhälfte gehört und sich nicht verbalisieren läßt, wird sie leicht mystifiziert. In Wirklichkeit aber handelt es sich um nichts „Mystischeres" als um das Spüren der Kühle des Wassers mit den Händen. Der zeitgenössische Meister Shree Rajneesh sprach über die Zen-Erfahrung mit den alltäglichsten Worten:

„Ein ferner Kuckucksruf . . ., und für einen Augenblick vergißt du alle deine Gedanken. Der Ruf des Kuckucks ist so schön, so durchdringend; er trifft dich wie ein Pfeil ins Herz. Für einen Augenblick hält alles an . . ., und plötzlich verspürst du den Geschmack des Tao. Du nennst ihn Schönheit, weil du nicht weißt, was es ist. Ja, Schönheit ist einer seiner Aspekte . . . Oder ein sternenklarer Nachthimmel, und du liegst im Gras und schaust nach oben und bist von dieser Pracht fasziniert. Du nennst es Pracht und sprichst einen anderen Aspekt des Tao an. Du hörst Musik, und etwas rührt dich tief in deinem Wesen; es stellt sich eine Gleichzeitigkeit ein. Du bist ganz eingestimmt auf die Musik, in dir regt sich leise eine Art Tanz. Du nennst es Musik? Du nennst es Poesie? Es ist das Tao, ein weiterer Aspekt des Tao."[23]

Zen-Erfahrung ist das, was geschieht, wenn man sich in den Augenblick hinein vergißt, das Empfinden, die Zeit, die ganze Welt steht still, und Harmonie und tiefer Frieden herrschen. Doch in Wirklichkeit ist es der Ego-Prozeß, der stehenbleibt. Bleibt er stehen, hören auch die eigenen Erwartungen, Wünsche, Sorgen und Ängste auf. Dann erfährt man sich selbst als in der Gegenwart lebend und ist voller Freude und von Frieden erfüllt.

Die Naturpredigt Jesu gliedert sich genaugenommen in zwei Teile: einen mit Worten und einen ohne Worte. Den wortlosen Teil lehrte die Natur selbst. Dabei ist zu beachten, daß Jesus die Predigt tatsächlich auf einem Berg gehalten hat. Inmitten der Schönheit der Natur forderte er seine Jünger auf, hinzusehen und gründlich zu betrachten, was gegenwärtig und wirklich war. Tatsächlich bedarf es dazu gar keiner Worte. Die Natur besänftigt, heilt und lehrt von allein, und zwar durch ihr Schweigen. Jesus leitete seine Zuhörer lediglich an, das Wirken ihrer rechten Gehirnhälfte zu erspüren, damit sie hörten, sahen, schätzen lernten und einfach anwesend waren.

Aber als Stütze für diejenigen, deren rechte Gehirnhälfte nur schwach ausgebildet war, ergänzte Jesus die schweigende Lektion der Natur mit seinen Worten. Dabei griff er wieder auf Vernunft und Logik zurück, um sie zu besänftigen und mit Frieden zu erfüllen. Den verbalen und den nichtverbalen Teil dieser Predigt sollten wir als zwei komplementäre Seiten betrachten, von denen die eine die andere bestärkt. Hier zeigt sich, über welche großartigen Fähigkeiten Jesus als spiritueller Lehrer verfügte.

Die letzte Regel des Zen lautet: Geh in die Tiefe! Damit etwas zur Kunst wird, muß es das Oberflächliche durchstoßen. Der entscheidende Unterschied zwischen der Schönheit eines Kunstwerks und dem bloßen Schönsein eines Gegenstands besteht darin, daß das Kunstwerk Tiefe hat, der schöne Gegenstand nicht. Etwas, das Kunst ist, muß gar nicht schön sein, und etwas, das schön ist, ist vielleicht gar nicht Kunst. Ein wirklicher Künstler vermag aus etwas Häßlichem etwas Schönes hervorzulocken, ebenso wie ein Könner im Zen das Weltliche in etwas Spirituelles verwandeln kann. Ein Wesenszug des künstlerischen Gehalts eines Gegenstands ist, daß er *Seele besitzt*, das heißt, etwas vom Innersten des Künstlers widerspiegelt. Denn Kunst ist ein Prozeß der Selbstentdeckung und des Selbstausdrucks.

Diese Orientierung nach innen bildet den Unterschied zwischen Spiritualität und Religion. Vielfach wird beides zwar miteinander verwechselt, doch ist es nicht das gleiche. Oft wird Religion mit einem bestimmten System von Dogmen, Überzeugungen, Regeln und Ritualen gleichgesetzt. Als solches neigt die Religion dazu, formal, institutionell und politisch zu werden. Die Spiritualität dagegen hat mit dem zu tun, was in die Tiefe reicht und individueller Natur ist. Bei ihr geht es nicht um etwas, das uns von außen auferlegt wird, sondern das wir von innen nach außen tragen. Viele Aspekte der Volksreligionen stellen tatsächlich in dem Maß, wie sie außengerichtet sind, ein Hindernis für wirkliche Spiritualität dar. Robert Linssen führt dazu aus:

„Die Tiefe des Unbewußten und des Bewußten sind für uns der fruchtbare Boden, in den sich die Wurzeln unseres Seins senken müssen, um in den lebenspendenden Kontakt mit seinem Wesen zu kommen. Das ist ein streng individueller Prozeß. Alle Erwartung von außen, aller Autoritätskult, alle Hoffnung auf Wunder sind lediglich Elemente, die das Vordringen unserer psychischen Wurzeln zu jenem vergrabenen Zentrum in uns lähmen, das die Quelle des Lebens in uns ist."[24]

Jesus hat die Wichtigkeit dieser Ausrichtung nach innen betont, als er die rhetorische Frage stellte: „Was nützt es einem Menschen, wenn er die ganze Welt gewinnt, dabei aber sein Leben einbüßt? Um welchen Preis kann ein Mensch sein Leben zurückkaufen?" (Matthäus 16,26). Indem Jesus das „Leben" bzw. die „Seele" (*psychè* im Griechischen) als Alternative zur „Welt" darstellte, machte er klar, daß das spirituelle Leben nichts mit dem Erwerb von Äußerlichkeiten zu tun hat. Dabei geht es vielmehr um die Suche und das Erkennen des eigenen wahren Selbst. An einer anderen Stelle hat Jesus gesagt, das Reich Gottes sei in uns. Auch hier sehen wir wieder die starke Entsprechung zwischen dem Zen und der Spiritualität Jesu.

Auf eine Kurzformel gebracht, geht es beim Zen darum, das Überflüssige und Vordergründige zu durchstoßen und zum wirklich Wichtigen vorzudringen: zur Selbsterkenntnis. Es geht darum, das in uns genau zu verstehen, was ständig nach Bestätigung und Glück außerhalb des Selbst sucht. Eine Geschichte in den alten buddhistischen Schriften macht dies deutlich:

„Der Buddha saß einst am Weg von Benares nach Urela unter einem Baum. An diesem Tag gingen dreißig Freunde, alles junge Prinzen, mit ihren jungen Frauen zu einem Picknick in den selben Wald hinaus. Einer der Prinzen war noch unverheiratet und hatte eine Prostituierte als Begleiterin. Während sich die anderen unterhielten und amüsierten, entwendete diese einige Wertgegenstände und verschwand. Man suchte im ganzen Wald nach ihr und stieß dabei auf den Buddha, der unter einem Baum saß. Die Suchenden fragten ihn, ob er eine Frau gesehen habe. Er erkundigte sich, um was es denn gehe. Als sie es ihm erklärt hatten, fragte sie der Buddha: ‚Was glaubt ihr, junge Männer? Was ist für euch besser? Nach einer Frau oder nach euch selbst zu suchen?'"[25]

Fangen wir also unverzüglich mit dem Suchen an!

Drittes Kapitel

Das Himmelreich ist Gegenwart

*Das Reich Gottes kommt nicht so, daß man es
an äußeren Zeichen erkennen könnte.*
Lukas 17,20

*Wenn du dich ihm näherst,
entfernst du dich bestimmt davon.*
Nan Tschuan

Haben Sie schon einmal über dieses vertraute und doch so fremd-
artige Element nachgedacht, das wir als die Zeit kennen? Um einen
Blick für die Schönheit des Reiches Gottes zu bekommen, müssen
wir ein Gespür dafür entwickeln, welch ein Wunder Zeit ist. Was
aber ist die Zeit? Als man dem heiligen Augustinus von Hippo diese Frage stellte, gab er zur Antwort: „Ich weiß, was es ist, aber
wenn du mich fragst, weiß ich es nicht." Erstaunlicherweise
erweisen sich oft die vertrautesten und alltäglichsten Dinge als
schwierige philosophische Rätsel.

Albert Einstein hat uns beigebracht, unser Begriff der Zeit als
etwas Absolutes sei schlicht eine Illusion. Andere Wissenschaftler
und Philosophen sind zum Schluß gekommen, die Zeit sei nichts
objektiv Reales. Der Philosoph Immanuel Kant hat bemerkt: „Zeit
ist nichts Objektives. Sie ist weder Substanz noch Akzidenz noch
Relation, sondern eine subjektive Verfassung, die notwendigerweise der Natur des menschlichen Geistes eigen ist."

Eine höchst interessante Feststellung: Die Zeit sei ein Phänomen
unseres Geistes. Diese Vorstellung mag aber gar nicht so merkwürdig
erscheinen, wenn wir bedenken, daß jahrtausendelang Hinduisten
und Buddhisten beharrlich alles als Geschöpf des Geistes behan-

delt haben, und daß die modernen Quantenphysiker zur Vermutung gelangt sind, es gebe vielleicht überhaupt gar keine „objektive Realität" (d.h. eine von unserem Bewußtsein unabhängige Realität).

Wir sind es gewohnt, die Zeit in Vergangenheit, Gegenwart und Zukunft einzuteilen, wobei die Gegenwart die Trennungslinie zwischen Vergangenheit und Zukunft bildet. „Die Gegenwart" entzieht sich uns natürlich jeden Augenblick wie ein Gespenst. In dem Augenblick, in dem ich „Jetzt" sage, ist dieses Jetzt schon wieder vorbei. Der chinesische Philosoph Tschuang-tse hat in diesem Sinn gesagt: „Wenn die Sonne genau mitten am Himmel steht, steht sie schon nicht mehr genau in der Mitte." Die Zeit hebt sich ständig selbst auf. Der gegenwärtige Augenblick ist nie greifbar. Wenn der gegenwärtige Augenblick nicht klar definiert werden kann, bedeutet das jedoch, daß sich auch Vergangenheit und Zukunft nicht genau bestimmen lassen.

Jesus, der große Mystiker und Poet, sagte: „Amen, amen, ich sage euch: Noch ehe Abraham wurde, bin ich" (Johannes 8,58). Er wußte das Geheimnis des gegenwärtigen Augenblicks ganz und gar zu schätzen. Bei dieser Aussage scheint er nicht zwischen Vergangenheit und Gegenwart zu unterscheiden.

Es gibt mindestens zwei verschiedene Arten von Zeit: die *von der Uhr gemessene Zeit* und die *psychologische Zeit.* Letztere hat unmittelbar mit der Spiritualität zu tun, um die es weiterhin geht.

Rufen Sie sich einen Augenblick in Erinnerung, in dem Sie eine große Freude erfahren haben. Waren Sie sich während dieser Erfahrung der Zeit bewußt? Können Freude und Zeit miteinander existieren?

Je nach unserer inneren Verfassung scheint sich die Zeit für uns zu beschleunigen oder zu verlangsamen. Deshalb sagt man oft in froher Runde: „Die Zeit vergeht wie im Flug!" Umgekehrt schleppt sich die Zeit unendlich langsam dahin, wenn Langeweile herrscht. Jemand hat einmal gesagt, ein Tag im Himmel sei so lang wie zehn Jahre auf Erden. Offensichtlich hängt die Geschwindigkeit der Zeit also davon ab, wo man sich befindet.

Im Reich Gottes leben heißt in der Ewigkeit leben. Ergründen wir also zunächst, was mit „Ewigkeit" gemeint ist. Viele stellen sich Ewigkeit als eine sehr lange Zeitdauer vor. Aber stimmt das? Ist Ewigkeit lediglich eine endlose Verlängerung der Zeit? Jesus bietet uns zu diesem Thema einige Einsichten:

„Am selben Tag kamen zu Jesus einige von den Sadduzäern, die behaupten, es gebe keine Auferstehung. Sie fragten ihn: Meister, Mose hat gesagt: Wenn ein Mann stirbt, ohne Kinder zu haben, dann soll sein Bruder dessen Frau heiraten und seinem Bruder Nachkommen verschaffen. Bei uns lebten einmal sieben Brüder. Der erste heiratete und starb, und weil er keine Nachkommen hatte, hinterließ er seine Frau seinem Bruder, ebenso der zweite und der dritte und so weiter bis zum siebten. Als letzte von allen starb die Frau. Wessen Frau wird sie nun bei der Auferstehung sein? Alle sieben haben sie doch zur Frau gehabt.

Jesus antwortete ihnen: Ihr irrt euch; ihr kennt weder die Schrift noch die Macht Gottes. Denn nach der Auferstehung werden die Menschen nicht mehr heiraten, sondern sein wie die Engel im Himmel. Habt ihr im übrigen nicht gelesen, was Gott euch über die Auferstehung der Toten mit den Worten gesagt hat: Ich bin der Gott Abrahams, der Gott Isaaks und der Gott Jakobs? Er ist doch nicht der Gott der Toten, sondern der Gott der Lebenden. Als das Volk das hörte, war es über seine Lehre bestürzt" (Matthäus 22,23–33).

Zunächst müssen wir den Hintergrund dieser Geschichte etwas genauer kennen. Bevor die Sadduzäer Jesus diese Frage stellten, hatten ihn auch schon die Pharisäer befragt. Diese beiden Gruppen stellten das damalige religiöse Establishment dar. Die Sadduzäer waren zahlenmäßig geringer, stellten jedoch die reiche, gebildete Elite. Verglichen mit den Pharisäern, waren die Sadduzäer in ihrem jüdischen Glauben konservativer; sie anerkannten nur die Autorität des Pentateuch, also der ersten fünf Bücher des Alten Testaments. Während die Pharisäer an ein Leben nach dem Tode glaubten, leugneten es die Sadduzäer, weil sie im Pentateuch keinen überzeugenden Beweis dafür fanden. Die Pharisäer waren in solchen Fragen „liberaler"; sie glauben nicht nur an ein Leben nach dem Tode, sondern auch an die leibhaftige Auferstehung der Toten. Sie diskutierten sogar untereinander darüber, ob die Toten in bekleidetem oder unbekleidetem Zustand auferstehen würden.

Die Sadduzäer versuchten die Lehre der Pharisäer von der leibhaftigen Auferstehung ins Lächerliche zu ziehen, als sie Jesus die Frage stellten: Wessen Frau würde eine Frau sein, die in diesem Leben sieben Männer hintereinander geheiratet hatte? Und Jesus antwortete: „Nach der Auferstehung werden die Menschen nicht mehr heiraten, sondern sein wie die Engel im Himmel."

Was meinte Jesus damit? Bestätigte oder widerlegte er die Existenz eines Lebens nach dem Tode? Das Problem liegt darin, daß niemand wirklich weiß, wie ein Leben „wie die Engel im Himmel" beschaffen ist. Wie klug sind wir also jetzt? Versuchte Jesus uns mit seiner Antwort etwas über das Reich Gottes und die Natur der Ewigkeit zu sagen?

Vom Zen her gesehen wäre es hilfreich, ein paar Tage über die Antwort Jesu zu meditieren, statt eine voreilige Schlußfolgerung zu ziehen.

Dabei werden wir vielleicht überrascht entdecken, daß diese Predigt Jesu über die Auferstehung und das Leben danach der schon erwähnten Blumenpredigt des Buddha entspricht, bei der Buddha einfach die Blume in der Hand hielt und kein Wort sagte. Man verfehlt völlig den springenden Punkt, wenn man die Antwort gibt, es gebe ein Leben nach dem Tod, oder auch, es gebe keines. Die angemessene Antwort auf diese Frage besteht darin, nicht zu denken!

Zu Lebzeiten des Buddha suchten ihn viele geistlich suchende Menschen auf und stellten ihm die verschiedensten metaphysischen Fragen: Hat die Welt ein Ende oder nicht? Leben Heilige nach ihrem Tod weiter oder nicht? Hat das Universum eine Grenze? In all diesen Fällen bestand die Antwort des Buddha darin, ein goldenes Schweigen zu halten; seine Antwort lautete „mum". Der Buddha verweigerte die Antwort, weil es sich stets um Fragen handelte, die dazu angetan waren, *nicht zur Erbauung zu gereichen*. In einem Fall stellte ihm ein Suchender namens Malunkyaputta eine Reihe von Fragen, auf die der Buddha erwiderte: „Malunkyaputta, das religiöse Leben hängt nicht vom Dogma ab, die Welt habe ein Ende, und auch nicht vom Dogma, sie habe keines."

Jesus sagte: „Nach der Auferstehung werden die Menschen nicht mehr heiraten, sondern sein wie die Engel im Himmel." Hier ist Vorsicht angebracht: Wann immer wir Jesus sprechen hören, müssen wir ganz genau aufpassen, ob er nicht mit den Augen zwinkert oder verschmitzt lächelt. Jesus kann bei seiner Art, zu lehren, ziemlich „verschlagen" sein, genau wie ein Zenmeister. Was bedeutet es, „wie die Engel im Himmel" zu sein?

Gütigerweise hat uns Jesus ein paar Hinweise gegeben und die Richtung angezeigt: „Er ist doch nicht der Gott der Toten, sondern der Gott der Lebenden." Warum sich jetzt um die Sache der Toten sorgen? Und wie sollten wir herausbringen können, ob es ein Leben nach dem Tod gibt, solange wir noch in diesem Leben sind?

Die Frage nach dem Leben nach dem Tod stellt sich bei genauem Zusehen als eines der größten Koans Jesu heraus. Es gibt keine Lösung dafür. Dieses Koan ähnelt dem aus der Blumenpredigt des Buddha. Sein Zweck bestand schlicht darin, die Schüler bei ihrem Versuch, eine Antwort zu finden, auf eine Mauer stoßen zu lassen. Denn erst wenn sie nicht mehr weiter wüßten, würde ihnen schließlich aufgehen, daß es nutzlos sei, über derlei Fragen nachzudenken.

Das Denken ist kein Weg zum Tao; dem Tao „naht" man sich durch Nicht-Denken. Alle Weisen und Mystiker sind sich in diesen Punkt einig. Als Konfuzius über das Leben nach dem Tod befragt wurde, gab er zur Antwort: „Wenn wir schon die Fragen der Lebenden nicht ganz zu beantworten vermögen, warum kümmerst du dich dann auch noch um die Fragen der Toten?"

Das Reich Gottes ist ein Zustand der Freude; fängt man jedoch an, sich mit unproduktiven Gedanken abzugeben, vergeht die Freude. Wir haben bereits gesagt, daß Spiritualität mit dem Leben im gegenwärtigen Augenblick zu tun hat. Stellen Sie sich einmal vor: Ein Mann hat ein Rendezvous mit einer Frau, in die er sich verliebt hat. Mitten bei einem Abendessen bei Kerzenschein und sanfter Musik fragt er sie: „Wann treffen wir uns das nächste Mal?"

Was ist hier passiert? Ein wunderbarer, gerade erlebter Augenblick wurde von einem dummen kleinen Gedanken über die Zukunft zerstört!

Das Reich Gottes liegt in der *Zone des Nichtdenkens.* Ein wirklich qualitätsvolles Leben fängt an, wenn wir uns aus der sklavischen Abhängigkeit von unserer linken Gehirnhälfte befreien. Es ist allerdings nicht notwendig, vorsätzlich zu versuchen, sich keine Gedanken zu machen, denn dies würde gerade wieder die Produktion von Gedanken provozieren. Versuchen Sie einfach, ganz in dem aufzugehen, was Sie jeweils gerade tun, ganz gleich was: ob Sie Geschirr spülen, Hausarbeiten verrichten, Gras mähen oder einander lieben . . .

Im *gedankenfreien Bereich* zu leben, ist das gleiche, wie im *zeitlosen Bereich* zu leben. Wo kein Gedanke ist, da ist auch keine Zeit. Daher wird das Reich Gottes auch als Ewigkeit bezeichnet. Ewigkeit ist nicht die endlose Verlängerung der Zeit; es ist das Verschwinden der Zeit.

Haben Sie sich schon einmal gefragt, warum ausgerechnet manche hochsensiblen Menschen sich auf riskante Sportarten einlassen? Was genau finden sie am Bergsteigen, Autorennen, Sporttauchen oder Testfliegen so faszinierend? Lucy Oliver, eine Lehrerin für spontane Meditation, liefert uns dazu die folgende Einsicht:

„Was die Menschen zu allen Arten herausfordernder, gefährlicher oder emotional anspruchsvoller Unternehmungen hinzieht, ist der Umstand, daß unter Extrembedingungen unsere normalen Funktionsweisen, die uns vom Unermeßlichen abschirmen, aussetzen. Solche Situationen schalten die Persönlichkeit aus und bringen die Menschen an den Rand ihrer selbst, den Rand ihrer Belastbarkeit oder den Rand des Todes, wo etwas anderes die Steuerung übernimmt. Die Ergebnisse sind gut belegt: ein Machtzuwachs; Erneuerung der Energie; die Eröffnung eines weiten Raums der Klarheit, Einsicht, Sorglosigkeit und Loslösung; Ahnungen unermeßlicher Potentiale, der Freude, des Friedens, des Gefühls, viel lebendiger zu sein. Für diejenigen, die sie erleben, sind das Zustände von höchster Kostbarkeit.“[26]

So stellen diese Hochrisiko-Unternehmen und herausfordernden Sportarten vielleicht die westliche Art der Meditation dar. Wenn man sich zwingt, alle Kräfte zur Bewältigung einer bestimmten Situation einzusetzen, erfüllt man sein tiefstes Bedürfnis nach Selbstverwirklichung. Der Humanpsychologe versteht unter „self-actualization" das „volle, lebhafte, selbstlose Erfahren, in vollständiger Konzentration und völligem Aufgehen darin".

Dabei ist zu beachten, daß das Erhebende solch intensiver Erfahrungen darin liegt, uns dabei selbst vergessen zu können. Gewöhnlich klammern wir uns an unserem Ego fest: Wir setzen alles daran, es zu fördern, zu belohnen und zu verteidigen. Wenigen von uns ist bewußt, daß das Geheimnis des Glücks darin besteht, loszulassen. Sein Ich zu vergessen heißt, der ständigen Abfolge von Gedanken ein Ende zu setzen, was wiederum bedeutet, die psychologische Zeit aufzuheben. Geschieht das, so ist es, als stünde die Welt still, und wir erfahren einen glorreichen Augenblick des Glücks. Abraham Maslow nennt diese vorübergehenden Augenblicke der Ichlosigkeit „Gipfelerfahrungen" (peak experiences): flüchtige Blicke, die wir vom Reich Gottes zu erhaschen vermögen.

Doch sollten wir uns diese Gipfelerfahrungen nicht als seltene Ereignisse vorstellen, die nur regelmäßig Meditierenden, Weltklasse-Sportlern oder Hochrisiko-Abenteurern zuteil werden. Die empirische Forschung von Abraham Maslow zeigt, daß sie tatsächlich allgemein verbreitet sind. Maslow stellte seinen Versuchspersonen folgende Fragen: Was war der freudigste, glücklichste, segensreichste Augenblick Ihres Lebens? Inwiefern sah die Welt da für Sie anders aus? Inwiefern haben Sie sich damals anders gefühlt? Wie haben Sie sich gegebenenfalls verändert? Er fand heraus, daß Gipfelerfahrungen durch recht alltägliche Ereignisse ausgelöst werden können; die zwei einfachsten Weisen, zu Gipfelerfahrungen zu gelangen, bestünden in der Musik und im Sex. Dies seien für die meisten Menschen die Eingangstore zum Ewigen, „die leichtesten, die geläufigsten und die am einfachsten zu verstehenden Wege"[27].

Sex bedeutet für unterschiedliche Menschen etwas ganz Unterschiedliches. Für manche ist Sex etwas Schmutziges, das um jeden Preis vermieden werden muß. Für andere bedeutet es eine von vielen anderen Situationen, bei denen es auf eine gute „Leistung" ankommt. Doch für mich bedeutet Sex vollkommenes Loslassen, bei dem man sein Ego aufgibt. Nur wer sein Ego ganz aufgibt, kann sich vollkommen freuen. Shree Rajneesh hat die Anweisung gegeben: „Nahe dich dem Sexualakt, als nahtest du dich dem Tempel der Gottheit." Das bedeutet Ehrfurcht und völlige Hingabe, denn Ewigkeit bedeutet das Sterben des Ego.

Bedauerlicherweise stellen sich die meisten das Reich Gottes nicht so vor. In den Augen vieler „religiöser" Menschen ist das Reich Gottes etwas, das jenseits dieser Welt liegt, dessen Kommen man nur herbeisehnen kann. In der traditionellen jüdischen Theologie sind das Kommen des Reiches Gottes, die Ankunft des Messias und die Auferstehung der Gerechten und Ungerechten zu einem einzigen historischen Ereignis zusammengefaßt, von dem man annimmt, daß es sich „am Ende der Tage" einstelle. Aus diesem Grund sind so viele Menschen daran interessiert, genauer herauszufinden, wann dieses „Ende" kommen wird. Das folgende Zitat zeigt, wie Jesus mit diesem Thema umging:

„Als Jesus von den Pharisäern gefragt wurde, wann das Reich Gottes komme, antwortete er: Das Reich Gottes kommt nicht so, daß man es an äußeren Zeichen erkennen könnte. Man kann auch nicht sagen: Seht, hier ist es! oder: Dort ist es! Denn: Das Reich Gottes ist (schon) mitten unter euch" (Lukas 17,20–21).

Daraus geht klar hervor, wie radikal die Einstellung Jesu ist. Für ihn ist das Reich Gottes kein Ereignis, das man abwarten muß; es ist im Hier und Jetzt. Genau darin besteht die „Frohe Botschaft": Das Reich Gottes ist schon angebrochen! Hier wird nichts Kommendes verheißen, sondern auf eine gegenwärtige Wirklichkeit hingewiesen. Jesus sagte: „Das Reich Gottes ist mitten unter euch." Das heißt, daß wir schon ständig in ihm leben. Ob wir uns dessen bewußt sind oder nicht, steht auf einem anderen Blatt.

Eine wunderbare Entsprechung zeigt das folgende Gespräch zwischen zwei berühmten Zenmeistern, Chao Chou und Nan Chuan:

„Chao Chou fragte Nan Chuan: ‚Was ist das Tao?'

Nan Chuan gab zur Antwort: ‚Der gewöhnliche Geist ist das Tao.'

Caho Chou bohrte weiter: ‚Wie können wir ihm nahen?'

‚Wenn du dich ihm nahen willst, verpaßt du es sicher', entgegnete Nan Chuan.

Aber Chao Chou entgegnete: ‚Wenn du dich ihm nicht nahst, wie weißt du dann, daß es das Tao ist?'

Nan Chian antwortete: ‚Das Tao ist keine Sache des Wissens, noch eine Sache des Nicht-Wissens. Das Wissen ist eine trügerische Denkungsart, und das nicht Wissen ist unempfindlich. Kann jemand das Tao unmißverständlich wahrnehmen, dann ist sein Geist wie ein weiter Raum – weit, leer und klar. Wie kann man das dann als entweder richtig oder falsch einschätzen?'

Als er das hörte, wurde Chao Chou jäh erweckt."[28]

Jesus sagte: „Das Reich Gottes ist mitten unter euch." Das heißt, man kann es nicht suchen. Suchen können wir nur, was wir nicht haben. Warum sollten wir suchen, was wir schon haben? Und genau das Suchen versperrt uns den Weg zum Ewigen, denn es bestärkt das Ego. Erinnern wir uns: Schönheit läßt sich nur in dem zeitlosen, gedankenfreien Bereich erfahren, in dem das Ego verschwindet.

Aber viele suchen immer noch das Reich Gottes, weil sie nicht erkennen, daß es unmittelbar – gerade jetzt – mitten unter uns gegenwärtig ist. Solches Herumsuchen bleibt fruchtlos. Es ist, als würde ein Fisch im Meer nach Wasser suchen, weil er nicht merkt, daß er mitten darin schwimmt! Merkwürdig, daß wir etwas desto schlechter entdecken, je näher es uns ist!

Jesus hat die Existenz eines Lebens nach dem Tod weder bestätigt noch in Abrede gestellt. Das Reich Gottes bedeutet das Aufhören der Gedanken. Sowohl das Bestätigen wie das In-Abrede-Stellen ist mit Gedanken verbunden. Das Zen übersteigt beides. Das Reich Gottes liegt in der *gedankenfreien Zone*, außerhalb der Reichweite des rationalen/logischen Geistes, der sich nicht abgewöhnen kann, in Begriffen des Entweder-Oder zu denken.

Vordergründig gesehen, schien Jesus die Fragen der Menschen nach dem Reich Gottes zu beantworten. In Wirklichkeit aber verwies er auf eine größere Wahrheit. Angesichts der Tatsache, daß all diese Fragen falsch gestellt sind, ist es lächerlich, sie im einen oder anderen Sinn zu beantworten, so wie man etwa über die Frage, ob ein bestimmter Tisch männlich oder weiblich sei, auch nur lachen kann.

Das Reich Gottes ist nicht eine Sache des Denkens. Es ist auch kein Ereignis irgendwann in der Zeit (denn ohne Denken gibt es keine Zeit). Doch herkömmlicherweise haben die Menschen davon geredet, als handle es sich um ein Ereignis in der Zukunft. Warum?

Weil man sich das Reich Gottes immer gern als künftiges Ereignis vorstellt, weil es eine Angewohnheit der linken Gehirnhälfte ist, in der Zukunft zu leben, statt in der Gegenwart. Bhagwan Shree Rajneesh liefert dafür eine gute Diagnose:

„Der menschliche Geist flieht aus der Gegenwart. Er lebt in der Zukunft, in der Hoffnung, in der Verheißung der Zukunft; er bewegt sich durch das Wünschen. Das Wünschen braucht Zeit; das Wünschen kann nicht existieren, wenn es keine Zeit gibt. Wenn Sie plötzlich an einen Punkt kommen, wo Ihnen aufgeht, daß die Zeit verschwunden ist, und es keine Zeit, kein Morgen mehr gibt, was geschieht dann mit Ihrem Wünschen? Es kann sich nicht mehr rühren, es verschwindet zusammen mit der Zeit."[29]

Das Reich Gottes – mitten unter uns – ist das Land des Glücks, in dem es keine Habgier, Begierde, Wut und Angst mehr gibt. Aber wie können wir es betreten? Jesus hat uns im folgenden Abschnitt aus dem Lukasevangelium die Tür dazu geöffnet, indem er uns gezeigt hat, daß es gar keine Tür gibt:

„Sie zogen zusammen weiter, und er kam in ein Dorf. Eine Frau namens Marta nahm ihn freundlich auf. Sie hatte eine Schwester, die Maria hieß. Maria setzte sich dem Herrn zu Füßen und hörte seinen Worten zu. Marta aber war ganz davon in Anspruch genommen, für ihn zu sorgen. Sie kam zu ihm und sagte: Herr, kümmert es dich nicht, daß meine Schwester die ganze Arbeit mir allein überläßt? Sag ihr doch, sie soll mir helfen! Der Herr antwortete: Marta, Marta, du machst dir viele Sorgen und Mühen. Aber nur eines ist notwendig. Maria hat das Bessere gewählt, das soll ihr nicht genommen werden" (Lukas 10,38–41).

Auch hier lehrte Jesus wieder die Kunst des Lebens. Das eine, was Maria hatte, Marta dagegen nicht, war die *Konzentration*. Die Kunst des Lebens erfordert, genau wie alle anderen Künste auch, Konzentration. Um Künstler zu sein, muß man sich in der Kunst verlieren. Ohne sich selbst zu verlieren, kann man nicht wirklich hinhören, sehen oder sein. Jesus lobte Maria, weil sie zuhören konnte. Sie war *ohne Anstrengung* im gegenwärtigen Augenblick ganz Ohr. Ist man auf diese Weise ganz dem gegenwärtigen Augenblick hingegeben, dann gibt es kein Denken und keine Zeit. Man ist im Reich Gottes.

Das Gegenbeispiel ist Marta: Sie war zerstreut. Weil sie sich um alle möglichen irdischen Dinge kümmerte, achtete sie nicht auf den Augenblick. Die Folge war, daß sie von allen möglichen Gedanken und Sorgen geplagt wurde. Jesus sagte zu Marta, sie mache sich zwar viele Sorgen und Mühen, aber nur eines sei notwendig: sich ganz auf die gerade anstehende Aufgabe zu konzentrieren.

Viele meinen, um in das Reich Gottes eintreten zu können, müßten wir die Wut, Gewalttätigkeit und Begierde in unserem Geist bekämpfen. Aber Jesus lehrte eine ganz andere Methode: man solle im Augenblick leben. Ist man vollständig auf seine jeweilige Arbeit konzentriert, können sich gar keine negativen Gefühle regen.

Das Reich Gottes existiert in der Zone der Zeitlosigkeit. Das heißt ganz praktisch, daß Glück kein Produkt der Zeit ist. Jesus, der Meister, eröffnete ein großes Geheimnis: das Eingangstor zur Ewigkeit befindet sich im jeweiligen Augenblick. Doch die meisten meinen, das Glück sei in der Zeit zu fassen. Dieses Mißverständnis ist der Grund für viel Elend.

Für die Jubiläumsausgabe zum 75. Erscheinungsjahr der Zeitschrift *Forbes* hatte der Herausgeber eine Anzahl der bekanntesten Schriftsteller und Wissenschaftler Amerikas gebeten, etwas über die seelische Verfassung der Amerikaner zu schreiben und sich um eine Antwort auf die Frage zu bemühen: „Warum fühlen sich die Amerikaner so schlecht, wo es ihnen doch so gut geht?" Zweifellos haben wir Amerikaner einer höheren Lebensstandard als die meisten anderen Menschen auf der Welt. Aber warum sind wir nicht glücklicher?

Peggie Noonan, die frühere Redenschreiberin für Ronald Reagan und George Bush, gab die Antwort: „Uns ist das alte Wissen abhanden gekommen, daß wir vom Glück zu viel erwarten, und daher auch gewissermaßen vom Leben zu viel erwarten. Unsere Vorfahren glaubten an zwei Welten und verstanden das so, daß die derzeitige mit Einsamkeit, Armut, Widrigkeiten und Mühsal verbunden und kurz sei. Wir sind die erste Generation von Menschen, die allen Ernstes glaubt, das Glück hier auf Erden finden zu können. Unsere Suche danach hat uns so unglücklich gemacht."[30]

Noonans Antwort spiegelt die Einstellung der traditionellen Religionen: Im gegenwärtigen Erdenleben heißt es Entsagung zu üben, und das Gewicht wird vom Hier und Jetzt auf die Zukunft verlegt. Aber erwarten wir vom Leben und von Glück tatsächlich zu viel? Oder ist unsere Hoffnung überzogen? Seine guten Zeiten in das große Jenseits zu vertagen, mag eine gute Taktik sein. Wer von den Lebenden könnte schon beweisen, daß sie unrealistisch sei? Doch für wen ist die Aussicht, das diesseitige Leben müsse notwendig mit Einsamkeit, Armut, Widrigkeiten und Mühsal verbunden und kurz sein, besonders anziehend? Es muß eine bessere Alternative geben.

Die vom *Forbes*-Magazin gestellte Frage hat tatsächlich viele Jahre zuvor der Psychoanalytiker Erich Fromm in seinem Buch *Haben oder Sein* beantwortet. Fromm unterschied zwei Grundformen der menschlichen Erfahrung: die des „Habens" und die des „Seins". In der „Haben"-Einstellung bemüht sich der Mensch, alles mögliche zu erwerben: Geld, materielle Güter, Ansehen, „Erfolg" usw. Die moderne Gesellschaft belohnt Ehrgeiz und aggressives Verhalten. Die Alternative zu dieser Einstellung ist die des „Seins". Dabei ist man nicht der Sklave seiner Wünsche, möglichst viel zu haben, sondern lebt in einer „Existenzform, in der man nichts *hat* und nicht begehrt, sondern voller Freude ist, seine Fähigkeiten produktiv nutzt und eins mit der Welt ist."[31] Leider haben viele Menschen unserer modernen Welt die *Kunst, zu sein* verloren.

Der klinische Psychologe David Meyers erhielt von der Zeitschrift *Psychology Today* den Auftrag, die Natur des Glücks zu erforschen. Nach Hunderten von Interviews und Antworten aus Fragebögen faßte Meyers seine Erkenntnisse wie folgt zusammen:

> „Erkennen Sie, daß bleibendes Glück nicht davon kommt, daß man ‚es schafft'. Worauf sind Sie aus? Auf Ruhm? Vermögen? Grenzenlose Muße? Stellen Sie sich vor, ich könnte mit dem Finger schnipsen und Ihnen das geben. Wären Sie dann glücklich? Ja, Sie wären kurzfristig in Hochstimmung. Aber allmählich würden Sie sich an Ihre neuen Umstände gewöhnen, und Ihr Leben würde wieder zu seinem üblichen Gemisch an Empfindungen zurückfinden. Um dann wieder ganz froh zu werden, würden Sie ein noch höheres Hoch brauchen. Der einhellige Ertrag aus Dutzenden von Untersuchungen ist, daß die objektiven Lebensumstände wenig zum Glück der Menschen beitragen, sobald sie sich an diese angepaßt haben . . .
>
> Folglich ist es mit dem Reichtum wie mit der Gesundheit: Fehlt er völlig, stiftet das Elend (siehe Somalia); ist er vorhanden, so ist er keine Glücksgarantie. Es besteht kein Grund, die Reichen zu beneiden. Das Glück ist weniger eine Frage, ob man das erlangt, was man sich wünscht, sondern eher, ob man das bejaht, was man hat."[32]

Wir können Glück nicht erwerben, weil wir immer wieder das Interesse an dem verlieren, was wir erworben haben. Wir müssen fähig sein, „das zu bejahen, was wir haben", und genau darin liegt die Kunst des Seins. Glück ist nichts, das man kaufen kann; es ist eine *Fähigkeit*.

Aus diesem Grund kann das Reich Gottes nicht etwas sein, das wir von der Zukunft erwarten sollten. Vielmehr bedeutet es, sich nicht länger der hoffnungslosen Illusion hinzugeben, das Glück lasse sich erwerben. Wirkliches Glück hat damit zu tun, daß man *das, was ist*, annimmt und schätzt. Im Reich Gottes zu leben, bedeutet, voller Freude „ohne Hoffnung" zu sein und im Augenblick zu leben. Es beginnt damit, daß man die „kleinen Dinge" des Lebens zu verkosten lernt. Meyers führt dazu aus:

> „In der Gegenwart zu leben, bedeutet für mich, die zauberhaften Momente jedes Tages zu genießen, vom Tee am Morgen und dem Kauen meines Frühstücks über das Vertiefen in ein Manuskript bis zu den letzten Augenblicken des Tages, wo ich mit meiner Frau kuschle und mich mit ihr unterhalte. Das Glück ist nichts in ferner Zukunft Liegendes, sondern das vormittägliche Telefongespräch mit einem Ratsuchenden, das Mittagessen mit einer guten Bekannten, die Gutenachtgeschichte mit einem Kind, die abendliche Lektüre eines guten Buches."[33]

Jesus sagte: „Noch ehe Abraham wurde, bin ich" (Johannes 8,58). Die Gegenwartsform weist auf eine Ausrichtung auf das Hier und Jetzt hin, und sie ist für das Glück entscheidend.

Zu Beginn seines öffentlichen Wirkens verkündete Jesus: „Kehrt um! Denn das Himmelreich ist nahe" (Matthäus 4,17). Die meisten Menschen deuten diesen Aufruf als Drohung und übersetzen sie mit: „Bereinigt euer Verhalten, oder . . ." Aber diese Auslegung ist falsch. Das griechische Wort für Umkehr lautet *metanoia* und bedeutet nicht so sehr die Reue über das Bisherige, sondern eine „Herzensveränderung". Wenn unser Schatz dort ist, wo unser Herz ist, dann besteht das Finden des Himmelreichs darin, daß man sein Herz dem zukehrt, was offensichtlich da ist. Es bedeutet die vollständige Hingabe an das ewige Jetzt.

Genau darin unterscheidet sich die Praxis des Zen von der Praxis der traditionellen Religionen. Es geht nicht darum, bestimmte irdische Ziele durch spirituelle Ziele zu ersetzen. *Die Praxis des Zen hat überhaupt kein Ziel!* Sie besteht ganz schlicht darin, daß man das, was ist, annimmt und schätzt. Denn das Reich Gottes ist nichts in der Ferne Liegendes, das man sich erst noch verdienen muß. Es ist die gegenwärtige Wirklichkeit.

VIERTES KAPITEL

Die Kunst des Sehens

Das ist es.
ZEN-SPRUCH

Ich habe die Welt überwunden
JESUS

Im vorausgehenden Kapitel war die Rede von der Kunst des Seins. Um diese Kunst zu beherrschen, bedarf es der Fähigkeit, im Augenblick zu leben, ohne irgendeine Hoffnung, Bitte oder Erwartung bezüglich der Zukunft auszusprechen. Es ist eine wunderbare Erfahrung. Das Problem ist nur, daß dies noch nicht jeder Mensch kann, und bestimmt nicht „die ganze Zeit".

Das Zen ist auch die Kunst des *Sehens*. Allen, die die Kunst des Seins zu schwierig finden, bietet das Zen diese Kunst als alternative Übung an. William Shakespeare hat bemerkt: „there is nothing either good or bad, but thinking makes it so – Nichts ist gut oder bös'; das Denken macht's dazu". Das stimmt vollkommen mit dem überein, was wir im zweiten Kapitel zum Thema „Was ist Zen? (II)" gesagt haben: daß die Natur als solche etwas Verschwommenes, Chaotisches an sich hat. Im 21. Kapitel des *Tao te king* äußert Laotse die folgende Einsicht:

„Der *Sinn* bewirkt die Dinge
so chaotisch, so dunkel.
Chaotisch, dunkel
sind in ihm Bilder.
Dunkel, chaotisch
sind in ihm Dinge.

Unergründlich finster
ist in ihm Same.
Dieser Same ist ganz wahr.
In ihm ist Zuverlässigkeit."[34]

„Religiöse" Menschen fühlen sich selten wohl, wenn ihre Religion
mit dem Begriff des Chaotischen in Verbindung gebracht wird.
Schließlich läßt das Chaotische allzusehr an Zweifel, Unsicherheit
und Hinfälligkeit denken. Die organisierte Religion entwirft lieber
Bilder solider Zuverlässigkeit. Eines der Kirchenlieder, die ich als
Kind gesungen habe, trug den Titel „Rock of Ages", „Fels für Jahr-
hunderte". Aber das Tao, der *Sinn*, ist chaotisch und dunkel. Um
das zu sehen, müssen wir nur genau darauf achten, wie wir mit
alltäglichen Dingen umgehen.

Daten über die äußere Welt bekommen für uns erst einen Sinn,
wenn sie von unserem Geist verarbeitet, gefiltert, sortiert und
gedeutet werden. Daher ist die Wirklichkeit eine Funktion ihres
Betrachters. Hält man einem Menschen und einem Hund einen
roten Apfel hin, so sieht der Mensch die Röte, der Hund aber nicht,
weil er farbenblind ist. Die Farbe ist das Ergebnis eines äußeren
Umstands (nämlich des Vorhandenseins von Farbsensoren im
Betrachter) und nicht eine dem Apfel innewohnende Eigenschaft.

Auch der Klang ist eine Funktion des ihn Wahrnehmenden.
Welchen „Klang" hat ein umstürzender Baum, wenn niemand da
ist, der ihn hört? In Abwesenheit eines ihn Hörenden wird der
Baum trotzdem umfallen, aber sein „Klang" wird unbestimmt
bleiben. Der Klang ist keine dem umfallenden Baum innewohnende
Eigenschaft. Auch das „Lautsein" ist ähnlich unklar; es steht und
fällt mit der Empfindsamkeit unserer Ohren. Bekanntlich, ist die
Hörschärfe im Tierreich sehr unterschiedlich. Wir können uns unschwer vorstellen, daß für ein Tier mit überscharfen Hörorganen
das Sirren einer Stechmücke wie das Brummen eines Flugzeugs
klingen kann, und das Knabbern einer kleinen Raupe an einem
Blatt wie das laute Fressen eines Tigers. Alles ist relativ.

Folglich ist keiner der „ganz gewöhnlichen" Anblicke, Klänge,
Geschmäcker und Gerüche, die die wir kennen, tatsächlich so gewöhnlich. Wenn uns aufgeht, daß es sich bei all dem um keine innerlichen Eigenschaften des „Dinges an sich" handelt, beginnen
wir vielleicht zu fragen, wie dann eigentlich die „Wirklichkeit"

Junge Frau oder altes Weib?

aussieht. Was ist „wirklich", wenn das, was wahrgenommen wird, vom Wahrnehmenden abhängt? Tatsächlich ist die Wirklichkeit „dunkel", denn wir alle scheinen in unserem je eigenen Universum zu leben, weil jeder die Welt mit seiner ganz eigenen Brille sieht.

Während „religiöse" Menschen diese Unklarheit als Mangel empfinden, behandeln sie Zen-Leute als positive Möglichkeit. Denn diese Formlosigkeit der Natur eröffnet, verbunden mit der dem menschlichen Geist angeborenen Kreativität, Möglichkeiten für unsere Befreiung. Wenn die Welt unbestimmt ist, können wir unsere Kreativität einsetzen, um sie auf eine Weise zu deuten, die zu unserem inneren Frieden beiträgt und uns spirituelles Wachstum ermöglicht. Wie wir noch sehen werden, ist die Erleuchtung ein gutes Stück weit eine Frage des *kreativen Sehenkönnens*.

Als Jugendlicher war ich von Graphiken beeindruckt, die visuelle Illusionen bewirken oder sich ganz unterschiedlich deuten lassen. Ein allbekanntes Beispiel ist die Zeichnung „Junge Frau oder altes Weib?" des amerikanischen Psychologen E. G. Boring. Je nachdem, wie wir unseren Blick einstellen, sehen wir entweder eine hübsche junge Frau oder ein altes Weib. Diese Zeichnung veranschaulicht, wie unser Geist ein und dieselbe Anordnung visueller Daten ganz unterschiedlich verarbeiten und zwei einander widersprechende, aber gleichrangig gültige Bilder erschaffen kann. Damit läßt sich der Begriff des *Paradoxes*, der Koexistenz von Gegensätzen, eindrucksvoll vor Augen führen.

Beim *satori* (der Erleuchtung) handelt es sich im Wesentlichen um ein solches geistiges Umkippen unseres Wirklichkeitsbildes. Natürlich gibt es wichtige Unterschiede zwischen dem geistigen Umkippen beim *satori* und dem optischen Umkippen. Ersteres ist existentieller Natur und spontan, während das zweite visuell ist und selbst herbeigeführt werden kann. Eine eingehende Darstellung des *satori* soll im nächsten Kapitel folgen.

Spirituelles Erwachen stellt sich ein, wenn wir eine radikal neue Sicht des Lebens entwickeln. Im Zen geht es vor allem um eine kreative Sicht, die bedeutet, daß wir unsere herkömmlichen Betrachtungsweisen der Welt ändern. Unter den modernen Künstlern sind M. C. Escher und René Magritte zwei der hervorragendsten Pioniere des visuellen Zen. Ihre Werke stellen eine offene Einladung dazu dar, die reiche Fülle „alternativer Wirklichkeiten" zu erkunden. Vor allem Escher experimentiert gern mit visuellen Paradoxen, Illusionen und Doppelbedeutungen. Bei den meisten seiner Werke handelt es sich um Bilder, die sich auf viele unterschiedliche, jedoch gleich gültige Weisen deuten lassen. Sie eignen sich ideal dazu, unsere mentale Starre aufzuweichen.

Wichtig ist es, zu erkennen, daß Mehrdeutigkeiten und Paradoxa nicht nur in Theorien und Kunstwerken auftauchen. Sie lassen sich auch im wirklichen Leben ungemein oft und fruchtbar anwenden. Ich lernte die Kunst des Umkippens der Perspektive auf recht mühsame Weise. Mein Chef war ein ziemlich schwieriger Mensch: autoritär und in seinen Ansprüchen unvernünftig. Für ihn zu arbeiten, war eine harte Prüfung. Die Lage war so schwierig, daß ich mehrmals daran dachte, meinen Job zu kündigen. Das änderte sich nicht, bis ich vom Geheimnis des „umgekehrten Bodhisattva" erfuhr.

In den Sutren des Mahayana-Buddhismus werden die Bodhisattvas als erleuchtete Wesen dargestellt, die über große Macht verfügen. Sie sind auch sehr mitleidend, denn sie haben gelobt, ihr

Leben der Hilfe für andere zu widmen. Doch während die meisten Bodhisattvas Engeln gleichen, gibt es auch eine besondere Gattung, die als „umgekehrte Bodhisattvas" bezeichnet werden. Diese „umgekehrten Bodhisattvas" sind zwar in ihrem Herzen genauso voller Mitleiden, aber äußerlich sehen sie erschreckend aus, und ihre Sendung besteht darin, die anderen zur Erleuchtung zu führen, indem sie ihnen Schwierigkeiten, Herausforderungen und Mühsale bereiten. Als ich erst einmal von dieser besonderen Gattung von Bodhisattvas gehört hatte, wandte ich das unverzüglich auf meine derzeitige Lage an: Ich „kippte" meine Sichtweise meines Chefs und betrachtete ihn fortan als einen Bodhisattva, ein mitleidendes Wesen, das mir zu meinem eigenen Heil das Leben schwer machte. Ich fing an, die Schwierigkeiten, die er mir bereitete, als spirituelle Aufgaben anzusehen, die dazu gedacht seien, mir neue Höhen erreichen zu helfen und mein spirituelles Wachstum zu fördern.

Natürlich sagte ich meinem Chef nicht, daß ich meine Art, ihn zu sehen, gekippt hatte. Aber diese Strategie funktionierte. Ich konnte mich viel besser entspannen und alle Schwierigkeiten auf konstruktivere Weise angehen. Das war nicht alles: Es dauerte nicht mehr lange, und mein Chef kündigte. Ob das deshalb geschah, weil er meine neue Einstellung nicht mehr ertragen konnte, weiß ich nicht, aber darauf kommt es ja auch nicht an.

In einem gewissen Maß bestimmen wir selbst, ob wir glücklich oder traurig sein wollen, denn die Entscheidung liegt bei uns, wie wir die Welt deuten. Ein und dieselbe Wirklichkeit läßt sich als Himmel wie als Hölle deuten. Der französische Essayist Montaigne hat bemerkt: „Der Mensch wird nicht so sehr von dem verletzt, was geschehen ist, sondern von seiner Ansicht dessen, was geschehen ist."

Genau deshalb haben wir im vorigen Kapitel gesagt, das Himmelreich sei im Hier und Jetzt. Die Wirklichkeit ist weder gut noch böse; es ist eine Frage der Entscheidung, wie wir sie wahrnehmen wollen. Für jemanden, der in der Kunst des Sehens Meisterschaft entwickelt hat, ist die Welt *immer* vollkommen. Nicht die äußere Welt muß sich ändern, damit wir glücklich werden. Das Geheimnis liegt darin, daß wir unsere Wahrnehmung der Welt ändern. Das Glücklichsein ist eine Frage der *inneren Alchemie*, der Verwandlung der Art, wie wir die Welt sehen.

Der populäre amerikanische Psychologe Dale Carnegie hat die Prinzipien der inneren Alchemie mit einer Geschichte veranschaulicht, die eine Frau namens Thelma Thompson erzählte. Thelma berichtete, wie sie es geschafft hatte, ein Minus in ein Plus zu verwandeln:

„Während des Krieges war mein Mann in einem Ausbildungslager der Armee am Rand der Mojave-Wüste in Kalifornien stationiert. Ich zog dorthin, um in seiner Nähe zu sein. Mein Mann mußte an Manövern in der Mojave-Wüste teilnehmen, und ich blieb in einer kleinen Hütte allein zurück. Die Hitze war unerträglich, 50 Grad im Schatten eines Kaktus. Keine Menschenseele, mit der ich hätte sprechen können. Der Wind wehte unablässig, und alles, was ich aß, und sogar die Luft, die ich atmete, waren voller Sand, Sand, Sand!

Mir war so schrecklich elend zumute und ich tat mir selbst so leid, daß ich meinen Eltern schrieb. Ich teilte ihnen mit, daß ich dabei sei, zu kapitulieren und wieder heimzukommen. Ich könne es keine Minute länger aushalten. Lieber wollte ich in einem Gefängnis sitzen! Mein Vater beantwortete meinen Brief mit nur zwei Zeilen. Diese zwei Zeilen werde ich immer vor mich hinsingen. Sie haben mein Leben völlig verändert:

Two men looked out from prison bars,
One saw the mud, the other saw the stars.
Zwei Männer schauten durch Gefängnisgitter in die Ferne.
Der eine sah nur leere Landschaft, der andere am Himmel Sterne."[35]

Von ihrem Vater inspiriert, verwandelte Thelma ihre lebendige Hölle in ein lebendiges Paradies, indem sie sich mit den Wüstenbewohnern anfreundete und ein ernsthaftes Interesse für deren Leben und Kultur entwickelte. Zudem entdeckte sie eine neue Welt voller Wunder, als sie von Wüstenhunden erfuhr, Sonnenuntergänge in der Wüste beobachtete und nach den Muscheln suchte, die vor Millionen vor Jahren abgelagert worden waren, als der Wüstensand noch ein Meeresgrund gewesen war. Thelma wurde nicht nur fähig, ihre eigene Situation umzukehren; sie wurde auch zur Lehrerin des „Zaubers des Alltäglichen." Über ihre Entdeckungen und Einsichten berichtet sie:

„Was hat diese erstaunliche Veränderung in mir bewirkt? Die Mojave-Wüste hatte sich nicht verändert. Aber ich hatte mich verändert. Ich hatte meine innere Einstellung geändert. Und indem ich das getan hatte, hatte ich eine elende Erfahrung ins aufregendste Abenteuer meines Lebens verwandelt . . . Ich hatte aus meinem selbstgeschaffenen Gefängnis herausgeschaut und die Sterne gefunden."[36]

Dale Carnegie meinte dazu, was Thelma entdeckt habe, sei eine Wahrheit, die die Griechen schon fünfhundert Jahre vor Christi Geburt gelehrt hätten: „Die besten Dinge sind die schwierigsten." Das ist auch eine Lehre des Zen.

Der Meister Jesus, ebenfalls einer, der die Sehweise „kippt", lehrt in den Evangelien ausführlich die Kunst der inneren Alchemie. Der Grund, weshalb die meisten das gar nicht merken, liegt darin, daß er eine andere Ausdrucksweise verwendet hat: er sprach davon, „neu geboren zu werden". Dieser Ausdruck ist in christlichen Kreisen zwar sehr geläufig, jedoch leider um seinen eigentlichen Sinn gebracht worden. Viele Leute sagen von sich, sie seien „wiedergeborene Christen". Das American Heritage Dictionary definiert eine „born-again person", einen „wiedergeborenen Menschen" als jemanden, der „eine Bekehrung vollzogen oder ein frisches Bekenntnis zu Jesus Christus als seinem persönlichen Erlöser abgelegt hat." Von dieser Definition ausgehend, haben bestimmte christliche Gruppen die Menschheit in zwei Kategorien eingeteilt: in die „Wiedergeborenen" und diejenigen, die das nicht sind. Sie verstehen das so, daß nur die „Wiedergeborenen" Anspruch auf das ewige Leben haben, während die anderen zu ewigem Leiden verurteilt seien.

Jesus sah das nicht so. Für ihn ist das „Wiedergeborensein" eine Frage des spirituellen Erwachens, und nicht des religiösen Glaubens. Die Stelle, an der dieser Begriff eingeführt wird, findet sich im Johannesevangelium:

„Es war ein Pharisäer namens Nikodemus, ein führender Mann unter den Juden. Der suchte Jesus bei Nacht auf und sagte zu ihm: Rabbi, wir wissen, du bist ein Lehrer, der von Gott gekommen ist; denn niemand kann die Zeichen tun, die du tust, wenn nicht Gott mit ihm ist. Jesus antwortete ihm: Amen,

amen, ich sage dir: Wenn jemand nicht von neuem geboren wird, kann er das Reich Gottes nicht sehen. Nikodemus entgegnete ihm: Wie kann ein Mensch, der schon alt ist, geboren werden? Er kann doch nicht in den Schoß seiner Mutter zurückkehren und ein zweites Mal geboren werden. Jesus antwortete: Amen, amen, ich sage dir: Wenn jemand nicht aus Wasser und Geist geboren wird, kann er nicht in das Reich Gottes kommen. Was aus dem Fleisch geboren ist, das ist Fleisch; was aber aus dem Geist geboren ist, das ist Geist. Wundere dich nicht, daß ich dir sagte: Ihr müßt von neuem geboren werden. Der Wind weht, wo er will; du hörst sein Brausen, weißt aber nicht, woher er kommt und wohin er geht. So ist es mit jedem, der aus dem Geist geboren ist.

Nikodemus erwiderte ihm: Wie kann das geschehen? Jesus antwortete: Du bist der Lehrer Israels und verstehst das nicht? Amen, amen, ich sage dir: Was wir wissen, davon reden wir, und was wir gesehen haben, das bezeugen wir, und doch nehmt ihr unser Zeugnis nicht an. Wenn ich zu euch über irdische Dinge gesprochen habe und ihr nicht glaubt, wie werdet ihr glauben, wenn ich zu euch über himmlische Dinge spreche? Und niemand ist in den Himmel hinaufgestiegen außer dem, der vom Himmel herabgestiegen ist: der Menschensohn. Und wie Mose die Schlange in der Wüste erhöht hat, so muß der Menschensohn erhöht werden, damit jeder, der an ihn glaubt, in ihm das ewige Leben hat" (Johannes 3,1–15).

„Neu geboren werden" bedeutet spirituelles Erwachen. Jesus vergleicht die Erleuchtungserfahrung mit dem Wind, der „weht, wo er will; du hörst sein Brausen, weißt aber nicht, woher er kommt und wohin er geht." Die Taufe ist für Jesus keine religiöse Zeremonie, sondern ein spontanes Geschehen; man kann sie nicht steuern oder vorhersagen. Wie der Wind, muß sie von selbst kommen. Die Parallele zwischen der Vorstellung Jesu vom spirituellen Erwachen und derjenigen des Zen wird aus dem folgenden Zitat des Zen-Gelehrten D. T. Suzuki ersichtlich:

„Satori überkommt den Menschen unwillkürlich, wenn er spürt, daß er sein gesamtes Sein erschöpft hat. Religiös gesehen, ist es eine neue Geburt; intellektuell, das Einnehmen eines neuen Gesichtspunkts. Die Welt erscheint jetzt wie in ein neues Gewand gehüllt, das die ganze Unansehnlichkeit des Dualismus zu verhüllen scheint, der in der buddhistischen Terminologie als Täuschung bezeichnet wird."[37]

Nikodemus, ein Repräsentant des religiösen Establishments zur Zeit Jesu, begann seine Diskussion mit Jesus mit der Bemerkung: „Niemand kann die Zeichen tun, die du tust." Diese Eröffnungsaussage bezeichnet den Hauptunterschied zwischen der Vorstellung Jesu vom Reich Gottes und derjenigen des überkommenen Denkens. Nach Vorstellung des herkömmlichen Denkens ist das Reich Gottes ein *äußeres* Geschichtsereignis, dem verschiedene übernatürliche Zeichen vorausgehen. Das spirituelle Erwachen erfordert jedoch eine viel tiefere Art des Sehens, die nicht möglich ist, solange einem nicht spirituell die Augen aufgehen. Jesus sagte ausdrücklich, das Reich Gottes komme nicht so, daß man es an äußeren Zeichen erkennen könnte, und es sei schon mitten unter uns (Lukas 17,20).

Jesus verwendet in diesem Zusammenhang das Wort „erkennen" oder „sehen" in einem sehr tiefen und speziellen Sinn. Darin besteht nämlich genau das ganze Geheimnis des Reiches Gottes: daß es schon gekommen ist, und daß es im Hier und Jetzt anwesend ist. *Das ist es!* Daher muß man nur noch eines tun: seine Schönheit *sehen*. Sie erinnern sich: Bei meinem Umgang mit meinem früheren Chef mußte ich ihn nicht äußerlich ändern. Alles, was ich zu tun hatte, war, ihn mit anderen Augen zu sehen. Der größte Fehler, den man bezüglich des Reiches Gottes machen kann, ist der, zu glauben, es sei etwas, das erst noch kommen müsse. Die „Geisttaufe" ist ihrem Wesen nach das Wahrnehmen des Reiches Gottes. John Marsh bemerkt: „Das spirituelle Geborenwerden befähigt den Menschen, die Anwesenheit der Ewigkeit in der Zeit zu sehen, das Ende in der Geschichte, das Göttliche selbst im menschlichen Fleisch Christi."[38] In die neue Welt wird man mit einem Schlag hineingeboren!

Die engste buddhistische Entsprechung zum Reich Gottes ist das Nirwana. Der Buddha sprach vom Nirwana als dem *Nicht Bedingten*, *Nicht Gewachsenen* und *Nicht Geborenen*. Der Buddhismus-Gelehrte Edward Conze schrieb dazu: „Wenn wir die Attribute der Gottheit, wie sie die mehr mystische Tradition des christlichen Denkens bezeichnet, mit denjenigen des Nirwana vergleichen, finden wir überhaupt keinen Unterschied."[39] Aber genau wie viele Christen das Reich Gottes falsch verstanden und als eine künftige Belohnung betrachtet haben, die man sich durch Verdienste erwerben muß, halten viele Buddhisten das Nirwana für etwas, das man aus eigener Kraft erreichen müsse, und der spirituell Übende könne es erst nach vielen Jahren zähen Ringens erfahren. Diese verbreitete falsche Auffassung korrigiert der buddhistische Lehrer Walpola Rahula folgendermaßen:

> „Es ist falsch, sich das Nirwana als das natürliche Resultat des Auslöschens des Begehrens vorzustellen. *Das Nirwana ist nicht das Resultat von irgendetwas.* Wäre es ein Resultat, so würde es durch eine Ursache hervorgerufen. Es wäre *samkhata*, ‚produziert' und ‚bedingt'. Das Nirwana ist aber weder Ursache noch Wirkung . . . Es wird nicht wie das *dhyana* oder *samadhi* als ein mystischer, spiritueller, mentaler Zustand erzeugt. WAHRHEIT IST. NIRWANA IST. Das einzige, was man tun kann, ist, es zu sehen, es wahrzunehmen. Es gibt einen Weg zum Wahrnehmen des Nirwana. Aber das Nirwana ist nicht das Resultat dieses Wegs. Sie können auf einem Pfad zum Berg gehen, aber der Berg ist nicht das Resultat davon."[40]

Für Jesus ist das Reich Gottes eine anwesende Wirklichkeit. Darin brach er mit der alttestamentlichen Tradition. Die traditionelle Einstellung ist: „Warten wir darauf!" Aber Jesus sagte eindeutig: „Seht! Es ist schon da!" Die dualistische Sicht von zwei Welten, der gegenwärtigen und der davon getrennten des Reiches Gottes wird durch die ganzheitliche Sicht einer einzigen Welt ersetzt, worin *diese* Welt das Reich Gottes ist. Doch um das wirklich sehen zu können, bedarf es der Gabe des Geistes. Jesus sagt genauer: „Wenn jemand nicht aus Wasser und Geist geboren wird, kann er nicht in das Reich Gottes kommen." Hier mag ein wenig historisches Hintergrundwissen helfen. Der Vorgänger Jesu, Johannes der Täufer, taufte mit Wasser, einem Sinnbild der Reinigung. Aber die Reinigung allein genügt nicht für das spirituelle Erwachen. Dabei fehlt noch etwas: der *Geist*.

In der christlichen Dreifaltigkeitstheologie ist der Geist die dritte göttliche Person. Während der Vater der Schöpfer des Universums und der Sohn der fleischgewordene Gott ist (der Punkt, in dem sich Unendlichkeit und endliche Welt treffen), ist der Geist der Bringer der Wahrheit. Jesus sagte seinen Jüngern: „Wenn aber jener kommt, der Geist der Wahrheit, wird er euch in die ganze Wahrheit führen" (Johannes 16,13). An einer anderen Stelle sprach er vom Geist als vom Beistand (Johannes 14,16). Geist und Wahrheit gehen immer zusammen. Daher können wir uns den Geist als die Personifikation der Weisheit vorstellen. Nikodemus konnte die Wahrheit nicht sehen, weil seine Weisheit noch nicht erweckt war.

Die Geschichte von Nikodemus hat vielfältige spirituelle Sinnschichten. Einerseits scheint es, daß die Frage des Nikodemus seiner persönlichen Sorge um das ewige Leben entstammt. Andererseits ist Nikodemus auch ein Wortführer des religiösen Establishments. Nach traditionellem Glauben sollte das Reich Gottes nicht wahr werden, bevor nicht das gegenwärtige Zeitalter zu Ende gegangen sei. Diesen Punkt sollte die Ankunft des Messias bezeichnen. Im Kontext dieser Vorstellung könnte man die Frage des Nikodemus so auslegen: „Wie kann das Reich Gottes gegenwärtige Wirklichkeit sein? Sind wir denn nicht angewiesen, auf es zu warten?" Zur Beantwortung dieser Frage erwiderte Jesus: „Wie Mose die Schlange in der Wüste erhöht hat, so muß der Menschensohn erhöht werden, damit jeder, der an ihn glaubt, in ihm das ewige Leben hat."

Viele Christen sehen in dieser Antwort Jesu gar nichts besonders Tiefes, weil sie ganz an die traditionelle Sicht Jesu als Gottheit gewöhnt sind. Für sie bedeutet das „Erhöhtwerden des Menschensohns" einfach, daß Jesus als der gekreuzigte (ans Kreuz erhöhte) Erlöser als der eine und einzige Sohn Gottes angebetet wird. Darum läßt sich ihrer Auffassung nach diese Aussage ungefähr so übersetzen: „Glaubt an Jesus, und ihr verdient das ewige Leben." Das Problem an dieser Übersetzung ist nur: Wenn es das wirklich ist, was Jesus sagen wollte, warum konnte er das dann nicht direkter sagen, also etwa mit „Betet mich an, und ich schenke euch dafür das ewige Leben"? Warum mußte Jesus überhaupt vom „Menschensohn" in der *dritten Person* sprechen?

Tatsächlich läßt sich diese Aussage Jesu in einem viel tieferen Sinn auslegen. Genau wie wir zwischen den beiden Bildern der jungen und der alten Frau in Abbildung 1 hin- und herkippen können, läßt sich auch die traditionelle Auslegung dieser Geschichte, wie sie Nikodemus vertritt, in eine Zen-Deutung umkippen. Meine eigene Deutung besteht darin, daß Jesus dem Nikodemus ein Koan gab, über das er meditieren mußte: das Koan vom Menschensohn. Nach der jüdischen Tradition ist der Begriff „Menschensohn" kein exklusiver Titel des Messias; er kann auch jeden anderen Menschen bezeichnen. So ließe sich der Ausdruck „Menschensohn" auch als Symbol für die Menschheit insgesamt nehmen.

Nimmt man „Menschensohn" als Gattungsbegriff, so können wir sehen, daß Jesus Nikodemus aufforderte, sich auf die grundsätzliche Lage des Menschen zu konzentrieren. Um ihm dabei weiterzuhelfen, gab er ihm einen Hinweis, indem er eine Analogie zwischen dem „Menschensohn" und der im Alten Testament genannten feurigen Schlange herstellte. Worin besteht nun hier die spirituelle Einsicht? Auch hier rate ich Ihnen: Versuchen Sie dieses Rätsel zunächst einmal selbst zu lösen, bevor Sie sich die Antwort weiter unten ansehen.

Die Anspielung auf das Alte Testament findet sich im Buch Numeri, wo Gott zu Mose sagte: „Mach dir eine Schlange, und häng sie an einer Fahnenstange auf! Jeder, der gebissen wird, wird am Leben bleiben, wenn er sie ansieht" (Numeri 21,8). Das magische Wort lautet hier „ansehen": Gott sagte, durch den Akt des Sehens werde Leben ermöglicht. Offensichtlich forderte Jesus aus dem gleichen Grund die Juden auf, den „Menschensohn" zu erhöhen: So konnten die Menschen auf ihn sehen und geheilt werden.

Beachten Sie, wie auch hier wieder Jesus als genialer Dichter am Werk ist. Tatsächlich steckt diese ganze Nikodemusgeschichte voller Symbolik. Jesus stellte eine Parallele zwischen der feurigen Schlange und dem „Menschensohn" her. Die feurige Schlange steht für etwas, das uns von Zeit zu Zeit beißt und Leid zufügt, ist also eine gut passende Metapher für das Schicksal. Der Begriff des „Schicksals" hat für mich keinen abergläubischen oder übernatürlichen Beiklang. Es ist einfach ein dichterischer Ausdruck für die Grenzen des Menschen und ein Symbol für die Summe aller unkontrollier- und unvorhersehbaren Faktoren in unserem Leben.

Im Englischen kennen wir nicht ohne Grund die Redensart „life is a bitch – das Leben ist eine Hündin", denn sowohl Schlange wie Hündin beißen. Der „Menschensohn" ist zudem die andere Seite ein und derselben Daseinswirklichkeit. Er ist ein Symbol (oder ein „Archetyp" im Sinn C. G. Jungs) der Verfassung des Menschen. Als Sterbliche sind wir ja oft verletzlich, voller Ängste, Wunden, Leiden und Einschränkungen. Die zentrale Botschaft Jesu lautet: Wir können unser Leiden erleichtern, indem wir uns unserer Daseinslage als Menschen voll bewußt werden. Die Frage ist nur, wie das möglich ist.

Wenn wir das Geheimnis der Befreiung kennenlernen wollen, müssen wir uns mit der Zen-Kunst vertraut machen, *die Antwort in der Frage selbst zu finden*. Albert Camus veranschaulicht diese Kunst in seinem „Mythos von Sisyphus". Nach diesem Mythos ist Sisyphos ein Halbgott, der wegen seiner Verachtung der Götter, seinem Haß auf den Tod und seiner Leidenschaft für das Leben der schrecklichen Strafe verfiel, eine absolut fruchtlose Arbeit zu verrichten: Er mußte einen Felsblock auf eine Bergspitze hinaufrollen, der dann immer wieder vom Berg herabrollte. Sein schlimmes Schicksal bestand darin, dies unablässig wiederholen zu müssen, ohne jegliche Aussicht auf ein Ende dieser Mühsal. Besonders interessant an diesem Mythos ist nicht dieser Mythos selbst, sondern das, was Camus darüber sagt, denn er stellt eine innere Beziehung zwischen Bewußtsein, Leiden und Befreiung her:

„Worin bestünde tatsächlich seine Strafe, wenn ihm bei jedem Schritt die Hoffnung auf Erfolg neue Kraft gäbe? Heutzutage arbeitet der Werktätige sein Leben lang unter den gleichen Bedingungen, und sein Schicksal ist genauso absurd. Tragisch ist es aber nur in den wenigen Augenblicken, in denen der Arbeiter bewußt wird. *Sisyphos*, der ohnmächtige und rebellische Prolet der Götter, kennt das ganze Ausmaß seiner unseligen Lage: über sie denkt er während des Abstiegs nach. Das Wissen, das seine eigentliche Qual bewirken sollte, vollendet gleichzeitig seinen Sieg. Es gibt kein Schicksal, das durch Verachtung nicht überwunden werden kann."[41]

Sisyphus droht vom Schicksal zerrieben zu werden. Er ist zu einem endlosen Kreislauf des Leidens mit kurzfristigen Erleichterungen verurteilt. Klingt das nicht ein wenig wie die Beschreibung unseres eigenen Lebens? Wer kann denn schon der Tyrannei der feurigen Schlange entkommen, die uns von Zeit zu Zeit mit ihrem Gift befällt, mit Enttäuschungen, Niederlagen und Krankheiten? Wir rasen ständig über eine Achterbahn der Gefühle. So „glücklich" wir auch in einem bestimmten Augenblick sein mögen, unvermeidlich kommt auch wieder Schweres. Von da her gesehen, ist die Verfassung des Menschen tatsächlich hoffnungslos. Aber wenn die Verfassung des Menschen das Problem ist, dann können wir auch in ihrem Rahmen die Lösung finden. Camus hat uns gezeigt, wie:

> „Wenn das Glück zu dringend mahnt, dann steht im Herzen des Menschen die Trauer auf: das ist der Sieg des Steins, ist der Stein selber . . . Unsere Nächte von Gethsemane sind das. Aber die niederschmetternden Wahrheiten verlieren an Gewicht, sobald sie erkannt werden."[42]

Der Schlüssel liegt also darin, daß man der Wahrheit ins Auge sieht. Die feurige Schlange ist wie das paradoxe Kippbild zu Anfang dieses Kapitels. Es verliert seine Schärfe, wenn wir es fertigbringen, es so anzunehmen, wie es ist. Die Anerkenntnis der Wahrheit, auch wenn diese tragisch ist, hat immer eine befreiende Wirkung. Friedrich Nietzsche bemerkte, die Fähigkeit, mit der Tragödie zu leben, sei kein Zeichen der Schwäche, sondern der Stärke. Die griechische Tragödie habe zu einer Zeit in Blüte gestanden, in der sich das griechische Volk besonderen Wohlstands und großer Stärke erfreut habe. In seinen Ausführungen zu seinem ersten Buch *Die Geburt der Tragödie* sagt Nietzsche, den Beweis dafür, daß die Griechen keine Pessimisten gewesen seien, lieferten ihre Tragödien, und deshalb habe sich Schopenhauer geirrt. Paradoxerweise können wir die tragischen Seiten unseres Lebens erst dann in etwas Schönes umwandeln, wenn wir uns ihrer bewußt werden und ihnen voll ins Auge blicken.

Im selben Sinn fordert Jesus uns auf, den „Menschensohn" zu erhöhen, also mit den vielen widerwärtigen Komponenten des Lebens zu Streich zu kommen und trotz all seiner Schwierigkeiten unser Menschsein zu bejahen. Beachten wir, daß Jesus zu Nikodemus gesagt hat: „Niemand ist in den Himmel hinaufgestiegen außer dem, der vom Himmel herabgestiegen ist: der Menschensohn." Diese Aussage muß nicht unbedingt nur in einem übernatürlichen Sinn ausgelegt werden. Im Rahmen des Zen besagt sie, daß wir nicht befreit werden („in den Himmel aufsteigen") können, ohne zuvor die Ausweglosigkeit unserer Lage („vom Himmel herabgestiegen") anerkannt zu haben. Wir sollten uns das Reich

Gottes nicht als eine Wirklichkeit in einer anderen Welt vorstellen, denn nach der Umkehrlogik des Meisters Jesus sind Aufstieg und Abstieg ein und dasselbe. Wenn wir in den Himmel gelangen wollen, müssen wir zur Hölle absteigen!

Schwierigkeiten gehören zum Leben. Viele von uns schaffen sich selbst unnötige Leiden, weil sie vom Leben erwarten, es müsse leicht sein und dabei unsere Begrenztheiten als sterbliche Wesen übersehen. So versuchen wir, das Unmögliche zu erreichen, das Unkontrollierbare unter Kontrolle zu bekommen und das nicht Voraussagbare vorauszusagen. Außerdem hegen wir die Illusion, wenn wir uns nur genug Mühe gäben, könnten wir uns ein sorgenfreies Leben sichern. Unser Leiden ergibt sich aus der Verquickung unseres Unwissens mit unserer inneren Gewalttätigkeit.

Spirituelle Befreiung hat nichts mit Leistung oder Anstrengung zu tun. Es ist eine Sache der Einsicht. Wie bereits zitiert, hat Camus gesagt: „Die niederschmetternden Wahrheiten verlieren an Gewicht, sobald sie erkannt werden." Konfuzius sagte: „Mit fünfzig kannte ich die Anordnungen des Himmels (Tien ming). Mit sechzig hörte ich sie mit gelehrigen Ohren" (Analecta 2,4). Die „Anordnungen des Himmels" sind der konfuzianische Begriff für Schicksal (d. h. für etwas, das wir nicht unter Kontrolle haben oder vermeiden können). Zu wissen, was menschenmöglich ist und was nicht, erfordert gewiß ein hohes Maß an Weisheit. Konfuzius brauchte fünfzig Jahre, um das Schicksal wahrzuhaben. Aber noch schwieriger ist es, dieses Schicksal wirklich anzunehmen, ohne wild um sich zu schlagen, zu jammern oder zu schreien. Erst mit sechzig war Konfuzius so weit, Gottes Willen ganz bejahen zu können. Solange wir nicht das gleiche lernen, können wir auch keinen inneren Frieden finden.

Ihrem innersten Kern nach besteht die Erleuchtung darin, einfach anzuerkennen, daß wir nicht allmächtig sind und es viele Dinge im Leben gibt, die wir nicht im Griff haben und nicht vermeiden können: Altern, Krankheit, Unfälle, Unsicherheit des Arbeitsplatzes, menschliche Schwächen. Auch wenn das oft Probleme sind, denen wir uns lieber nicht stellen möchten, eröffnet sich der Weg zur Befreiung dann, wenn wir sie ehrlich annehmen.

Das Wahrhaben der eigenen „Ohnmacht" ist schon an sich eine mächtige spirituelle Erfahrung. Wie J. Krishnamurti bemerkt hat, ist dieses Wahrhaben: „Das kann ich nicht" Ausdruck der Intelligenz. Unser Bewußtsein ist ein zweischneidiges Schwert. Einerseits ist es die Ursache unseres Leidens. Da die Menschenwesen unter allen Lebewesen über den höchsten Grad an Bewußtsein verfügen, neigen sie auch dazu, am meisten zu leiden. Andererseits ist das Bewußtsein der Same unserer Erlösung. Die Verfassung des Menschen mag tragisch anmuten, aber dieser Anblick kippt um, wenn man sie ganz bewußt anschaut. M. Scott Peck äußert eine ganz neue Wertschätzung für eine der Vier Edlen Wahrheiten des Buddha:

> „Das Leben ist schwierig. Das ist eine große Wahrheit, eine der größten. Es ist eine große Wahrheit, denn wenn wir diese Wahrheit erst einmal voll ins Auge fassen, transzendieren wir sie. Wissen wir erst einmal wirklich, daß das Leben schwierig ist – verstehen wir das wirklich und akzeptieren es –, dann ist das Leben nicht mehr weiterhin schwierig. Denn einmal akzeptiert, macht einem die Tatsache, daß das Leben schwierig ist, nichts mehr aus."[43]

Bewußtheit verwandelt! Solange wir emsig damit beschäftigt sind, gegen das Leben anzukämpfen oder vor ihm zu fliehen, können wir es nicht klar anschauen, und dann plagt uns die feurige Schlange wie eh und je. Wir bleiben dann ihr Opfer. Aber diese Schlange kann es nicht ertragen, von uns scharf angesehen zu werden. Jesus sagte, wer sie anschaue, werde geheilt. Im Englischen entstammt das Wort „heal", „heilen" der gleichen Wurzel wie das Wort „whole", „ganz". Heilen heißt *Ganzmachen*. Heilung ist nicht möglich, wenn man nicht zuvor eine ganzheitliche Sicht der Welt entwickelt hat. Camus hat uns gelehrt, wie wir „den Menschensohn erhöhen" und dadurch ganz werden können.

> „Darin besteht die ganz verschwiegene Freude des *Sisyphos*. Sein Schicksal gehört ihm. Sein Fels ist seine Sache. Ebenso läßt der absurde Mensch, wenn er seine Qual bedenkt, alle Götzenbilder schweigen. Im Universum, das plötzlich wieder seinem Schweigen anheimgegeben ist, werden die tausend kleinen, höchst verwunderten Stimmen der Erde laut. Unbewußte, heimliche Rufe, Aufforderungen aller Gesichter bilden die unerläßliche Kehrseite und den Preis des Sieges. Ohne Schatten gibt es kein Licht; man muß auch die Nacht kennenlernen."[44]

Das ist der springende Punkt: Wir sind nicht von unserem Schicksal getrennt. Wir sollten unser Schicksal nicht als einen Feind von außen betrachten, mit dem wir kämpfen. Der Mensch steht und fällt mit seiner Umgebung. Sehen wir, daß unser gesamtes Leben vom Schicksal geformt wird, dann verstehen wir auch, daß es absurd ist, wild dagegen anzukämpfen, denn wir sind es. Es gibt kein losgelöstes „Ich", das ganz neben dieser geheimnisvollen Macht namens „Schicksal" steht. Unsere Befreiung als Menschenwesen hängt davon ab, daß wir sehen, wie wir und unser Schicksal eins sind. Sisyphos sah ein: „Sein Schicksal gehört ihm. Sein Fels ist seine Sache." So sieht man ganzheitlich. Sieht man aber das Ganze, wo sollte man da mit Kämpfen ansetzen?

Daher liegt die ganze Wahrheit im Sehen. Sehen macht ganz. Nehmen wir unsere Hilflosigkeit wirklich wahr, so erweist sie sich als alles andere als ein Fluch; sie ist ein verkappter Segen. Das ist absurde Weisheit. Es bedarf nur eines Blitzes der Einsicht, und ein tiefes Gefühl des Pessimismus wandelt sich in tiefe Freude. Camus hat die Erleuchtung erfahren.

Paradoxerweise ist es riesigen Problemen eigen, zu riesigen Möglichkeiten zu werden. Pablo Picasso hat einmal bemerkt: „Computer sind nutzlos. Sie können nur Auskünfte geben." Picasso bemängelte genau genommen, daß Computer nicht in der Lage seien, aus Problemen neue Möglichkeiten zu machen. Genau wie Menschen, die einseitig mit ihrer linken Gehirnhälfte denken, können Computer nicht die allen Lebenssituationen innewohnende Vieldeutigkeit verarbeiten und daraus neue Optionen erschaffen, die sich aus der Anerkenntnis einer Vielfalt von Möglichkeiten ergeben. Den besten Kommentar zu Picassos Koan-Spruch „Computer sind nutzlos" liefert ein anderes Genie unseres Zeitalters, Albert Einstein:

„Das Formulieren eines Problems ist oft wichtiger als seine Lösung, die letztlich nur eine Frage des mathematischen oder experimentellen Könnens sein mag. Neue Fragen zu stellen, neue Möglichkeiten zu eröffnen, alte Fragen unter einem neuen Blickwinkel anzugehen, erfordert kreative Phantasie und führt zu echten Fortschritten der Wissenschaft."[45]

Zen ist die Kunst kreativen Visualisierens. Dazu gehört die völlige Neuformulierung alter Probleme. Das Zen sagt: „Das ist es." Das soll heißen: Diese geplagte Welt, diese Welt voller Unvollkommenheiten, Klagen, Leid und Befleckung ist in der Tat das Nirwana, wenn wir es nur lernen, sie in neuem Licht zu sehen. Für den streng logischen und in Traditionen eingebundenen Geist ist das schlicht undenkbar. Traditionsgebundene Menschen stellen die Frage: „Wie kann das sein? Sieh doch all den Haß, die Wut, den Neid, die Habgier und Begierde in der Seele des Menschen. Und schau dir das Leid an, das es in jedem Winkel der Welt gibt. Wo ist da Freude? Wo Erfüllung?" Und so halten sie nach einer besseren Zeit Ausschau. Auf sie warten sie schon lange. Und sie werden weiter darauf warten – bis sie die Kunst des Sehens lernen.

Die Erleuchtung beendet alles Warten. Diese Welt, *wie sie ist*, ist Nirwana. Unsere Probleme sind unsere Möglichkeiten. Was ist unser größtes Problem? Für die meisten Menschen ist das die Verfassung des Menschen an sich. Als Sterbliche stoßen wir an gewaltige Grenzen. Es gibt keinen Weg, emotionalen Turbulenzen, menschlichen Schwächen, Krankheit und Tod zu entkommen. Aber die Lösung läßt sich nicht außerhalb dieses Erdenlebens finden. Der Schlüssel liegt darin, sich auf das Leben, wie es jetzt ist, zu konzentrieren, ganz gleich, wie ungenießbar es sich derzeit darbieten mag. Jesus sagte zu Nikodemus: „Wenn ich zu euch über irdische Dinge gesprochen habe und ihr nicht glaubt, wie werdet ihr glauben, wenn ich zu euch über himmlische Dinge spreche?" Bei Nikodemus bestand das Problem darin, daß er nach der spirituellen Geburt fragte, ohne zuvor die normale Geburt verstanden zu haben.

Woher kommen wir? Diese Grundfrage läßt sich nicht beantworten, ohne daß wir zuvor die noch grundlegendere Frage beantworten: Wer bin ich? Bin ich dieser zu Zerfall und Tod verurteilte Körper? Bin ich meine so hinfälligen Gedanken und Gefühle? Die Menschen sind die bewußtesten Lebewesen des gesamten Tierreichs, aber was ist Bewußtsein? Ist dieses Bewußtsein, das ich als „Selbst" oder „Ich" bezeichne, nur ein Sammelbegriff für meine eigenwillige Ansammlung von Gedanken, Erinnerungen, Werte und Vorlieben? Woher habe ich meine Überzeugungen, Ideologien, Werte und Vorlieben in erster Linie bezogen? Je gründlicher ich diese Fragen stelle, desto deutlicher geht mir auf, daß sich mir dieses

„Selbst" oder „Ich" unglaublich entzieht. Ja, es ist genauso schwer zu greifen wie der Wind: Ich weiß nicht, „woher es kommt und wohin es geht". Aber wenn das „Selbst" nirgends zu finden ist, wo ist dann ein Problem festzumachen? Ramana Maharshi sagt deshalb: „Die Frage 'Wer bin ich?' ist die einzige Methode, allem Elend ein Ende zu setzen und zu höchster Seligkeit zu gelangen."

Die Frage „Wer bin ich?" mag keine Antwort finden, aber stellt man sie, hat das schon an sich eine heilende Wirkung. Vielleicht ist die Frage selbst die Antwort.

Bei der spirituellen Befreiung geht es nicht darum, auf intellektuelle Weise die Probleme des Lebens zu lösen. Es geht vielmehr darum, diese ungelösten und unlösbaren Paradoxa des Lebens klar ins Auge zu fassen und sich nicht vom Leben irritieren, sondern von seiner bestrickenden Schönheit faszinieren zu lassen. John Marsh bemerkt: „Es wäre keine Übertreibung, zu sagen, daß Jesus in den synoptischen Evangelien von seinem Weg durch Leiden und Tod hindurch in die Herrlichkeit geführt wird, während dieser Weg im vierten Evangelium zu etwas führt, was Leiden, Tod und Herrlichkeit in einem ist . . . Passion und Aktion fallen zusammen; Niederlage und Sieg, Leiden und Herrlichkeit gehen ineinander über."[46]

Genauso ist das Kreuz ein Symbol des Leidens und Ausdruck der Selbstverleugnung, zugleich aber auch ein Symbol endgültiger Erlösung. Vielleicht findet sich die Lösung immer im Problem selbst, und ist schon der Umstand, dies klar zu sehen, die Befreiung.

FÜNFTES KAPITEL

Die Welt auf den Kopf stellen

Der Buddhismus versucht nicht, den Schmerz zu besiegen,
sondern mit ihm eins zu werden,
so daß der Schmerz kein Fremder, kein Feind mehr ist.
BONNIE MYOTAI TREACE

Der Sohn Gottes litt bis zum Tod,
nicht damit die Menschen nicht mehr leiden,
sondern damit ihr Leiden wie das seine werde.
GEORGE MACDONALD

Wer die Welt des Zen betritt, kommt sich darin immer wieder wie Alice in ihrem Wunderland vor: im Vergleich mit unserer normalen Welt scheint alles auf den Kopf gestellt zu sein. Zenmeister und Tao-Praktizierende wurden oft als Verrückte oder soziale Außenseiter betrachtet. Über den Humor, die Poesie und die Kunst Jesu haben wir bereits gesprochen. Erleben wir jetzt, wie er seine Welt auf den Kopf stellt.

Jesus ist eine der rätselhaftesten Gestalten der Menschheitsgeschichte. Wollen wir ihn und seine Lehren deuten, stoßen wir unvermeidlich auf eine schwierige Frage: Für wen sollen wir Jesus halten? War Jesus von Nazaret der Sohn Gottes, wie viele seiner Nachfolger behauptet haben, oder war er ein Sterblicher wie du und ich? Und schließen sich diese beiden Charakterisierungen gegenseitig aus?

Für viele, die als Christen aufgewachsen sind (zu denen auch ich gehöre), steht die Gottheit Jesu als Tatsache fest. Diese Anerkenntnis der besonderen Göttlichkeit Jesu versuchen viele heutige Apologeten mit einer Art Überrumpelungstaktik zu erzwingen. Zuerst appellieren sie an die allgemeine Wertschätzung Jesu. Sie heben seine persönliche Integrität hervor. Im zweiten Schritt führen sie vor Augen, daß Jesus viele ausdrückliche Aussagen über sich selbst gemacht hat, die egozentrisch oder größenwahnsinnig wirken würden, wenn er nicht der Sohn Gottes wäre. Und drittens argumentieren sie: Wollte man Jesus wegen dieser Behauptungen Wahn oder Unaufrichtigkeit unterstellen, stünde das im Widerspruch zu seiner allgemein akzeptierten Integrität. In diesem Stil argumentiert zum Beispiel C. S. Lewis:

> „Die Behauptung (der Christen) lautet, Gott sei in das geschaffene Universum herabgekommen, zur Menschheit herunter . . . Die dazu alternative Aussage wäre nicht die Legende oder Übertreibung, und auch nicht das Erscheinen eines Geistes. Sie ist entweder Wahn oder Lüge. Kann man diese zweite Alternative nicht annehmen (was für mich zutrifft), dann bleibt einem nur die christliche Theorie."[47]

So versuchen die Apologeten, uns ins Entweder-Oder zu drängen, ob wir Jesus als Gott akzeptieren oder als Lügner oder Verrückten abtun. In Anbetracht dessen, was wir über den Charakter Jesu wissen, verbietet sich uns dann praktisch die zweite Alternative.

Die große Frage ist nun: Sind diese Charakterisierungen Jesu entweder als Gott oder als Lügner bzw. Mensch mit Wahnvorstellungen wirklich die einzig möglichen Alternativen? Mir scheint, in ihrem Eifer, die Gottheit Jesu zu verteidigen, haben die Apologeten geflissentlich die Tatsache übersehen, daß Jesus jeden Monopolanspruch auf den Titel eines „Sohnes Gottes" wie auch jeden Anspruch auf ein spezielles Gottsein offen abgelehnt hat. Alle Belege sprechen dafür, daß Jesus diesen Begriff als *Gattungsbegriff* verwendet hat. Nach Johannes (10,34–36) machte sich Jesus sogar die Mühe, den anderen den Sinn dieses Begriffs als Gattungsbegriff zu erläutern, indem er sich auf die Psalmen berief:

> „Wohl habe ich gesagt: Ihr seid Götter,
> ihr alle seid Söhne des Höchsten.
> Doch nun sollt ihr sterben wie Menschen,
> sollt stürzen wie jeder der Fürsten" (Psalm 82,6–7).

Doch war sich Jesus durchaus bewußt, daß der Begriff „Sohn Gottes" auch zur Bezeichnung eines ganz speziellen und privilegierten Status' verwendet werden konnte, nämlich dem des Messias. Als manche den Begriff in diesem speziellen Sinn gebrauchten und Jesus fragten, ob er sich damit identifiziere, gab er bezeichnenderweise eine zweideutige Antwort. Lukas stellt in seinem Bericht über den Prozeß Jesu die Antwort Jesu auf die Frage des Hohen Rates, wer er wirklich sei, wie folgt dar:

> „Als es Tag wurde, versammelten sich die Ältesten des Volkes, die Hohenpriester und die Schriftgelehrten, also der Hohe Rat, und sie ließen Jesus vorführen. Sie sagten zu ihm: Wenn du der Messias bist, dann sag es uns! Er antwortete ihnen: Auch wenn ich es euch sage – ihr glaubt mir ja doch nicht; und wenn ich euch etwas frage, antwortet ihr nicht. Von nun an wird der Menschensohn zur Rechten des allmächtigen Gottes sitzen. Da sagten alle: Du bist also der Sohn Gottes? Er antwortete ihnen: Ihr sagt es, daß ich es bin" (Lukas 22,66–70).[48]

Das ist nun eindeutig etwas anderes, als geradeheraus zu sagen: „Ja, ich bin es." „Ihr sagt es, daß ich es bin" ist zweifellos eine zweideutige Antwort. Aber die jüdischen Autoritäten nahmen sie offensichtlich als ein „Ja", und das wurde zum stichhaltigen Anklagepunkt gegen Jesus. Der Bibelwissenschaftler G. B. Caird gab die folgende erhellende Auslegung dieser Begebenheit:

> „‚Bist du der Messias?' Zunächst verweigerte Jesus die Aussage; ‚Messias' ist ein mehrdeutiger Begriff, und ihm ist klar, daß das Gericht nicht dazu geneigt ist, über genaue Definitionen zu diskutieren . . . Doch schließlich beantwortet Jesus die Frage mit einer verschleierten Antwort, die seine Befrager als Bejahung nehmen."[49]

Ich habe den Eindruck, ein Großteil der sogenannten biblischen Beweise für das besondere Gottsein Jesu beruhe auf Fehlinterpretationen wie der gerade beschriebenen. Ein weiteres Beispiel dafür ist Jesu Proklamation: „Ich und der Vater sind eins" (Johannes 10,30). Während viele diese Aussage als weiteren Beweis für das besondere Gottsein Jesu verstanden haben, läßt sie sich mit gleichem Recht so deuten, daß es eine besonders intensive Beschreibung der inneren Harmonie Jesu und eine poetische Metapher für den spirituellen Zustand ist, in dem man sich vollkommen mit „Dem, Was Ist", im Einklang fühlt.

Folglich gibt es nicht nur die Alternativen, Jesus entweder als Gott oder als Lügner oder als Mensch mit Wahnvorstellungen zu betrachten. Es gibt eine vierte Alternative: Jesu als erleuchteten Lehrer (Rabbi, Zenmeister) zu sehen, der in einer mystischen, paradoxen Sprache gelehrt hat.

Die Aufgabe, Jesus auszulegen, hat C. S. Lewis mit der Situation dessen verglichen, der nur Teile eines Romans kennt und versucht, sich die ganze Geschichte vorzustellen. Wenn nun jemand daherkommt und behauptet, die fehlenden Teile des Romans gefunden zu haben, ergibt sich das Problem, wie diese „Entdeckung" einzuschätzen ist? C. S. Lewis schlug vor, bei der entsprechenden Qualitätskontrolle das folgende Prinzip anzuwenden:

„Unsere Aufgabe wäre es dann, zuzusehen, ob der neue Textabschnitt tatsächlich alle bereits vorhandenen Teile erhellt und sie ‚zusammenfügt', wenn man ihm die zentrale Stelle einräumt, die der Entdecker für ihn beansprucht. Bei diesem Vorgehen würden wir wahrscheinlich nicht ganz falsch liegen. Würde der neue Textabschnitt trotz seines ersten guten Eindrucks nicht dazugehören, dann würde er sich bei je längerer Betrachtung als immer unvereinbarer mit dem Rest des Werkes erweisen. Wäre er dagegen echt, dann würden wir bei jedem neuen Anhören der Melodie oder jedem neuen Lesen des Buchs spüren, daß das Zwischenstück hier ‚paßt', sich immer besser einfügt und allen möglichen Einzelheiten des Gesamtwerks neue Bedeutungsakzente verleiht, die wir bislang noch gar nicht bemerkt hatten. Selbst wenn das neue Zentralkapitel oder Hauptthema beträchtliche Schwierigkeiten enthielte, könnten wir es doch als echt betrachten, sofern es ständig Schwierigkeiten an anderen Stellen beheben würde."[50]

Bei der Suche nach dem historischen Jesus könnte eine Betrachtung Jesu aus der Perspektive des Zen genau dieses fehlende Zwischenstück liefern. Wie wir bereits gesehen haben, hat sich die Zen-Perspektive bereits als recht erfolgreich darin erwiesen, vielen der unklaren Aussagen Jesu einen Sinn abzugewinnen. Es wird sich zeigen, daß sie uns auch weiterhin helfen kann, viele andere Rätsel um Jesus zu lösen, einschließlich seines Sieges über den Tod. Betrachtet man Jesus mit den Augen des Zen, so erfüllt das nicht nur Lewis' Kriterium des inhaltlichen Zusammenpassens; man gewinnt auch viele erhellende neue Einsichten, die uns selbst weiterhelfen.

Untersuchen wir jetzt, was die Perspektive des Zen zum zentralen Thema des Christentums beisteuern kann: zur Geschichte von der Auferstehung. Daß Jesus den Tod besiegt habe, ist zweifellos die wichtigste Botschaft des Christentums. Paulus hat gesagt: „Wenn Christus nicht auferweckt worden ist, dann ist euer Glaube nutzlos" (1. Korinther 15,17). Während die physische Auferstehung des Leibes Jesu nach wie vor Gegenstand der Diskussion ist, ist man sich weithin darin einig, daß sich nicht lange nach Jesu Tod im Verhalten der Jünger ein dramatischer Wandel vollzogen hat. Die Jünger wurden offensichtlich fähig, alle möglichen Strapazen, Verfolgungen und Leiden mit erstaunlichem Gleichmut zu ertragen. Der beste Beweis dafür ist die Umwandlung des Petrus vom Verleugner zum Zeugen und Märtyrer.

Die Ostergeschichte ist ungemein wichtig, weil sie der Menschheit den Sieg über den Tod verheißt. Diesen Sieg im Kontext des Zen richtig vorzustellen, erfordert allerdings einige Mühe; wir müssen uns vor Augen halten, daß das Zen dieses Thema nicht aus einer übernatürlichen Perspektive angeht. Das Zen schließt zwar das Vorkommen übernatürlicher Ereignisse nicht von vornherein aus, betont aber vor allem den „Zauber des Alltäglichen". Wie können wir jedoch die Verhaltensänderungen und den plötzlichen Mut der Jünger Jesu erklären, wenn wir einmal annehmen, Jesus sei nicht physisch von den Toten auferstanden?

Um diese Frage sinnvoll anzugehen, müssen wir zunächst eine klare Vorstellung davon haben, wie Jesus *die Welt auf den Kopf gestellt* sah. Einen guten ersten Eindruck davon können wir aus dem folgenden Abschnitt aus dem Johannesevangelium gewinnen:

„Noch kurze Zeit, dann seht ihr mich nicht mehr, und wieder eine kurze Zeit, dann werdet ihr mich sehen. Da sagten einige von seinen Jüngern zueinander: Was meint er damit, wenn er zu uns sagt: Noch kurze Zeit, dann seht ihr mich nicht mehr, und wieder eine kurze Zeit, dann werdet ihr mich sehen? Und was bedeutet: Ich gehe zum Vater? Sie sagten: Was heißt das: eine kurze Zeit? Wir wissen nicht, wovon er redet.

Jesus erkannte, daß sie ihn fragen wollten, und sagte zu ihnen: Ihr macht euch Gedanken darüber, daß ich euch gesagt habe: Noch kurze Zeit, dann seht ihr mich nicht mehr, und wieder eine kurze Zeit, dann werdet ihr mich sehen. Amen, amen, ich sage euch: Ihr werdet weinen und klagen, aber die Welt wird sich freuen; ihr werdet bekümmert sein, aber *euer Kummer wird sich in Freude verwandeln.* Wenn die Frau gebären soll, ist sie bekümmert, weil ihre Stunde da ist; aber wenn sie das Kind geboren hat, denkt sie nicht mehr an ihre Not über der Freude, daß ein Mensch zur Welt gekommen ist. So seid auch ihr jetzt bekümmert, aber ich werde euch wiedersehen; dann wird euer Herz sich freuen, und niemand nimmt euch eure Freude.

An jenem Tag werdet ihr mich nichts mehr fragen. Amen, amen, ich sage euch: Was ihr vom Vater erbitten werdet, das wird er euch in meinem Namen geben. Bis jetzt habt ihr noch nichts in meinem Namen erbeten. Bittet, und ihr werdet empfangen, damit eure Freude vollkommen ist.

Dies habe ich in verhüllter Rede zu euch gesagt; es kommt die Stunde, in der ich nicht mehr in verhüllter Rede zu euch spreche, sondern euch offen den Vater verkünden werde. An jenem Tag werdet ihr in meinem Namen bitten, und ich sage nicht, daß ich den Vater für euch bitten werde; denn der Vater selbst liebt euch, weil ihr mich geliebt und weil ihr geglaubt habt, daß ich von Gott ausgegangen bin. Vom Vater bin ich ausgegangen und in die Welt gekommen; ich verlasse die Welt wieder und gehe zum Vater.

Da sagten seine Jünger: Jetzt redest du offen und sprichst nicht mehr in Gleichnissen. Jetzt wissen wir, daß du alles weißt und von niemand gefragt zu werden brauchst. Darum glauben wir, daß du von Gott gekommen bist. Jesus erwiderte ihnen: Glaubt ihr jetzt? Die Stunde kommt, und sie ist schon da, in der ihr versprengt werdet, jeder in sein Haus, und mich werdet ihr allein lassen. Aber ich bin nicht allein, denn der Vater ist bei mir. Dies habe ich zu euch gesagt, damit ihr in mir Frieden habt. In der Welt seid ihr in Bedrängnis; aber habt Mut: *Ich habe die Welt besiegt*" (Johannes 16,16–33).

Beachten wir, daß Jesus hier von seinem eigenen Tod sprach. Angesichts dieses traurigen Umstandes ist es umso bemerkenswerter, daß Jesus diese besondere Unterweisung mit einer sehr positiven Aussage beendete: „In der Welt seid ihr in Bedrängnis; aber habt Mut: Ich habe die Welt besiegt." Hier liegt das Paradox: Ausgerechnet in dem Augenblick, in dem Jesus wußte, daß sein Tod bevorstand, sagte er, er habe die Welt besiegt. Er sagte auch die radikale Umwandlung voraus, die seine Jünger erfahren sollten, denn er kündigte ihnen an: „Euer Kummer wird sich in Freude verwandeln."

Um einem Schüler Anstoß zur Erleuchtung zu geben, gibt ihm sein Zenlehrer gewöhnlich „Hausaufgaben" in Form eines Koan auf. Wie bereits gesagt, ist ein Koan ein Gegenstand der Meditation. Manches Koan ist ein Klassiker und wird von einer Generation an die andere weitergegeben. Ein solches klasssisches Koan ist „Tod". Es ist obendrein sehr stark, da von existentieller Bedeutung. Vielen bereitet es Unbehagen, wenn sie sich näher mit dem Thema „Tod" befassen sollen, sei es der eigene oder der Tod eines geliebten Menschen. Aber gerade weil dieses Koan soviel Angst weckt, besitzt es die innere Kraft, das spirituelle Erwachen auszulösen.

Die zentrale Frage und das Geheimnis bei diesem Zitat aus dem Johannesevangelium ist: Was meinte Jesus genau, als er sagte: „Ich habe die Welt besiegt"? Ich möchte diesen Satz als Jesu „Koan vom Tod" bezeichnen. Es dürfte das wichtigste Koan seiner gesamten Lehre sein. Wenn wir wirklich das Geheimnis dieses Koan verstehen, sind wir auf dem Weg, uns Jesus in der „todesfreien Zone" anzuschließen; das wird im folgenden deutlich werden.

Das Koan vom Tod hilft uns, unsere diffuse Daseinsangst einzukreisen und unsere menschliche Hinfälligkeit besser zu verstehen. Mit dem Verstand wissen wir, daß wir dem Tod nicht entrinnen können. Aber zwischen verstandesmäßiger und psychischer Wirklichkeit liegt bei den meisten Menschen gewöhnlich eine tiefe Kluft. Mit unserer Psyche neigen wir dazu, den Tod zu verdrängen. Wäre es nicht so, wären wir nicht so tief schockiert, wenn uns gesagt wird, wir hätten uns eine schlimme Krankheit zugezogen und würden in wenigen Monaten sterben. Die Wirklichkeit des Todes psychisch, und nicht rein verstandesmäßig, wahrzuhaben, ist ein wichtiger Teil des spirituellen Erwachens.

Wenden wir uns zur näheren Beleuchtung von Jesu Koan vom Tod zunächst einem anderen bekannten Zen-Koan zu, das wir im folgenden als „die Geschichte vom unglücklichen Wanderer" bezeichnen:

„Ein Mann wanderte über ein Feld und stieß auf einen Tiger. Er floh, aber der Tiger verfolgte ihn. Als er an den Rand eines Abgrunds kam, packte er die Wurzel eines wilden Weinstocks und schwang sich daran die Steilwand hinunter. Der Tiger schnüffelte von oben nach ihm. Zitternd schaute der Mann in die Tiefe, wo er einen anderen Tiger erblickte, der darauf wartete, ihn zu zerreißen. Sein einziger Halt war die Wurzel eines Weinstocks.

Da begannen zwei Mäuse, eine weiße und eine schwarze, genüßlich an der Wurzel zu nagen. So an der Steilwand hängend, entdeckte der Mann gleich neben sich eine große, reife Erdbeere. Während er sich mit einer Hand an der Wurzel festhielt, pflückte er mit der anderen die Erdbeere und steckte sie in den Mund. Wie süß sie schmeckte!"

Erkennen Sie eine Entsprechung zwischen dieser Erzählung und Jesu Koan vom Tod? Worin besteht die entscheidende Einsicht?

Fangen wir so an: Sieht der Wanderer nicht ein bißchen wie Sie und ich aus? Werden nicht auch wir vom Tod verfolgt, wie der Mann vom Tiger? Und sind die beiden Mäuse, die schwarze und die weiße, nicht ein deutliches Symbol des Kreislaufs von Nacht und Tag? Ohne Zweifel handelt es sich bei dieser Geschichte um eine dichterische Beschreibung der menschlichen Daseinsangst. Auch unser Leben hangt an einem seidenen Faden, genau wie bei dem Wanderer. Wir leben in einer Welt voller Ungewißheiten und wissen nicht genau, wann unser Ende kommen wird. Doch eines ist sicher: daß der Tod näherrückt, jeden Tag ein Stückchen mehr. Was würden Sie unter diesen Umständen tun?

Wir können dieses Koan vom unglücklichen Wanderer noch weiter vereinfachen, nämlich zur Frage: „Was würden Sie tun, wenn Sie nichts mehr tun könnten?" Tatsächlich hatte der unglückliche Wanderer keine Wahl mehr. Das einzig Logische, was ihm zu tun bleibt, ist, den Augenblick zu genießen, wie flüchtig er auch sei. Warum sich wegen des Todes sorgen, wenn wir wissen, daß er unvermeidlich ist? Warum sich das Leben noch mehr erschweren? Die ebenso verblüffende wie auf der Hand liegende, logische Antwort ist: Angesichts der Gewißheit des Todes sollte man sein Leben so gut wie möglich auskosten. Paradoxerweise ist es gerade die Tatsache, daß uns hier gar keine Wahl bleibt, die zu größerer innerer Freiheit führen kann. Die überraschende Antwort auf das Zen-Koan „Was würden Sie tun, wenn Sie nichts mehr tun könnten?" lautet: *Nichts und alles!* Genau das ist absurde Weisheit.

So entdecken wir schließlich das Geheimnis des Jubels Jesu: der Tod ist ein verkappter Segen! Im Gegensatz zum allgemein verbreiteten Denken führt das aufrichtige Annehmen der Wirklichkeit des Todes (nämlich echter Hoffnungslosigkeit) zu Befreiung und Frieden. Albert Camus hat scharfsinnig festgestellt: „Auch der Tod hat väterliche Hände, die im Zerschmettern befreien."

Im Grunde ist Jesus dem absurden Helden in Camus' Novelle *Der Fremde* nicht unähnlich, der die Tatsache akzeptiert, ein zum Tode Verurteilter zu sein und in wenigen Tagen sterben zu müssen, und dann plötzlich merkte, daß ihm das Leben mehr Fülle bot. Tatsächlich lassen sich Glück und Absurdität nicht trennen. Die Absurde Weisheit sagt, nichts sei so trost- und hoffnungsvoll wie vollkommene Hoffnungslosigkeit. Kurz vor seiner Hinrichtung erinnert sich Meursault, der Verurteilte in Camus' Geschichte, an die letzten Tage seiner Mutter:

„Jetzt begriff ich auch, warum sie am Ende eines Lebens einen ‚Bräutigam' genommen, warum sie wieder ‚Anfang' gespielt hatte . . . Dem Tod so nahe, hatte Mama sich gewiß wie befreit gefühlt und bereit, alles noch einmal zu erleben. Niemand, niemand hatte das Recht, sie zu beweinen."[51]

Die Vorstellung, der Tod sei ein Befreier, ist keineswegs neu. Viele Ärzte und Krankenpfleger, die sterbenskranke Patienten betreuen, können diese Wahrheit bezeugen.

Vielleicht ist es heilsam, wenn der Tod anklopft. Eine Krebspatientin beschrieb, wie ihre Krankheit ihr Leben geordnet hat:

„Ich betrachte meinen Krebs als großen Segen, denn durch ihn haben wir sehr viel gelernt: wie wir mit unserem Leben umgehen sollen, wie wir einander unsere Gefühle mitteilen und wie wir allen Ballast ein für allemal abwerfen können, um zu mehr Zufriedenheit in unser Leben zu finden."[52]

Der Tod wird in unserer Kultur wie ein Tabu behandelt; alle Bemühungen der Medizin sind ein Kampf gegen dieses Naturgesetz. Vielleicht aber hat der Tod auch eine schöne Seite. In Japan gibt es die ästhetische Kultur des *wabi-sabi*, die enge Verbindungen mit dem *chado* (der japanischen Teekunst) und dem Zen hat. Nach Leonard Koren geht es beim *wabi-sabi* um die „Schönheit alles Unvollkommenen, Vergänglichen und Unvollständigen. Es ist die Schönheit des Bescheidenen und Demütigen, die Schönheit unkonventioneller Gegenstände."[53] Vielleicht ist der Tod Gottes *wabi-sabi*. Eine Fünfzigjährige, die sich bereits beide Brüste hatte amputieren lassen müssen, betrachtet den Tod als Lehrer des Zen und der Schönheit. Sie schildert eindrucksvoll, wie der Tod ihr neue *Lebensfülle* geschenkt hat:

„Erst nachdem ich Krebs bekommen hatte, fing ich wirklich an, auf die Kostbarkeit jedes Atemzugs zu achten, auf den Augenblick jedes Gedankens, bis ich sah, daß dieser Augenblick alles ist. Alle meine anderen Lehrer schenkten mir bestimmte Vorstellungen. Dieser Lehrer dagegen leitete mich an, mein Leben unmittelbar zu erfahren. Als ich Krebs bekam, lag es an mir, geboren zu werden, ehe ich starb."[54]

Der Tod ist die Wurzel unserer Daseinsangst, und letztlich auch seine Heilung. C. S. Lewis kam zu einem ähnlichen Schluß:

„Einerseits ist der Tod der Triumph Satans, die Strafe für den Sündenfall und der letzte Feind . . . Andererseits gewinnt nur der sein Leben, der es verliert. Wir sind in den Tod Christi getauft, und er ist das Heilmittel gegen den Sündenfall. Der Tod ist tatsächlich das, was manche Zeitgenossen als ‚ambivalent' bezeichnen. Er ist Satans, aber auch Gottes große Waffe: er ist heilig und unheilig; unsere höchste Ungnade und unsere einzige Hoffnung; das, was Christus zu besiegen kam und das Mittel, wodurch er siegte."[55]

Das ist das wahre Wunder: Jesus hat den Tod besiegt, indem er ihn angenommen hat. Der Grund, daß der Tod auf die meisten

Menschen so bedrückend wirkt, liegt darin, daß wir ihn in unserem Unbewußten nicht als Realität akzeptieren können. Insgeheim hoffen wir noch, er werde doch nicht eintreten. Und das ist die Wurzel unserer Daseinsangst. In unserem vergeblichen Bemühen, unserer Angst zu entfliehen, rennen wir allen möglichen Arten von „Glück" nach: Geld, sinnlichem Vergnügen, Macht, Ansehen. Doch solange wir den Tod nicht als unsere ureigene Wirklichkeit angenommen haben, sind all diese Ausflüchte ins „Glück" nur kurzwirkende Schmerzmittel. Der Dämon des Todes meldet sich immer wieder und fordert von uns, endlich anerkannt zu werden.

Zu dem Zeitpunkt, da Jesus erklärte: „Ich habe die Welt besiegt", hatte er keine Aussicht mehr auf eine irdische Zukunft; seine Zukunft hieß Tod. Er sah bereits, wie er den Händen seiner Vollstrecker ausgeliefert wurde. Er wurde hoffnungslos (was heißt, daß er seine Hoffnung, seinen Willen „Gott in die Hände legte"). Aber das Großartige an all dem ist, wie diese in höchstem Maß hoffnungslose Lage sich umkehrte und zum Reich Gottes wurde, sobald er sein Schicksal angenommen und alles ganz und gar losgelassen hatte (vgl. das Phänomen des Umkippens von Wahrnehmungen, das im vorausgegangenen Kapitel vorgestellt wurde). Indem Jesus die Unausweichlichkeit des Todes annahm, gewann er innere Freiheit. Nichts in der Welt konnte ihn mehr ängstigen. Er hatte er tatsächlich die Welt besiegt! In der paradoxen Welt der Erleuchtung heißt Kapitulieren Siegen.

Der Weg zur spirituellen Befreiung besteht darin, sich der Wahrheit zu stellen, daß man letztlich – wenn es um den Tod geht – keine Wahl hat. Ich vermute, daß es diese Wahrheit ist, die die Jünger Jesu schließlich entdeckten und ihre dramatische Verhaltensänderung bewirkte. Das Annehmen ist eine der Grundlagen des „Zaubers des Alltäglichen". C. S. Lewis bietet dazu die folgende Einsicht:

„Um diese tödliche Strafe in ein Mittel zum ewigen Leben umzuwandeln – also seiner negativen und hemmenden Wirkung eine positive und rettende hinzuzufügen –, war es ferner notwendig, den Tod anzunehmen. Die Menschheit muß den Tod in Freiheit bejahen, sich in ihn mit völliger Demut fügen, ihn bis zur bitteren Neige trinken, und ihn so in jenen mystischen Tod umwandeln, der das Geheimnis des Lebens darstellt."[56]

Auf ähnliche Weise lassen sich Umkehrgesetze anwenden, um das Problem der Unsicherheit anzugehen. In der Bergpredigt fordert Jesus seine Jünger auf, sich nicht ängstlich um ihr Leben zu sorgen (Matthäus 6,25). Als Gegenmittel gegen die Angst bietet er ihnen an, sich „zuerst um Gottes Reich und um seine Gerechtigkeit" zu kümmern (Matthäus 6,33). In einem anderen Zusammenhang erklärt er, was dies einschließt:

> „Amen, amen, ich sage euch: Wenn das Weizenkorn nicht in die Erde fällt und stirbt, bleibt es allein; wenn es aber stirbt, bringt es reiche Frucht. Wer an seinem Leben hängt, verliert es; wer aber sein Leben in dieser Welt gering achtet, wird es bewahren bis ins ewige Leben" (Johannes 12,24–25).

Die Einsicht daraus ist jetzt klar. Wie Alan Watts hervorgehoben hat, ist Unsicherheit das Ergebnis des Versuchs, sich Sicherheit zu verschaffen. Wer neurotisch um seine Sicherheit besorgt ist („an seinem Leben hängt"), kann nicht wirklich leben, weil er zum Sklaven seiner Angst geworden ist. Umgekehrt kann derjenige, der die Unsicherheit als Faktum des Lebens akzeptiert („sein Leben in dieser Welt gering achtet"), seine Sorgen ablegen und als freier Mensch leben. Am endgültigsten kommt dieses Akzeptieren der Wirklichkeit darin zum Ausdruck, daß man sein Ich losläßt, wie das Weizenkorn stirbt. Paradoxerweise gewinnt derjenige wahren seelischen Frieden, der die Unsicherheit zu bejahen vermag. Das Umkehrgesetz besagt: wer wirklich leben wolle, dürfe nicht am Leben hängen. Jesus lehrt diesen Grundsatz in seinem Gleichnis vom gestrengen Herrn:

> „Es ist wie mit einem Mann, der auf Reisen ging: Er rief seine Diener und vertraute ihnen sein Vermögen an. Dem einen gab er fünf Talente Silbergeld, einem anderen zwei, wieder einem anderen eines, jedem nach seinen Fähigkeiten. Dann reiste er ab. Sofort begann der Diener, der fünf Talente erhalten hatte, mit ihnen zu wirtschaften, und er gewann noch fünf dazu. Ebenso gewann der, der zwei erhalten hatte, noch zwei dazu. Der aber, der das eine Talent erhalten hatte, ging und grub ein Loch in die Erde und versteckte das Geld seines Herrn. Nach langer Zeit kehrte der Herr zurück, um von den Dienern Re-

chenschaft zu verlangen. Da kam der, der die fünf Talente erhalten hatte, brachte fünf weitere und sagte: Herr, fünf Talente hast du mir gegeben; sieh her, ich habe noch fünf dazugewonnen. Sein Herr sagte zu ihm: Sehr gut, du bist ein tüchtiger und treuer Diener. Du bist im Kleinen ein treuer Verwalter gewesen, ich will dir eine große Aufgabe übertragen. Komm, nimm teil an der Freude deines Herrn! Dann kam der Diener, der zwei Talente erhalten hatte, und sagte: Herr, du hast mir zwei Talente gegeben; sieh her, ich habe noch zwei dazugewonnen. Sein Herr sagte zu ihm: Sehr gut, du bist ein tüchtiger und treuer Diener. Du bist im Kleinen ein treuer Verwalter gewesen, ich will dir eine große Aufgabe übertragen. Komm, nimm teil an der Freude deines Herrn! Zuletzt kam auch der Diener, der das eine Talent erhalten hatte, und sagte: Herr, ich wußte, daß du ein strenger Mann bist; du erntest, wo du nicht gesät hast, und sammelst, wo du nicht ausgestreut hast; weil ich Angst hatte, habe ich dein Geld in der Erde versteckt. Hier hast du es wieder. Sein Herr antwortete ihm: Du bist ein schlechter und fauler Diener! Du hast doch gewußt, daß ich ernte, wo ich nicht gesät habe, und sammle, wo ich nicht ausgestreut habe. Hättest du mein Geld wenigstens auf die Bank gebracht, dann hätte ich es bei meiner Rückkehr mit Zinsen zurückerhalten. Darum nehmt ihm das Talent weg und gebt es dem, der die zehn Talente hat! Denn wer hat, dem wird gegeben, und er wird im Überfluß haben; wer aber nicht hat, dem wird auch noch weggenommen, was er hat. Werft den nichtsnutzigen Diener hinaus in die äußerste Finsternis! Dort wird er heulen und mit den Zähnen knirschen" (Matthäus 25,14–30).

Der dritte Diener wurde nicht so sehr wegen seiner Faulheit bestraft, sondern vor allem wegen seiner Fehleinschätzung und konservativen Einstellung. Dieser konservative Diener hatte durchaus richtig erkannt, daß das Leben voller Risiken steckt, hatte aber daraus die falsche Schlußfolgerung gezogen. Angesichts des Risikos, etwas zu verlieren, besaß er nicht den Mut, überhaupt etwas zu investieren. Die richtige Logik dagegen lautet: Da das Leben unabhängig davon, was wir tun, voller Risiken ist, sollten wir mit unserem Kapital mutiger umgehen. „It's the heart afraid of breaking which never learns to love", heißt es in einem Lied: „Hat das Herz davor Angst gebrochen zu werden, lernt es die Liebe nie." Auch hier gilt das Umkehrgesetz.

Ganz offensichtlich ist der gestrenge Herr im zitierten Gleichnis nur ein weiteres Bild für das Leben, ähnlich wie die feurige Schlange, von der im vorigen Kapitel die Rede war. Tatsächlich ist das Leben schwierig und unberechenbar. Nicht nur das: an einem bestimmten Punkt endet es unweigerlich. Was aber nicht heißen muß, wir sollten voller Angst leben. Wenn Risiken in jedem Fall unvermeidlich sind, ist es nur folgerichtig, daß wir mutiger werden und uns auf kalkulierte Risiken einlassen. Statt uns wie der konservative Diener aus dem Leben zurückzuziehen, sollten wir möglichst viel ins Leben investieren. Jesus schließt mit der Aussage: „Denn wer hat, dem wird gegeben, . . . wer aber nicht hat, dem wird auch noch weggenommen, was er hat", was bedeutet: je mehr wir uns der Ungewißheit aussetzen, desto größere Fülle wird unserem Leben beschieden sein. Diese Einsicht Jesu klingt nach in Nietzsches Ausspruch: „Das Geheimnis größter Fruchtbarkeit und größter Daseinsfreude lautet: lebe gefährlich!"

„Lebe gefährlich" sollte nicht bedeuten, törichte Risiken einzugehen. Vielmehr ist damit gemeint, die Unsicherheit als Faktum des Lebens anzunehmen und in Frieden statt mit einer Angstneurose zu leben. „Lebe gefährlich", danach richteten sich übrigens etliche der frühen Christen.

Damit sollte nun klar geworden sein, daß Jesus keineswegs eine rosige Sicht der Welt vertrat. Nein, die Welt ist tatsächlich beklagenswert: Der Tod ist gewiß, das Leben sehr zerbrechlich und voller Gefahren. Den Menschen sind in jeder Hinsicht Grenzen gesetzt. All dies sind keine wünschenswerte Umstände. In diesem Sinn ist es unser Los, „existentiell keine andere Wahl zu haben".

Indem uns bewußt ist, daß Probleme, Krankheit, Gefahr und schließlich der Tod unvermeidlich sind, sollten wir uns nicht mühen, Unmögliches zu erreichen. In dem Maß, in dem wir fähig sind, „alles Gott anheim zu stellen" und unser unnötiges und kontraproduktives Ankämpfen oder unsere übertriebene Angst aufzugeben, werden wir schließlich Entspannung finden und den Augenblick genießen. Paradoxerweise schenkt uns das klare Bewußtsein, existentiell keine andere Wahl zu haben, ein tiefes Empfinden von innerer Freiheit.

Es ist schwierig, dieses auf den Kopf gestellte Universum zu betrachten, ohne von seiner Großartigkeit und Schönheit ergriffen zu werden. Wie kann alles so „richtig" sein, wenn es doch so „falsch" aussieht? Ein Zenmeister hat einmal erklärt: „Alle Dinge sind von Anfang an im Nirwana."

Erleuchtung ist kein Ergebnis einer Leistung; sie besteht einfach darin, die Wirklichkeit so zu sehen, wie sie ist. Tatsächlich ist Nirwana einfach das, was *ist*. Unser Leben lang haben wir es vor Augen gehabt, und doch erfassen das so wenige. Tatsache ist, daß das Leben zugleich beklagenswert und wunderbar ist. Wie anders können wir da noch reagieren, wenn uns diese humorvolle und absurde Schönheit des Lebens aufgeht, als in schallendes Gelächter auszubrechen? Auf den Todesschrei Jesu folgt das Osterlachen.

Zusammenfassend gesagt: Das Annehmen ist ein Schlüssel der Spiritualität. Das Annehmen unserer existentiellen Bedingung, keine andere Wahl zu haben (in dem Sinn, daß es sehr vieles im Leben gibt, was unserer Kontrolle entzogen ist), führt zu innerer Freiheit. Das Bejahen der Tatsache, in diesem Leben immer ungesichert zu sein, führt zu innerem Frieden. Das aufrichtige Annehmen des Todes als unvermeidlicher Tatsache läßt uns das Leben intensiver erfahren. Diese Zen-Weisheitslehren finden sich auch in der Lehre Jesu. Sie wirken in einer Art Umkehrlogik.

Eine der tiefsten Wahrheiten des Mahayana-Buddhismus lautet, Nirwana sei Samsara (die geplagte Welt). Hui Neng, der berühmte sechste Patriarch des Zen, sagte, es sei völlige Dummheit, das Nirwana außerhalb des Samsara zu suchen. Die gleiche Wahrheit kommt auch in der christlichen Darstellung der Inkarnation wunderbar zum Ausdruck: Gott steigt herab, um hinaufzusteigen. Es gibt keinen Aufstieg ohne Abstieg. Wir müssen erkennen, daß es in Zen und im Christentum nicht um zwei verschiedene Geschichten geht, sondern letztlich um ein und dieselbe, nur in unterschiedlicher Sprache.

SECHSTES KAPITEL

Auch die Hölle ist Gegenwart

Kehrt um! Das Reich Gottes ist nahe.
JESUS

Das Paradies ist dir näher als die Riemen deiner Sandalen;
und genauso das Feuer.
MOHAMMED

Wenngleich die übereinstimmende Meinung besteht, daß die Hölle ein schrecklicher Ort sein muß, hat es der Geist des Menschen dennoch fertiggebracht, eine bunte Vielfalt anschaulicher und unterhaltsamer Geschichten über sie zu erfinden. Sprechen wir also jetzt von Feuer, Würmern, Ungeheuern und den Geheimnissen der Hölle! Aber geben Sie nicht die Hoffnung auf, denn diese Geschichte hat ein überraschendes Ende.

Eine der berühmten touristischen Sehenswürdigkeiten in Hongkong ist das Fu-und-Po-Haus, in dem viele lebendige Zeugnisse der chinesischen Folklore zu sehen sind, unter anderem verschiedene Zeichnungen, auf denen die achtzehn Stufen der Hölle dargestellt werden. Diese Zeichnungen durchzublättern, ist ein haarsträubendes Erlebnis, denn alle nur erdenklichen grausigen Einzelheiten finden sich hier: Menschen, die bei lebendigem Leib gehäutet oder in siedendem Öl gekocht werden . . . Ich habe mich immer gefragt, warum es nicht auch entsprechend detaillierte Abbildungen der Freuden des Himmels gibt. Tatsächlich wird der Himmel, wenn überhaupt, gewöhnlich als unendlich friedlicher Ort dargestellt und ohne diesen Realismus, in dem die Höllendarstellungen schwelgen. Alan Watts hat ein ähnliches Prinzip in der christlichen Ikonographie festgestellt:

„Die christliche Bilderwelt ist sehr vage bezüglich der Herr-lichkeiten des Himmels und erstaunlich spezifisch bezüglich der Todesqualen der Hölle. Bilder von Menschen im Himmel sind konstant ernst und langweilig, während die Hölle als bro-delnde Orgie dargestellt wird."[57]

In seinem Buch *The Great Divorce* schrieb C. S. Lewis über eine Gruppe von Menschen in der Hölle, denen die Möglichkeit ge-schenkt wurde, einen Ausflug in den Himmel zu machen. Sie emp-fanden den Himmel zwar als wunderschöne Landschaft, kehrten aber doch lieber wieder in die Hölle zurück. Bei einem Wettbewerb um die größere Beliebtheit würde der Himmel verlieren, denn: im Himmel gibt es kein „Vergnügen"; die besagten potentiellen Emigranten hielten die dort herrschende Langeweile nicht aus. Während im Himmel überall Liebe und Gleichheit betont werden, dreht sich in der Hölle alles um Konkurrenz und um das Ich. So erscheint den meisten Menschen die Hölle als der interessantere Ort, weil dort das Ego seine Befriedigung finden kann. Lewis be-schrieb die Hölle wie folgt:

> „Die Hölle ist ein Zustand, in dem jeder ständig auf sein eigenes Ansehen und Fortkommen bedacht ist, wo jeder unter irgend-etwas leidet, und wo jeder die tödlichen Leidenschaften von Neid, Selbstüberschätzung und Abneigung gegen andere aus-lebt."[58]

Die Hölle ist ein „ernsthaftes" Unternehmen. Dort geht es um das persönliche Ansehen, das eigene Vorankommen, die Wichtigkeit und die Befriedigung des Ego. Der Himmel stellt keine ernsthafte Konkurrenz für sie dar, denn er hat derlei „Bonbons" nicht zu bieten. Zweifellos sind die meisten Menschen unbewußt eher von der Hölle fasziniert. Mag sein, daß es deshalb in unserer Welt so schlimm zugeht.

Der wichtigste Aspekt daran ist: Wer in der Hölle ist, *wählt es,* dort zu sein. Lewis bietet folgenden Grund für diese bevorzugte Wahl:

> „Ich bin zu glauben bereit, daß die Verdammten in gewisser Hinsicht erfolgreich sind; es sind Rebellen bis ans Ende. Und

ich glaube, daß die Pforten der Hölle *von innen* verschlossen sind. Damit möchte ich nicht bestreiten, daß die Geister der Verdammten nicht den Wunsch hätten, der Hölle zu entkommen, auf jene vage Weise, in der ein neidischer Mensch glücklich zu sein ‚wünscht'; aber sicherlich wollen sie nicht einmal die ersten vorbereitenden Schritte zu jener Selbstaufgabe hin tun, mittels derer allein die Seele irgendetwas Gutes erreichen kann. Sie genießen für immer die schreckliche Freiheit, die sie gewollt haben."[59]

Jean Paul Sartre schrieb die Geschichte dreier Menschen, die starben und in die Hölle abstiegen. Zu ihrer Überraschung fanden sie in der Unterwelt kein einziges Folterwerkzeug. Erst allmählich kamen sie dahinter, daß sie füreinander zu Hölle werden sollten. Sartre sagt: „Die Hölle, das sind die anderen."

Das hört sich zwar alles ganz geistreich an, enthält uns aber das entscheidende Geheimnis vor: daß die Hölle bereits jetzt Wirklichkeit ist.

Das erste Geheimnis der Hölle lautet: sie existiert im Hier und Jetzt. Es ist kein Scherz und mag nicht unmittelbar einleuchten, aber sind wir erst einmal mit unseren Überlegungen über das Reich Gottes zu Ende gekommen, braucht nur noch wenig über die Hölle gesagt zu werden. Denn die Hölle ist einfach das *Gegenstück* zum Himmel. Mit anderen Worten: Sie ist all das, was außerhalb des Reiches Gottes ist. Traditionellerweise stellt sich das Christentum Himmel und Hölle als zwei sich gegenseitig ausschließende Wirklichkeitszustände vor. Diese Zweiteilung hat zwar ihre Schwächen, hilft uns aber zur Vereinfachung unserer Begriffsbestimmung.

Sowohl Himmel wie Hölle lassen sich in der Gegenwart finden. Jesus und auch Johannes der Täufer haben das Wort „Das Reich Gottes ist nahe" gebraucht, um damit anzuzeigen, daß es sich bei diesen beiden polaren Wirklichkeiten um innere Wirklichkeiten handelt. Doch von allen spirituellen Lehrern spricht Mohammed am ausdrücklichsten darüber. Denn er erklärte: „Das Paradies ist dir näher als die Riemen deiner Sandalen; und genauso das Feuer."

Gewiß ist uns nichts näher als unser eigener Geist! Ob wir Himmel oder Hölle erfahren, ist eine Frage unserer inneren Einstellung und Werte. C. S. Lewis betrachtet das Loslassen seiner selbst (die Auslieferung an Gott) als den entscheidenden Faktor. In der Sprache des Zen wird dies als „gütiger Umgang mit dem Leben" bezeichnet, womit eine positive Einstellung gegenüber dem, was ist, gemeint ist, wie dies die folgende Geschichte illustriert: Zwei Handlungsreisende erhalten den Auftrag, den Leuten in einer unzivilisierten Gegend Schuhe zu verkaufen. Der eine klagt, das sei doch ein schier unmögliches Unterfangen, da hier alle seit eh und je barfuß gehen würden. Der andere dagegen ist über diese einmalige Gelegenheit hell entzückt, weil ein Volk ohne Schuhe Rekordumsätze verspricht.

Das zweite Geheimnis der Hölle lautet: Anders als nach landläufiger Meinung ist sie kein Ort ewiger Qualen. Der Begriff einer ewigen Hölle ist schrecklich. C. S. Lewis wies darauf hin, daß die Lehre von der Hölle „einer der Hauptgründe ist, weshalb das Christentum als barbarisch angegriffen und die Güte Gottes bezweifelt wird".[60]

Es braucht nicht eigens gesagt zu werden, daß der Begriff einer endgültigen Verdammung mit der Wahrheit der unendlichen Liebe Gottes unvereinbar ist. Es ist eine Gotteslästerung, punktum. Wenn C. S. Lewis die Hölle als einen Ort mit offen Pforten beschreibt, erscheint mir dies glaubwürdiger. M. Scott Peck vertritt eine ähnliche Meinung:

„Meine Sicht der Hölle ist entschieden die gleiche wie die von Lewis. Die Pforten der Hölle stehen weit offen. Die Menschen können aus ihr herausgehen. Der Grund, weshalb sie in der Hölle sind, ist der, daß sie sich entschieden haben, nicht herauszugehen . . . Ich kann eine Vorstellung von der Hölle einfach nicht akzeptieren, derzufolge Gott hoffnungslose Menschen bestraft und Seelen ohne jede Chance auf Erlösung vernichtet. Sie/Er würde sich doch nicht die Mühe machen, Seelen in ihrer ganzen Kompliziertheit zu erschaffen, nur um sie schließlich schmoren zu lassen."[61]

Jesus sprach vom ewigen Leben, aber nie vom ewigen Tod. Es scheint, daß der Mythos einer endlosen Hölle aus der Verbindung einer rachsüchtigen Geisteshaltung mit dem allgemeinen Unvermögen hervorgegangen ist, sich poetisch und literarisch angemessen auszudrücken. Der springende Punkt ist dabei die Unterscheidung zwischen Ewigkeit und Unendlichkeit. Wie im 3. Kapitel schon dargelegt, ist Ewigkeit das Verschwinden der psychologischen Zeit, und nicht die unendliche Verlängerung der physikalischen Zeit. Paul Tillich sagt ähnlich:

> „Jedoch muß zwischen ewig und unendlich fortdauernd unterschieden werden. Ewigkeit als göttliche Lebensqualität läßt sich keinem Wesen zuschreiben, das verdammt und vom göttlichen Leben getrennt ist. Wo die göttliche Liebe endet, endet auch das Dasein; Verdammung kann nur bedeuten, daß das Geschöpf dem Nichtsein überlassen wird, das es gewählt hat . . . Spricht aber jemand von immerwährender oder endloser Verdammung, so meint er damit eine zeitlose Zeitdauer. Ein solcher Begriff ist ein Widerspruch in sich."[62]

Damit liegt der Kern des Problems im landläufigen Verständnis von Ewigkeit als endlos verlängerter Zeitdauer. Wahrscheinlich ist unsere übliche Vorstellung, Himmel und Hölle verliefen auf der Zeitlinie parallel nebeneinander endlos weiter, ein Irrtum. C. S. Lewis bemerkt zu dieser Höllen-Geometrie: „Daß die verlorene Seele in Ewigkeit auf ihre teuflische Haltung fixiert bleibt, können wir nicht bezweifeln; aber ob dieses ewige Fixiertsein endlose Fortdauer – oder überhaupt Fortdauer – bedeutet, können wir nicht sagen."[63] Wie schon gesagt, existiert das Reich Gottes im Augenblick. Wenn nun die Hölle all das ist, was außerhalb des Reiches Gottes ist, legt sich der logische Schluß nahe, daß auch sie im ewigen Jetzt existiere.

Das dritte Geheimnis der Hölle lautet: sie ist das Ergebnis unseres Denkens. Satan, der Oberteufel, möchte uns darüber im unklaren lassen, daß die Hölle ganz bescheiden entsteht. Sie beginnt mit dem scheinbar unschuldigen Gedanken: „Ich möchte das gleiche Vergnügen auch morgen haben." Diesem kleinen Gedanken entspringt die gesamte Hölle. Angst kommt auf. Im Bemühen, uns unser Vergnügen zu sichern, versuchen wir, die Gegenstände unseres Begehrens in unseren festen Besitz zu bringen. Dabei versuchen wir mit allen Mitteln, diejenigen auszuschalten, die unsere Chance, auch morgen dieses Vergnügen zu haben, schmälern könnten. So setzt ein Kreislauf von Angst, Haß und Gewalttätigkeit ein. Das ist der Ursprung von Verleumdung, Hinterhältigkeit, Intrigen im Büro, Raub und Mord.

So ist die Hölle das Ergebnis davon, nicht im Augenblick zu leben. C. S. Lewis hat diese Einsicht in die Form eines Gesprächs zwischen zwei Teufeln gefaßt:

„Unser Werk geht darauf aus, sie (die Menschen) von der Ewigkeit und von der Gegenwart wegzulotsen . . . Viel besser ist es, sie in der Zukunft leben zu lassen. Aus biologischer Notwendigkeit gehen alle ihre Leidenschaften bereits in diese Richtung, so daß der Gedanke an die Zukunft Hoffnung und Furcht weckt. Und da sie ihnen unbekannt ist, hängen sie unwirklichen Dingen nach, wenn wir ihre Gedanken an die Zukunft fesseln. Mit einem Wort: die Zukunft kommt am *wenigsten* der Ewigkeit gleich. Sie ist der zeitlichste Teil der Zeit . . . Darum wurzeln fast alle Laster in der Zukunft. Die Dankbarkeit schaut in die Vergangenheit und die Liebe auf die Gegenwart; Furcht, Habsucht, Lust und Streberei blicken auf die Zukunft."[64]

Fixieren wir unsere Aufmerksamkeit auf die Zukunft, ist unsere Angst endlos. Jesus schildert die Hölle als den Ort, „wo ihr Wurm nicht stirbt und das Feuer nicht erlischt" (Markus 9,48). Seine Bilder scheinen direkt dem Propheten Jesaja entlehnt:

„Dann wird man hinausgehen, um die Leichen derer zu sehen, die sich gegen mich aufgelehnt haben. Denn der Wurm in ihnen wird nicht sterben, und das Feuer in ihnen wird niemals erlöschen; ein Ekel sind sie für alle Welt" (Jesaja 66,24).

Die symbolische Natur dieser Beschreibungen wird aus diesem Abschnitt aus dem Alten Testament sogar noch deutlicher. Das Feuer und der Wurm finden sich nicht als äußere Folterinstrumente in der Hölle. Der Prophet Jesaja verwendete die Ausdrücke „das Feuer in ihnen" und „der Wurm in ihnen", um damit deutlich zu sagen, daß die Quelle des Leidens *innerlich* ist. Das Feuer der Hölle läßt sich, anders als alle anderen Feuer, nicht löschen, weil es im Inneren brennt. Solange wir nicht tief in die Psyche bis zur Quelle dieses Feuers vorzudringen vermögen, haben wir keine Möglichkeit, es zu löschen.

Ein ebenso zutreffendes Bild ist der „Wurm", denn ein Wurm frißt von innen. Er stirbt nicht, weil er seine Nahrung aus unserer

Innenwelt bezieht. Mit den hier genannten „Toten" sind die spirituell Toten gemeint, die unablässig von ihrer eigenen Gier, Lust, Wut und Eifersucht zerfressen werden und keinen Frieden finden. In den Augen derer, die spirituell lebendig sind, stellen sie eine einzige Tragödie dar. Denn sie leben wie Zombies, werden von ihren inneren Leiden gepeinigt und sind sich des Reiches Gottes in ihrem Inneren überhaupt nicht bewußt.

Auch Buddha hat zur Beschreibung der Lage des Menschen das Bild vom Feuer gebraucht. In seiner berühmten Feuerpredigt sagte er seinen Jüngern, das Auge, das Ohr, die Nase, die Zunge, der Körper und der Geist (für den Buddhismus sind es die sechs Sinne des Menschen) stünden in Flammen, entzündet vom Feuer der Gier, der Lust, des Hasses und der Täuschung.

Jesus als Zenlehrer findet am Makabren und Grotesken keinen Geschmack. Vergessen wir nicht, daß „Feuer" und „Wurm" Geschöpfe unseres Geistes sind.

Das vierte Geheimnis der Hölle lautet: Hölle entsteht aus Unachtsamkeit. Ein anderer Name für Hölle lautet „äußerste Finsternis". Ein Beispiel für seine Verwendung findet sich im Gleichnis vom königlichen Hochzeitsmahl:

„Jesus erzählte ihnen noch ein anderes Gleichnis: Mit dem Himmelreich ist es wie mit einem König, der die Hochzeit seines Sohnes vorbereitete. Er schickte seine Diener, um die eingeladenen Gäste zur Hochzeit rufen zu lassen. Sie aber wollten nicht kommen. Da schickte er noch einmal Diener und trug ihnen auf: Sagt den Eingeladenen: Mein Mahl ist fertig, die Ochsen und das Mastvieh sind geschlachtet, alles ist bereit. Kommt zur Hochzeit! Sie aber kümmerten sich nicht darum, sondern der eine ging auf seinen Acker, der andere in seinen Laden, wieder andere fielen über seine Diener her, mißhandelten sie und brachten sie um. Da wurde der König zornig; er schickte sein Heer, ließ die Mörder töten und ihre Stadt in Schutt und Asche legen. Dann sagte er zu seinen Dienern: Das Hochzeitsmahl ist vorbereitet, aber die Gäste waren es nicht wert (eingeladen zu werden). Geht also hinaus auf die Straßen und ladet alle, die ihr trefft, zur Hochzeit ein. Die Diener gingen auf die Straßen hinaus und holten alle zusammen, die sie trafen, Böse und Gute, und der Festsaal füllte sich mit Gästen. Als sie sich gesetzt hatten und der König eintrat, um sich die Gäste anzusehen, bemerkte er unter ihnen einen Mann, der kein Hochzeitsgewand anhatte. Er sagte zu ihm: Mein Freund, wie konntest du hier ohne Hochzeitsgewand erscheinen? Darauf wußte der Mann nichts zu sagen. Da befahl der König seinen Dienern: Bindet ihm Hände und Füße, und werft ihn hinaus in die *äußerste Finsternis*! Dort wird er heulen und mit den Zähnen knirschen. Denn viele sind gerufen, aber nur wenige auserwählt" (Matthäus 22,1–14).

Zu einem Hochzeitsmahl nicht in festlichem Gewand zu kommen, ist ein deutliches Zeichen der Unachtsamkeit. Es wäre irreführend, diese Geschichte wörtlich zu nehmen, denn wegen Nachlässigkeit bzw. Geistesabwesenheit wird niemand eingekerkert. Menschen mit mangelnder Achtsamkeit sind unempfindlich für die Wirklichkeit; sie werden höchstwahrscheinlich nie die Wahrheit sehen, die befreit. So erweist sich die „äußerste Finsternis" als das „Land des Halbschlafs", in dem diejenigen eingekerkert sind, die spirituell tot sind.

Achtsamkeit ist wesentlich, um ins Himmelreich einzutreten, denn sie ist die Grundlage spirituellen Erwachens, worauf auch das Gleichnis von den fünf klugen und fünf törichten Jungfrauen hinweist (vgl. Matthäus 25,1–13). Es macht deutlich, daß die Gelegenheit zur Erleuchtung plötzlich und unerwartet kommt. Aber während die Einfältigen mit leeren Lampen und leeren Händen dastehen, haben die Klugen ihre Lampen voll Öl. Viele Menschen verpassen die Gelegenheit zur Erleuchtung, weil sie nicht wachsam sind. Im Gleichnis vom königlichen Hochzeitsmahl waren viele, die die Festfreude verpaßten, ganz gewöhnliche Leute, die einfach zu sehr mit ihrem auf die Zukunft ausgerichteten Leben beschäftigt waren. Als sie eingeladen wurden, lehnten sie ab und machten sich wieder an ihre tägliche Arbeit. Wie die meisten Menschen meinten sie, es sei wichtiger, sich seinen Lebensunterhalt zu verdienen, als ein Fest zu besuchen und vergnügt zu sein. Mit anderen Worten, sie waren zu „ernst".

Das fünfte Geheimnis der Hölle lautet: Für die meisten Menschen ist „Hölle" der Normalzustand. In die Hölle kommt man nicht infolge eines Verbrechens. Tatsächlich sind die meisten Menschen in der Hölle unschuldig wie das Gleichnis von den zehn

Jungfrauen zeigt. Die einzige „Sünde" der fünf törichten Jungfrauen bestand darin, nicht auf Einzelheiten zu achten: sie hatten vergessen, genügend Öl in ihre Lampen zu füllen. Es wäre absurd, sie deshalb als „Verbrecherinnen" zu betrachten, die eine schwere Strafe verdient hätten. Die „äußerste Finsternis" ist kein physischer Kerker; sie ist für Jesus das dichterische Bild für den tragischen Zustand des Menschen, der die Freude des Himmels verpaßt, weil er einfach zu nachlässig, geistesabwesend ist oder seine Prioritäten falsch setzt.

Jetzt können wir auch verstehen, warum wir über die Hölle viel besser Bescheid wissen als über den Himmel. Die Hölle ist unser normaler Aufenthaltsort! Sie ist der Geisteszustand, in dem sich die meisten von uns befinden. Jesus sagt es selbst: „Viele sind gerufen, aber nur wenige auserwählt" (Matthäus 22,14). Wie viele von uns sind wirklich wach?

Das sechste Geheimnis der Hölle lautet: Die Hölle ist keine Strafe. Unser Leiden in der Hölle ist unserem eigenen Mangel an Achtsamkeit zuzuschreiben und nicht dem Zorn eines rachsüchtigen Gottes zu verdanken. Das Gleichnis vom Verlorenen Sohn veranschaulicht es:

„Ein Mann hatte zwei Söhne. Der jüngere von ihnen sagte zu seinem Vater: Vater, gib mir das Erbteil, das mir zusteht. Da teilte der Vater das Vermögen auf. Nach wenigen Tagen packte der jüngere Sohn alles zusammen und zog in ein fernes Land. Dort führte er ein zügelloses Leben und verschleuderte sein Vermögen. Als er alles durchgebracht hatte, kam eine große Hungersnot über das Land, und es ging ihm sehr schlecht. Da ging er zu einem Bürger des Landes und drängte sich ihm auf; der schickte ihn aufs Feld zum Schweinehüten. Er hätte gern seinen Hunger mit den Futterschoten gestillt, die die Schweine fraßen; aber niemand gab ihm davon. Da ging er in sich und sagte: Wie viele Tagelöhner meines Vaters haben mehr als genug zu essen, und ich komme hier vor Hunger um. Ich will aufbrechen und zu meinem Vater gehen und zu ihm sagen: Vater, ich habe mich gegen den Himmel und gegen dich versündigt. Ich bin nicht mehr wert, dein Sohn zu sein; mach mich zu einem deiner Tagelöhner. Dann brach er auf und ging zu seinem Vater. Der Vater sah ihn schon von weitem kommen, und er hatte Mitleid mit ihm. Er lief dem Sohn entgegen, fiel ihm um den Hals und küßte ihn. Da sagte der Sohn: Vater, ich habe mich gegen den Himmel und gegen dich versündigt; ich bin nicht mehr wert, dein Sohn zu sein. Der Vater aber sagte zu seinen Knechten: Holt schnell das beste Gewand, und zieht es ihm an, steckt ihm einen Ring an die Hand, und zieht ihm Schuhe an. Bringt das Mastkalb her, und schlachtet es; wir wollen essen und fröhlich sein. Denn mein Sohn war tot und lebt wieder; er war verloren und ist wiedergefunden worden. Und sie begannen, ein fröhliches Fest zu feiern" (Lukas 15,11–24).

Das „ferne Land", von dem hier die Rede ist, ist nichts anderes als die „äußerste Finsternis"; es ist die Zone des nicht Bewußten. Beachten wir, daß der Verlorene Sohn aus eigener Initiative in dieses „ferne Land" zog. Er wäre dort auch geblieben, wenn er nicht blitzartig zur Einsicht gekommen wäre, worauf er „in sich ging". Als er wieder daheimsein wollte, zögerte sein Vater keine Sekunde, ihn wieder willkommen zu heißen. Er sagte nicht zu ihm: „Langsam, junger Mann. Laß uns zunächst einmal miteinander abrechnen." Er stellte seinem Sohn keine peinlichen Fragen und grollte ihm nicht. Im Gegenteil: Der Vater *lief* seinem abtrünnigen Sohn entgegen, als er ihn von Weitem kommen sah, und noch bevor der Sohn ein Wort der Entschuldigung hatte sagen können.

Nein, die Hölle ist keine Folge der Strafe Gottes; sie ist das Ergebnis unserer Weigerung, Gottes Liebe im gegenwärtigen Augenblick anzunehmen. Der Theologe Paul Tillich stellt dazu fest:

„In Wirklichkeit läßt sich die begrenzte Freiheit nicht ins Einswerden mit Gott zwingen, weil das ein Einswerden der Liebe ist. Ein begrenztes Wesen kann von Gott getrennt werden; es kann dem Wiedervereintwerden endlos widerstehen; es kann in Selbstzerstörung und äußerste Verzweiflung verfallen; aber selbst das ist das Werk der göttlichen Liebe, wie die Inschrift so deutlich zeigt, die Dante (im III. Canto) über dem Eingang zum Tor der Hölle las. Die Hölle gibt es nur im engen Zusammenhang mit der göttlichen Liebe. Sie ist nicht die Grenze der Liebe Gottes. Einzig das begrenzte Geschöpf kann vorerst dieser Liebe eine Grenze ziehen."[65]

In diesem Sinn ist die Hölle unser eigenes Gemächte. Die orthodoxe christliche Theologie sagt, die Hölle sei ein Reflex unserer Freiheit, nämlich unserer Wahlfreiheit, mit Gott vereint oder von ihm getrennt zu sein. Die Hölle gibt es, weil Gott uns nicht zwingen kann, uns mit ihm zu vereinen. Das Wesen der Liebe ist Freiheit. Was erzwungen werden kann, ist Vergewaltigung und nicht Liebe. Die Hölle ist keine Strafe; sie ist ein Spiegelbild unserer Unfähigkeit zur Liebe.

Die Christen sagen Liebe, während die Zen-Leute von Weisheit *(prajna)* sprechen. Besteht zwischen beidem eine Verbindung? Die Brücke zwischen diesen beiden Welten dürfte im griechischen Wort *epiginôskein* liegen, das „tiefes Erkennen" bezeichnet, wodurch das Subjekt mit seinem Objekt vollkommen eins wird. Beim *epiginôskein* handelt es sich nicht um ein gewöhnliches Erkennen, weil es weit über die intellektuelle Erkenntnis hinausgeht. In seinem archaischen Sinn, wie es zum Beispiel in der Bibel verwendet wird, bedeutet es auch den Geschlechtsverkehr und die erotische Liebe: „Adam erkannte Eva, seine Frau; sie wurde schwanger und gebar Kain" (Genesis 4,1). Paul Tillich bemerkt darum: „Es kann sowohl Erkenntnis, als auch sinnliche Liebe bedeuten . . . Bei beiden Bedeutungen geht es um einen Akt des Einswerdens, ein Überwinden der Spaltung zwischen den Lebewesen."[66]

Von da her gesehen ist der Unterschied zwischen Zen und dem Christentum nur ein Unterschied in der Ausdrucksweise. Denn Erkennen ist Lieben. Gott lieben, heißt Gott erkennen, und Gott erkennen, heißt Gott lieben. Tillich sagt: „Vollständiges Erkennen läßt keinen Unterschied zwischen sich und der Liebe oder zwischen Theorie und Praxis zu."[67] Im Johannesevangelium ist von diesem besonderen Erkennen die Rede:

„Das wahre Licht, das jeden Menschen erleuchtet, kam in die Welt. Er war in der Welt, und die Welt ist durch ihn geworden, aber die Welt erkannte ihn nicht. Er kam in sein Eigentum, aber die Seinen nahmen ihn nicht auf. Allen aber, die ihn aufnahmen, gab er Macht, Kinder Gottes zu werden" (Johannes 1,9–12).

Johannes sagt, das wahre Licht sei in die Welt gekommen, aber die Welt habe es nicht erkannt. Die Sünde ist Ausdruck des Nicht-Erkennens, der Unwissenheit. Zweifellos. Wenn wir nicht erkennen, was wirklich gut für uns ist, gibt es auch keinen Grund, weshalb wir es tun sollten. Warum sollten wir uns vorsätzlich schaden?

Jesu Bezeichnung der Hölle als „äußerste Finsternis" trifft das sehr gut. Wir werden von unserer eigenen Unwissenheit eingekerkert und gepeinigt.

Zen-Leute sprechen fast nie von Hölle oder Sünde, weil das eigentliche Problem die Unwissenheit ist, vor allem die Unwissenheit über unsere wahre Identität. Hui Neng, der sechste Patriarch des Zen, sagte, das einzige, was er lehre, sei „das Sehenlernen der Natur des eigenen Selbst". Hier bekommt die Ermahnung „Erkenne dich selbst!" einen neuen Sinn.

Buddha erzählte in der Lotus-Sutra eine leicht abgewandelte Version des Gleichnisses vom Verlorenen Sohn. Er betonte stärker die Rolle, die die Unwissenheit beim Zustand des Menschen spielt. In dieser Geschichte geht der Sohn schon als kleiner Junge von daheim fort. Er wandert fünfzig Jahre lang von Ort zu Ort und lebt in bitterster Armut, obwohl sein Vater ein sehr vermögender Mann ist, der es an Reichtum mit einem König aufnehmen kann. Eines Tages kehrt dieser Verlorene Sohn unbeabsichtigt in die Stadt zurück, in der sein Vater lebt. *Da er so lange fort gewesen ist, kann er nicht einmal mehr seinen eigenen Vater erkennen.* Dem Vater ist klar, daß der Sohn ihm das gar nicht glauben würde, selbst wenn er es ihm sagen würde. Deshalb richtet er es so ein, daß sein Sohn den Posten des Türhüters seines Hauses bekommt und im Glauben lebt, nur ein Bediensteter seines Vaters zu sein. Das geht zwanzig Jahre so, bis der Vater entscheidet, jetzt sei der Zeitpunkt gekommen, dem Sohn die Wahrheit zu sagen. Erst da erhebt der Sohn Anspruch auf sein Erbe.

Was ist wirksamer: Einen einzusperren, sobald er irgendetwas stiehlt, oder ihn zur Einsicht bringen, daß er in Wirklichkeit ein Erbe ist, der auf einem Riesenvermögen sitzt? Unser nächstes Thema wird dementsprechend die Selbsterkenntnis sein.

Das siebte Geheimnis der Hölle lautet: sie ist eine Folge davon, daß wir nicht an den Sohn Gottes glauben. Im Johannesevangelium ist vom Verhältnis zwischen Glaube und Erlösung die Rede:

> „Denn Gott hat seinen Sohn nicht in die Welt gesandt, damit er die Welt richtet, sondern damit die Welt durch ihn gerettet wird. Wer an ihn glaubt, wird nicht gerichtet; wer nicht glaubt, ist schon gerichtet, weil er an den Namen des einzigen Sohnes Gottes nicht geglaubt hat. Denn mit dem Gericht verhält es

sich so: Das Licht kam in die Welt, und die Menschen liebten die Finsternis mehr als das Licht; denn ihre Taten waren böse. Jeder, der Böses tut, haßt das Licht und kommt nicht zum Licht, damit seine Taten nicht aufgedeckt werden. Wer aber die Wahrheit tut, kommt zum Licht, damit offenbar wird, daß seine Taten in Gott vollbracht sind" (Johannes 3,17–21).

Wir richten uns selbst, indem wir „an den Namen des einzigen Sohnes Gottes nicht glauben". Fundamentalisten verwenden diesen Satz oft, um zu begründen, weshalb wir „Jesus als unseren persönlichen Erlöser annehmen sollten". Nur ist dabei das Problem, daß sie oft nicht wissen, was mit dem Ausdruck „Sohn Gottes" gemeint ist. Tillich schreibt:

„Solche, die die Bibel buchstäblich nehmen, stellen einem oft die Frage, ob man glaube, daß ‚Jesus der Sohn Gottes war'. Die diese Frage stellen, meinen, sie wüßten, was der Begriff ‚Sohn Gottes' bedeutet, und das einzige Problem bestehe darin, ob man diese selbstverständliche Bezeichnung dem Menschen Jesus von Nazareth zuschreiben könne. Stellt man diese Frage so, dann läßt sie sich nicht beantworten, denn weder ein Ja noch ein Nein wäre falsch. Die einzig richtige Antwort auf diese Frage besteht in einer Gegenfrage, nämlich: Was meinst du damit, wenn du vom ‚Sohn Gottes' sprichst? Erhält man auf diese Frage eine buchstäbliche Antwort, dann muß sie als abergläubisch abgelehnt werden. Erhält man eine Antwort, die den symbolischen Charakter des Begriffs ‚Sohn Gottes' bestätigt, dann kann man miteinander darüber reden, was dieses Symbol genau bedeutet."[68]

Für Tillich ist der „Sohn Gottes" keine Person, sondern ein Symbol. Dieses Symbol, das man gelegentlich auch mit dem Begriff der Inkarnation umschreibt, stellt tatsächlich das Herzstück der christlichen Lehre dar. Die Crux daran ist nur, daß es sich hier um ein paradoxes Symbol handelt: der Sohn Gottes ist weder rein göttlich, noch rein menschlich, noch ein Zwitter (Halbgott und Halbmensch), sondern sowohl ganz Gott als auch ganz Mensch. Wer wenig Erfahrung im Umgang mit Paradoxen hat, kann damit nur sehr schwer etwas anfangen.

Das Unvermögen, mit diesem großen Paradox klar zu kommen, hat zu einer Fülle von Häresien geführt. Die beste Definition einer Häresie habe ich bei M. Scott Peck gefunden. Er sagt: „Eine Häresie entsteht meistens dann, wenn man sich mit einer Seite eines Paradoxes begnügt." Ein Beispiel für eine Häresie wäre, wenn man sagen würde, Jesus sei völlig göttlich gewesen und habe keine menschlichen Grenzen gekannt. Diese Häresie hat dem Christentum einen sehr schlechten Dienst erwiesen, weil sie eine große Distanz zwischen Jesus und uns gelegt hat. Peck erklärt, wie etwas derartiges passiert:

> „Die Christen, die sich dieser Häresie schuldig machten, waren religiös genügend gebildet, um von der paradoxen Wirklichkeit zu wissen, daß Jesus sowohl Mensch wie Gott war, aber sie setzten zu neunundneunzig Prozent auf seine Gottheit und nur zu einem Prozent auf seine Menschheit. Das führt dann zur Ausrede, man könne von uns nicht allen Ernstes erwarten, uns wie Jesus zu verhalten: Denn wir hier unten sind ja doch zu neunundneunzig Prozent bloß Menschen, und er steht hoch über uns, derart außer Reichweite, daß wir uns nicht als ihm gleich fühlen oder ihn nachahmen können."[69]

Dieses Problem stellt sich immer, wenn ein religiöser Führer vergöttlicht wird. Dann neigt man dazu, ihn über das normale Dasein hinauszuheben und seine praktische Bedeutung zu verkleinern. Viele von uns halten Jesus für eine Art Märchengestalt, ein Wesen, das über gewaltige übernatürliche Kräfte verfügt, alles, was es nur will, bewirken kann und nicht den normalen physischen, psychischen und spirituellen Grenzen unterliegt, an die ein normaler Mensch an allen Ecken und Enden stößt. Nach Tillich „wurde im Christentum viel Schaden dadurch angerichtet, daß man das Symbol ‚Sohn Gottes' buchstäblich verstanden hat."[70] Indem wir es im Übermaß vergöttlicht haben, ist aus einem der echtesten und mächtigsten Symbole des Christentums ein Zerrbild geworden.

Für mich ist „Sohn Gottes" eines der größten Koans Jesu, ein Koan, das uns nicht in Worten, sondern in der Gesamtheit des Lebens Jesu vorgestellt wird. Die große Herausforderung besteht darin, dieses gewaltige Koan so auszulegen, daß man es nicht verfälscht oder verharmlost.

Ich räume ein, daß es keine einfache Lösung dafür gibt. Mein Zugang dazu besteht darin, es als Symbol für die paradoxe Natur des Menschenwesens zu verstehen: einerseits verkörpert es Gottes Gottsein, voll ausgestattet mit Leben, Bewußtsein und der Möglichkeit, erleuchtet zu werden; andererseits ist es Teil der beschränkten Welt und von allen möglichen Schwächen und Grenzen ernsthaft behindert. An den Sohn Gottes zu glauben, bedeutet nicht, an die exklusive Göttlichkeit Jesu zu glauben. Vielmehr bedeutet es, die verborgenen Werte der Unvollkommenheit zu sehen, die dem Menschen so offensichtlich eigen sind. Es heißt, die „Vollkommenheit in der Unvollkommenheit" zu erkennen. Wollen wir über die mit dem Leben als Sterbliche verbundenen Schwierigkeiten hinauskommen, müssen wir lernen, diese Schwierigkeiten als Bestandteil unseres spirituellen Weges zu behandeln. Statt sie also als Hindernis zu betrachten, können wir sie dazu einsetzen, unser persönliches Wachstum zu beschleunigen. Der Apostel Paulus erklärt dieses Paradox so:

> „Damit ich mich wegen der einzigartigen Offenbarungen nicht überhebe, wurde mir ein Stachel ins Fleisch gestoßen: ein Bote Satans, der mich mit Fäusten schlagen soll, damit ich mich nicht überhebe. Dreimal habe ich den Herrn angefleht, daß dieser Bote Satans von mir ablasse. Er aber antwortete mir: Meine Gnade genügt dir; denn sie erweist ihre Kraft in der Schwachheit. Viel lieber also will ich mich meiner Schwachheit rühmen, damit die Kraft Christi auf mich herabkommt. Deswegen bejahe ich meine Ohnmacht, alle Mißhandlungen und Nöte, Verfolgungen und Ängste, die ich für Christus ertrage; *denn wenn ich schwach bin, dann bin ich stark*" (2. Korinther 12,7–10).

An den Namen des Sohnes Gottes glauben heißt an unsere *innere Göttlichkeit* glauben, ganz gleich, unter welchen Umständen. Es ist das Gegenteil von Selbstverachtung. Die Zenmeister geben diesem inneren Göttlichsein einen anderen Namen: Buddhanatur. Diese Buddhanatur ist der Keim unserer Erleuchtung. Sie steckt ohne Unterschied in allen Lebewesen.

Die Selbstverachtung ist ein größeres Problem, als man gemeinhin denkt. Tatsächlich könnten sich nur wenige von uns selbst so wirklich annehmen, wie sie sind. Zwar gilt es die Selbstsucht als

Krebsgeschwür zu meiden, was aber nicht heißt, daß damit die wahre Selbstliebe ausgeschlossen wäre. Es ist ein schwerer Fehler, Selbstsucht mit Selbstliebe gleichzusetzen, denn Liebe muß bedingungslos sein. Beweise für unseren Mangel an Selbstliebe gibt es zuhauf. Wie oft verfluchen wir uns selbst wegen kleiner Fehler und sagen: „Du Idiot", „Jetzt hast du wieder alles vermasselt", „Nie kriegst du etwas richtig auf die Reihe"? Ohne es zu merken, verurteilen wir uns durch Selbstverachtung zur Hölle.

Bei Paulus hatte die Selbstverachtung ein ungebührliches Maß angenommen. Er sagt: „Ich weiß, daß in mir, das heißt in meinem Fleisch, nichts Gutes wohnt; das Wollen ist bei mir vorhanden, aber ich vermag das Gute nicht zu verwirklichen" (Römer 7,18). Ständig wurde er von seinem inneren Konflikt gepeinigt: „Ich züchtige und unterwerfe meinen Leib, damit ich nicht anderen predige und selbst verworfen werde" (1. Korinther 9,27).

Die spirituelle Lehrerin und Autorin Marianne Williamson weist auf den inneren Zusammenhang zwischen Selbstverachtung und Gewalttätigkeit hin:

„Die emotionale Energie muß irgendwohin zielen, und die Selbstverachtung ist eine starke Emotion. Nach innen gerichtet, wird sie zu unseren persönlichen Höllen: Sucht, fixen Ideen, zwanghaftem Verhalten, Depression, Gewalttätigkeit in Beziehungen, Krankheit. Nach außen gerichtet, wird sie zu kollektiven Höllen: Gewalttätigkeit, Krieg, Verbrechen, Unterdrückung."[71]

An den Namen des Sohnes Gottes glauben, heißt uns annehmen, wie wir sind: empfindsame Lebewesen mit einem Herzen. Der erste Schritt zur Spiritualität besteht darin, an den Christus in uns zu glauben.

Das achte Geheimnis der Hölle lautet: die Hölle ist ein Teil des Himmelreichs. Zu Beginn dieses Kapitels sagte ich, die Hölle sei das Gegenstück zum Himmelreich. Das erweckt den Eindruck, Hölle und Himmelreich stünden einander getrennt gegenüber, was nicht stimmt. Kommen wir noch einmal auf das Gleichnis vom Verlorenen Sohn zurück: Ist es nicht seltsam, daß der Vater gar nicht versucht hat, seinen Sohn am Fortgehen zu hindern, und ihn nicht bestraft hat, als er zurückkam?

Eine Erklärung dafür ist, daß der Vater insgeheim den „kleinen Ausflug" seines Sohnes duldete, aus Liebe. In unserer Jugend spielen wir das Abenteuer und sind auf neue, aufregende Erlebnisse aus. Da wir unerfahren sind, machen wir natürlich Fehler und müssen gelegentlich schmerzliches Lehrgeld bezahlen. So bekam auch der Verlorene Sohn die Folgen seiner Leichtfertigkeit schmerzlich zu spüren. An einem Punkt seines Lebens kam er fast um vor Hunger und aß sogar von dem, was die Schweine fraßen. Fehler tun zwar weh, aber aus ihnen lernt man auch. Es wäre tatsächlich ein schwerer Fehler gewesen, wenn der Vater den Sohn gezwungen hätte, daheim zu bleiben und ihm dadurch die Gelegenheit zum Lernen und Weiterwachsen genommen hätte.

Das neunte und vielleicht wichtigste Geheimnis der Hölle lautet: Sie ist ein Spiel, erfunden von einem Gott, der Versteck spielt. Es kommt ganz entscheidend darauf an, dies zu verstehen, will man eine Antwort auf die Frage nach dem „Problem des Bösen" in der christlichen Theologie finden: Wenn Gott alles geschaffen hat und wenn er allmächtig ist, warum läßt Gott dann das Böse und das Leiden zu?

Zur Beantwortung dieser Frage müssen wir in den geheimsten Innenraum vordringen. Alan Watts bezeichnet das als die „inside information". Diese „inside information" steckt tief in den Werken der religiösen Weltliteratur, aber gewöhnlich sehr verschlüsselt und getarnt und folglich für den normalen Menschen nicht zu erkennen. Der oberflächliche Geist kann ihre Tiefe gar nicht erfassen, und der traditionell gesinnte Geist findet sie subversiv. Aber wenn wir wirklich den Sinn des Lebens kennenlernen wollen, bleibt uns keine andere Wahl, als dieses Tabu zu brechen: *das Tabu, das uns davon abhält, zu wissen, wer wir wirklich sind.*

Angenommen, Sie sind ein erleuchteter Großvater oder eine erleuchtete Großmutter und möchten an Ihre Enkelkinder eine bestimmte Weisheit weitergeben, die ihnen auf ihrem Weg durchs Leben helfen kann; was würden Sie ihnen da sagen? Alan Watts schlägt vor, wir sollten dazu einen Mythos erschaffen, der nicht unbedingt ganz exakt wahr sein muß, sich jedoch auf poetische Weise dazu verwenden läßt, unserem Leben einen Sinn zu geben. Wie sollen wir damit anfangen? In Anlehnung an die Mythologien unserer Welt und A. Watts erschaffe ich jetzt folgende Version eines „Geheimwissens":

„Im Anfang gab es nichts außer Gott. Gott war wie ein Kind: voller schöpferischer Ideen, er war verspielt, freute sich an lustigen Dingen und sprühte vor Leben. Es gab nichts, was Gott nicht hätte tun können. Was immer er wollte, wurde wirklich. Gott hatte nur ein ‚Problem‘: er hatte niemanden, mit dem er spielen konnte.

Um sein Alleinsein und seine Langeweile zu beheben, kam Gott auf eine geniale Lösung: Er erzeugte sich selbst Spielgefährten. Er zerteilte sich selbst in viele Stücke, aus denen du und ich und alle anderen wurden. Von außen gesehen, sind wir alle verschiedene und voneinander getrennte Wesen; aber unterhalb dieser vordergründigen Vielfalt sind wir alle eine einzige Wirklichkeit: Gott.

Nachdem er sich in viele Stücke aufgeteilt hatte, war Gott für sein Spiel bereit. Aber noch konnte er keine Freude am Spiel haben. Er mußte erst noch eines tun: Er mußte seine eigene Identität verstecken. So führte er sein eigenes Vergessen herbei und verlor sich selbst in die Welt hinein. Wie ein Kind beim Spielen nahm er alle möglichen Formen an und erlebte alle möglichen Abenteuer. Manche davon sind wie süße Träume, andere aber sind wie die schlimmsten Alpträume. Ja, sie können regelrecht gewalttätig und angsterregend werden. Auf diese Weise geht es in der Welt immer und immer weiter. Es ist der kosmische Tanz von *yin* und *yang*, Gut und Böse, Krieg und Frieden, Liebe und Haß, Freude und Schrecken, Tränen und Lachen. Aber ob glücklich oder traurig, beides ist *lila*, Gottes Spiel. Es ist Gottes Art, sich selbst zu unterhalten.

Das also ist die Verfassung des Menschen: Wir sind *die Gottheit, die sich selbst vergessen hat*. Wir sehen sehr hilflos aus, sind immer wieder Beute des Schicksals. Aber tief in unserem Innern sind wir Gott, der seine Allmacht versteckt, um immer wieder Situationen zu finden, in denen seine Schöpferkraft gefordert ist und zum Zug kommen kann. Wenn wir unsere wahre Identität vergessen, mögen wir weinen und in unserer selbsterschaffenen Hölle ‚mit den Zähnen knirschen‘. Aber im innersten Kern unseres Wesens bleibt eine Urerinnerung, die darauf wartet, wieder erweckt zu werden.“

Die Klage über das Leiden und andere Lebensprobleme hat deshalb im großen Gesamtzusammenhang gar keinen Sinn. Wer ist der Leidende und wer ist der, bei dem wir uns beschweren können, wenn wir alle Eines sind? Wie schon gesagt, sind wir der zum Verlorenen Sohn gewordene Gott, der sich seiner glücklichen Selbstaufgabe erfreut! Es gibt niemanden, bei dem wir uns beschweren könnten und nichts, worüber wir uns beschweren könnten, denn wir sind das Alles. Genau deshalb hat Jesus ausgerufen: „Ich bin der Weg und die Wahrheit und das Leben!" (Johannes 14,6). Damit wir diese Aussage nicht falsch deuten, hat er auch gesagt, er sei der Hungernde auf der Straße, der Nackte ohne Kleider, der Kranke im Bett, der Sträfling im Gefängnis. Jeder, jede von uns ist nämlich wie ein Spiegel, der die gleiche Wirklichkeit reflektiert. J. Krishnamurti hat deshalb gesagt: „Du bist die Welt."

Mitten in politischen Unruhen suchte ein japanischer General bei einem Zenmeister Rat. „Gibt es einen Weg, ohne Kampf zu gewinnen?", fragte der General. Der Meister erwiderte:

„Die Welt ist ein Traum; nur ist sich der Träumende dessen nicht bewußt. Wenn wir mit anderen kämpfen, ist dieser Kampf eine Illusion. Wo ist der Feind, wenn wir aufwachen? Wenn wir folglich die Welt als wirklich behandeln, dann deshalb, weil wir träumen, ohne es zu wissen. Als Träumende sind wir froh, wenn wir gewinnen, jedoch traurig, wenn wir verlieren. Wenn wir aber nur in einem dualistischen Traum kämpfen, welchen Sinn hat es dann, froh oder traurig zu sein? Das Kämpfen im Traum muß ein Ende haben. Löse dich also von den Illusionen, du seist am Gewinnen, Verlieren und Kämpfen!"

Die meisten von uns finden es allerdings schwierig, aus dem Traum zu erwachen. Selbst das ist vielleicht gar nicht so schlimm. Alan Watts nennt den Grund dafür:

„Wenn nun Gott Verstecken spielt und so tut, als sei er du und ich, macht er das so gut, daß er lange dazu braucht, bis er sich wieder erinnert, wo und wie er sich versteckt hat. Aber das ist ja gerade der Spaß an der Sache und das, was er tun wollte. Er möchte sich selbst nicht zu schnell finden, denn das würde das ganze Spiel verderben."[72]

Zen bejaht nicht und verneint nicht. Damit wir nicht vorschnell alle „Illusionen" unseres Lebens beiseite schieben, müssen wir bedenken, daß es, logisch gesprochen, genau das gleiche ist, ob man sagt: „alles ist illusorisch" oder „alles ist (genau gleich) wirklich". Wenn letztlich Gott hinter allen Dramen steckt, was ist dann der Unterschied zwischen Traum und Wirklichkeit? Ein bekannter Kunstkritiker und Zen-Anhänger äußerte einmal gegenüber R. H. Blyth, es gebe in der abendländischen Kunst oder Literatur kein Zen, weil es das Wort selbst in keiner europäischen Sprache gebe. Blyths Antwort lautete:

> „Die östliche Zen-Kunst stellt immer *satori*, die Erleuchtung dar . . . die westliche Zen-Kunst dagegen führt uns sehr oft *mayoi (maya)* vor Augen, Illusion, Unentschlossenheit, den gespaltenen Geist, das unstillbare Begehren des Faust und des Hamlet . . . Sollte dies sowie anderes dieser Art den japanischen Zen-Leuten seltsam vorkommen, so sollten sie sich an die schwierigste Lehre des Zen erinnern, daß Illusion Erleuchtung *ist* und Erleuchtung Illusion *ist*."[73]

Wenn die Welt ein göttliches Spiel ist, scheint alles gut zu sein. Tatsächlich ist genau das der Schluß, zu dem König Ödipus im hohen Alter kommt, trotz der vielen Prüfungen und Plagen seines Lebens.

Demnach besteht darin unser Lebensauftrag: Wir sollen gute Spieler sein, indem wir das annehmen und leben, was uns der jeweilige Augenblick bietet. Wenn es überhaupt ein Rezept für das Glück gibt, dann muß es das sein. Letztlich sind wir in einer tiefen Schicht selbst die Autoren unseres Drehbuchs und zugleich auch die Darsteller unseres Stücks.

SIEBTES KAPITEL

Der Glaube

Das Himmelreich ist in euch.
JESUS

Die Religion findet sich nicht in den Tempeln und Klöstern;
man muß sie in den Herzen der Menschen finden . . .
Vielleicht müssen wir eines Tages die Tempel und Klöster
zerstören, um die Religion zu retten.
DER VIERZEHNTE DALAI LAMA

In Taiwan gibt es einen „Tempel der zerschlagenen Götter". Ein mitfühlender buddhistischer Mönch hat ihn als Heiligtum für die „Götter", die die Leute aufgegeben haben, eingerichtet. Bei vielen dieser „Götter" handelt es sich um Statuen chinesischer Volksgötter; einige sind Darstellungen der buddhistischen Bodhisattvas (erleuchteten Lebewesen), andere Abbildungen taoistischer Unsterblicher. Alle diese „zerschlagenen Götter" teilen das gleiche erniedrigende Schicksal, mißhandelt und auf den Abfallhaufen geworfen worden zu sein. Sie sind ein anschauliches Zeugnis dafür, wie häßlich der „Glaube" werden kann, wenn er zum Ausdruck des Ego wird.

Wie schon gesagt, neigen die Chinesen zum Abergläubischen und Materialistischen. Der breiten Bevölkerung war das religiöse Gefühl im abendländischen Sinn immer fremd. Viele Chinesen wenden sich aus rein pragmatischen Gründen an ihre „Götter": um die Zukunft zu ergründen, Segen in weltlichen Anliegen zu erhalten, geheilt zu werden, Schutz vor bösen Geistern zu erfahren usw. Es geht ihnen nicht sosehr um die Verehrung ihrer Götter, sondern um den Versuch, sie für ihre Zwecke zu benützen. Bevor zum Beispiel ein Spieler in die Spielhölle geht, begibt er sich vielleicht in den Tempel und bittet seinen Gott darum, zu gewinnen. Genau genommen hat das die Form eines Handels: Für den Fall, daß der Gott ihm Segen schenkt, verspricht er ihm ein großes Opfer. Verliert er aber, dann wehe . . . Im „Tempel der zerschlagenen Götter" ist zu sehen, was dann passiert: dort finden sich enthauptete Götter, Götter mit einem abgeschlagenen Arm und Götter, die durch einen wütenden Hieb zweigeteilt wurden . . .

Ich selbst bin in Hongkong mit diesem kulturellem Hintergrund aufgewachsen, was mich allergisch für solchen „Glaubenshandel" gemacht hat. Lange Zeit sah ich im „Glauben" nur noch zweierlei Dinge: *kaschierte Habgier oder kaschierte Angst*. Der Chinese mag ein extremer Fall sein, aber man muß wohl fairerweise sagen, daß es in jeder Religion eine Spur von „spirituellem Materialismus" gibt: in den Volksreligionen, im Buddhismus, Taoismus, Islam und Christentum gleichermaßen. Wenn es dabei überhaupt einen Unterschied gibt, dann höchstens einen graduellen.

Ich bin als Anglikaner aufgewachsen. Als Kind wurde ich zwar getauft, aber nie konfirmiert. Meine christlichen Bekannten sind meistens Baptisten mit einem starken Hang zum Evangelikalen. Wenn ich mit ihnen näher zu tun habe, spüre ich in ihrem Glauben ein finsteres Element: die Angst. Ein Freund, der Christ ist, sagte einmal mit ernstem Gesicht zu mir: „Ken, wenn du nicht Jesus Christus als deinen persönlichen Erlöser annimmst, bist für das Feuer der Hölle bestimmt. Du magst stark bezweifeln, ob es nach dem Tod überhaupt eine Hölle gibt; aber warum gehst du das Risiko ein? Es kostet dich doch nichts, an Jesus zu glauben."

Solch ein Argument bezeichne ich als Einladung zur „kostenlosen Lebensversicherung". Ich glaube aber nicht, daß Gott ein Wunschbrunnen oder der Vertreter einer kostenlosen Lebensversicherung ist. Karl Marx hat die Religion als „Opium des Volkes" bezeichnet. Als "Opium" verwenden viele tatsächlich ihren Glauben: zum Zweck des Trostes oder um das vage Gefühl zu haben, gesegnet oder behütet zu sein und jemanden zu haben, der sich um uns sorgt.

Wenn wir darunter den „Glauben" verstehen, dann hat uns Jesus einiges Neue zu sagen: „Denkt nicht, ich sei gekommen, um Frieden auf die Erde zu bringen. Ich bin nicht gekommen, um Frieden zu bringen, sondern das Schwert" (Matthäus 10,34). Der

Zenmeister Hakuin sagte im gleichen Sinn: „Solltest du den Wunsch nach der großen Stille haben, so mache dich darauf gefaßt, weiße Perlen zu schwitzen."

Es gibt keinen „sanften" Weg zur Wahrheit. Entgegen der landläufigen Vorstellung ist wahrer Glaube mehr eine Herausforderung als ein Zufluchtsort.

Was ich als meinen christlichen Glauben betrachtete, gab ich mit etwa siebzehn Jahren auf, nicht ohne Angst und Zittern. Ich fand die Vorstellung, Gott als Krücke zu benützen, abstoßend und wollte lieber fest auf meinen eigenen Beinen zu stehen. Rückblickend sehe ich, daß die scheinbare Aufgabe meines „Glaubens" mir in Wirklichkeit den Weg für einen echten Glauben geebnet hat. Manchmal ist es notwendig, den alten Glauben niederzureißen, um den neuen aufbauen zu können: „Niemand setzt ein Stück neuen Stoff auf ein altes Kleid; denn der neue Stoff reißt doch wieder ab, und es entsteht ein noch größerer Riß. Auch füllt man nicht neuen Wein in alte Schläuche. Sonst reißen die Schläuche, der Wein läuft aus, und die Schläuche sind unbrauchbar. Neuen Wein füllt man in neue Schläuche, dann bleibt beides erhalten" (Matthäus 9,16–17).

Was verschwinden muß, ist die Religion der Angst und Erwartung. Echter Glaube und der Kult der Unsicherheit vertragen sich einfach nicht miteinander.

Uns vom falschen Gott zu entwöhnen, ist schmerzhaft genug, aber es ist nichts im Vergleich mit der Qual, mit der Schattenseite Gottes zurecht zu kommen. Mit fünfzehn, sechzehn las ich das Buch Ijob und war darüber entsetzt, wie Gott bei seiner Wette mit dem Teufel Ijob behandelte. Ijobs Protest hallte in meinem Geist wider: Warum müssen Unschuldige leiden? Warum gehen manche Böse straflos aus? Ist Satan nur ein anderes Gesicht, eine Maske Gottes? Ich erinnerte mich deutlich an einen ganz klaren Traum, in dem die Armee des Guten und die Armee des Bösen gegeneinander kämpften. Beide Mächte scheinen im Krieg miteinander zu stehen, und doch sind sie voll ineinander integriert: auf dem Bösen baut das Gute auf, auf dem Guten baut das Böse auf.

Erst viel später fand ich für mich die Lösung dieses Problems der Amoral Gottes. Ich mußte erst viele Jahre Zen und Taoismus üben, ehe ich imstande war, die Schönheit in dieser kreativen Spannung zu erkennen: wie das *yin* und das *yang*, das Gute und das Böse, die Kraft des Lebens und die Kraft des Todes intime Feinde sind, die zugleich kämpfen und Hand in Hand arbeiten, und wie ihr scheinbarer Kampf unser spirituelles Wachsen ermöglicht.

Was ist *Glaube*? Für mich ist Glaube wie das Zen: er entzieht sich jeder Definition. Immerhin können wir einige seiner Merkmale aufzeigen. Er ist eine Sache des Herzens und nicht des Kopfes. Er ist ein Phänomen der rechten Gehirnhälfte, nicht der linken. Der Glaube als solcher hat nichts mit Glaubensüberzeugungen, Dogmen, Credos oder Theologie zu tun. Der Glaube ist *existentiell* und nicht intellektuell; es geht dabei um Offenheit, Empfänglichkeit, Vertrauen und Liebe, nicht um Argumente und Beweise. Er enthält viele Zen-Elemente, darunter als hervorragendste die Güte, die Freiheit, den „Zauber des Alltäglichen" und den Mut. Paul Tillich spricht gern vom „Mut zum Sein". Das ist das Wesen des Glaubens: er hat mit dem Willen zu tun, sich zum Leben und seinem Gutsein trotz aller Zweifel, Schwierigkeiten und Leiden zu bekennen.

Dies mag nicht unmittelbar einleuchten, aber das Gebet des Herrn sagt uns viel darüber, was Glaube ist. Betrachten wir es einmal mit den Augen von Anfängern:

„Unser Vater im Himmel,
dein Name werde geheiligt,
dein Reich komme,
dein Wille geschehe
wie im Himmel, so auf der Erde.
Gib uns heute das Brot, das wir brauchen.
Und erlaß uns unsere Schulden,
wie auch wir sie unseren Schuldnern erlassen haben.
Und führe uns nicht in Versuchung,
sondern rette uns vor dem Bösen"
(Matthäus 6,9–13).

Es fällt auf, daß Jesus immer das Wort „unser" statt „mein" verwendet hat. Der Glaube hat nichts mit dem Ego zu tun. Im Vaterunser stehen zwar durchaus auch Bitten, doch ist ihre Reihenfolge wichtig. Die ersten drei Bitten beziehen sich überhaupt nicht auf individuelle Bedürfnisse; darin geht es um Gott, sein Reich und seinen Willen. Tatsächlich faßt die dritte Bitte das ganze Wesen des Glaubens Jesu zusammen: Dein Wille geschehe!

Die Botschaft ist eindeutig: Glaube ist eine Sache der *Auslieferung* und nicht eine Frage des Bittstellers. Gott ist nicht unser Diener, der immer auf dem Sprung ist, uns unsere Wünsche zu erfüllen. Gott ist auch kein Beschützer im üblichen Sinn. Das Vaterunser veranschaulicht recht gut den Grundsatz, den Jesus uns am Ende seiner Naturpredigt ans Herz gelegt hat: „Euch aber muß es zuerst um Gottes Reich und um seine Gerechtigkeit gehen; dann wird euch alles andere dazugegeben" (Matthäus 6,33). Einfacher gesagt: Glauben zu haben, heißt, Gott über sein eigenes Ich zu stellen. Jesus sagte zu den religiösen Profis: „Nicht jeder, der zu mir sagt: Herr! Herr!, wird in das Himmelreich kommen, sondern nur, wer den Willen meines Vaters im Himmel erfüllt" (Matthäus 7,21). Die Frage aller Fragen ist: Wie wissen wir, was Gottes Wille ist, und was nicht?

Ich habe über dieser Frage schlaflose Nächte verbracht; aber das ist überstanden. So kompliziert ist sie nämlich gar nicht. Gottes Willen zu tun, heißt einfach, unser Ego aufzugeben und das anzunehmen, was ist. Es heißt, dem Leben gegenüber eine *gewaltlose* Haltung einzunehmen: unsere Schwächen und Grenzen anzunehmen, dem Universum in Freundschaft zugetan zu sein, statt gegen es zu kämpfen, sowie zu akzeptieren, daß es Dinge gibt, die wir einfach nicht im Griff haben oder voraussagen können.

Der Glaube ist zwar keine Angelegenheit egoistischen Gewinnstrebens, aber er ist auch nicht einfach blinder Gehorsam. Glaube ist nur möglich, wenn die Freiheit zum Ungehorsam gegeben ist. Herkömmlicherweise stellen wir die Beziehung zwischen Gott und den Menschen als eine Beziehung zwischen König und Untertanen dar. In Wirklichkeit ist sie viel „demokratischer". Ein besseres Bild für die Beziehung zwischen Gott und Mensch ist das der *erotischen Liebe*, der Liebe zwischen Mann und Frau. Die Auslieferung oder Hingabe, die der Glaube verlangt, ist zarter und freiwilliger Natur. Thomas Merton sagt:

„Aber man darf dieses Element der Unterwerfung im Glauben nicht derart überbetonen, daß es so aussieht, als stelle es das ganze Wesen des Glaubens dar, und als genüge eine bloße lieblose, unerleuchtete, sklavische Unterwerfung des Willens unter die Autorität, um zum 'gläubigen Menschen' zu werden. Wird dieses Willenselement zu stark betont, dann wird der Unterschied zwischen vernunftmäßigem Glauben und reinem Gehorsam verwischt. In bestimmten Fällen kann das sehr unge-sund sein, denn wenn dabei tatsächlich kein Glaubens*licht* im Spiel ist, keine innere gnadenhafte Erleuchtung des Geistes, mit der man die vorgestellte Wahrheit *von Gott* annimmt und an sie sozusagen dank dieser göttlichen Zusicherung rührt, dann fehlt dem Geist unvermeidlich der wahre Friede, der übernatürliche Halt, der ihm gebührt. In diesem Fall liegt kein echter Glaube vor. Es fehlt das positive Element des Lichts. Es wird nur mit Gewalt der Zweifel unterdrückt, nicht jedoch mittels tiefen Glaubens das Auge geöffnet."[74]

Vielleicht können wir den Glauben besser verstehen, wenn wir ihn analog zur Sexualität sehen: Jesus sprach von Bräuten und dem Bräutigam. In seinem Gleichnis von den zehn Jungfrauen treten zehn Jungfrauen, aber nur ein Bräutigam auf, denn in den Augen Gottes ist jede Menschenseele eine Jungfrau. Ein kleines Mädchen mit einer besonderen Freundschaftsbeziehung zu Gott und einer erstaunlichen Gabe, tiefe spirituelle Wahrheiten sprachlich ausge-zeichnet zu formulieren, eröffnet uns diese „Lebenswahrheit" in seinem Gespräch mit Fynn, dem Jugendlichen, der es bei sich aufgenommen hat:

> „‚Fynn, ist Kirche Sex?'
> Ich schreckte auf, und zwar gewaltig!
> ‚Was meinst du damit: Ist Kirche Sex?'
> ‚Sie setzt dir Samen ins Herz und macht, daß etwas Neues wächst.'
> ‚Oh!'
> ‚Darum heißt es ‚Mister Gott' und nicht ‚Missis Gott'.
> Oh, wirklich?"
> ‚Ja, so könnte es sein. Könnte es sein.' Sie fuhr fort: ‚Ich glaube, Unterricht ist auch Sex.'
> ‚Das sagst du Miss Haynes lieber nicht.'
> ‚Warum nicht? Unterricht setzt dir etwas in den Kopf, und etwas Neues wächst in dir."[75]

Das ist die spirituelle Sexologie von Anna. Grundsätzlich spielen wir in unserer Beziehung zu Gott den weiblichen Part. Wir sind *yin* (das Weibliche) und können unser Glück nur in der Hingabe an

Gott finden. Letztlich ist Gott die Wirklichkeit. Wir können nicht gegen die Wirklichkeit ankämpfen, ohne uns selbst Leiden zuzufügen. Und unsere Hingabe an Gott muß mit Liebe, Erleuchtung und Begeisterung geschehen. Eine bittere Kapitulation ist kein echtes Annehmen und führt nicht zum Glück. Wahrhaft Liebende schenken sich einander in Freude. Erich Fromm hat darauf hingewiesen, daß der „aktive Charakter der Liebe . . . in erster Linie ein *Geben* und nicht ein Empfangen" sei"[76].

Als ich in der Mittelschule war, sagte mir mein Bibellehrer, unser einziger Zweck auf Erden bestehe darin, Gott zu verherrlichen. Das konnte ich damals nicht verstehen. Warum sollte unsere Beziehung zu Gott immer eine solche Einbahnstraße sein? Warum ist Gott ein solcher Despot? Erst viel später wurde mir klar, daß es in Wirklichkeit zwischen Gott und uns gar keinen „Interessenkonflikt" gibt: *Gott dienen macht uns selbst glücklich.* Andererseits schadet man sich selbst gewaltig, wenn man nur seinem Ego dient. Das Ego ist nämlich nie zufriedenzustellen, und das Begehren ist ein Faß ohne Boden. Wahres Glück ist solange unmöglich, solange wir diese Grundtatsache nicht einsehen.

Eine Parallele dazu bietet unsere heutige Mentalität. Wir lernen, das Leben als ein Gewinn- und Verlustspiel zu betrachten: Wenn andere verlieren, gewinne ich, und wenn ich verliere, gewinnen andere. In der Ich-Generation klingt „geben" immer wie ein Abstrich von sich selbst. Aber die Grundlehre jeder Spiritualität besagt, diese Sicht des Lebens als Gewinn- und Verlustspiel sei eine fatale Illusion. Um noch einmal auf das Bild von der erotischen Liebe zurückzukommen: Wirkliche Freude daran wird erst möglich, wenn beide Liebende einander bereitwillig ihren Leib und ihre Seele zur sexuellen Vereinigung überlassen. Je großzügiger und begeisterter sich jeder dabei hingibt, desto größer ist die Freude.

Bei anderen Ausdrucksformen der Liebe ist das Geben genauso wichtig: zwischen Freunden, zwischen Eltern und Kind, zwischen Fremden. Wer etwas hergibt, wird immer bereichert, vorausgesetzt, er tut es aufrichtig. Das bietet uns nämlich die Möglichkeit, uns als lebendige Wesen zu erweisen, unser kreatives Vermögen einzusetzen und unser Menschsein zu bestätigen. Beim Geben werden wir lebendiger, menschlicher und produktiver und gewinnen mehr Vertrauen in unsere eigenen Fähigkeiten. Der Zenmeister Seisetsu hat deshalb gesagt: „Der Geber sollte dankbar sein."

Eine sklavische Unterwürfigkeit unter Gott führt nicht zu echter Spiritualität. Der wirkliche Glaube äußert sich in einer *erleuchteten* Hingabe, wozu gehört, daß „sich das Auge des Herzens öffnet". Geschieht dies, befruchtet Gott die Seele des Menschen mit dem Heiligen Geist. Das chinesische Schriftzeichen für „Geist" ist das gleiche wie für „Same". Wie nahe die Sprache und Bilderwelt der Sexualität der Wirklichkeit des Spirituellen liegt, zeigt sich auch daran, daß einige gnostische Zweige des Christentums den Heiligen Geist als das „Göttliche Sperma" bezeichnet haben.

Neben der Hingabe enthält der Glaube auch die Elemente des gegenseitigen Vertrauens und der Intimität, wie das Wort Jesu deutlich macht: „Ich und der Vater sind eins." Wenn wir dem Universum grundsätzlich vertrauen, kann sich das entscheidend auf unser Glücklichsein auswirken. Betrachten wir dagegen unser Verhältnis zu „Allem, was Ist" als ständigen Konflikt, ergeben sich daraus ganz natürlich Depression und Daseinsangst. Ist unser Verhältnis zu „Allem, was Ist" grundsätzlich von Vertrauen und Offenheit geprägt, birgt es ein hohes Maß an Freude und Frieden. Der große Zenmeister Dogen hat gesagt: „Erleuchtet sein heißt, mit allen Dingen eng vertraut sein."

Vor allem ist der Glaube ein spontaner Ausdruck der Fähigkeit unserer Seele zum Lieben. Die Reife unseres Glaubens hängt von der Reife unserer Liebe ab. Erich Fromm hat darauf hingewiesen, daß die unreife Liebe sagt: „Ich liebe dich, weil ich dich brauche." Im Gegensatz dazu wird die reife Liebe nicht von Bedürfnissen getrieben; sie ist vielmehr ein Überfließen des eigenen inneren Reichtums und der Freude. Ein reicher Glaube hat genau wie die reife Liebe die Tendenz, *bedingungslos* zu sein. Als Jesus uns aufforderte, uns keine Sorgen um unser Leben, unsere Nahrung und unsere Kleidung zu machen, sprach er vom reifen Glauben. John A. Sanford, ein Analytiker der Jung-Schule und Episkopalpriester, faßt das Glaubensverständnis Jesu in folgende Sätze:

„Wenn Jesus vom Glauben spricht, spricht er von einer bestimmten Fähigkeit des Menschen, das Leben trotz allem, was es bringen mag, und selbst angesichts des Zweifels zu bejahen . . . Das hat wenig zu tun mit den formellen, intellektuellen Überzeugungen, die man hat. Sie können in Wirklichkeit sogar dem lebendigen Glauben im Weg stehen. Dagegen hat es viel zu tun mit der Beziehung zur eigenen Seele, denn die Seele mit ihrer Fähigkeit zum Lieben ist in Kontakt mit der grundsätzlichen Sinnhaftigkeit des Lebens und kann so den Glauben inspirieren."[77]

Im Zen entspricht dem Glauben die *Sanftheit*. Im 2. Kapitel legten wir bereits dar, daß echte Sanftheit kein Zeichen der Schwäche, sondern der inneren Stärke ist. Der Zenmeister Yuen Mun gebrauchte einmal die Redewendung „Jeder Tag ist ein guter Tag" zur Beschreibung des Zustands der Erleuchtung. Damit ist der glückliche Zustand gemeint, in dem man die Wirklichkeit völlig und unbedingt akzeptieren kann.

Die Anmut der Zen-Sanftheit verdeutlicht das folgende Gedicht des Zenmeisters Mumon:

„Die Blumenblüte im Frühling; der helle Mond im Herbst;
Die kühle Brise im Sommer; der weiße Schnee im Winter -
Wenn der Geist von nichts gehemmt ist,
Ist jede Jahreszeit eine herrliche Jahreszeit."

Die Sanftheit ist ein Ausdruck des Geistes, der auf nichts fixiert ist. William Blake leitete zur Freude des Loslassens an in seinem Gedicht „Eternity":

„He who bends to himself a Joy,
Does the winged life destroy;
But who kisses the Joy as it flies,
Lives in Eternity's sunrise."

„Wer die Freude sich erzwingt,
macht das Leben unbeschwingt;
Wer sie im Vorbeiflug küßt,
ahnt, was Ewigkeit wohl ist."
(Dt. Übers.: B. Schellenberger)

Die christliche Entsprechung zum *ungehinderten Geist* ist *das reine Herz*. Jesus sagte in den Seligpreisungen: „Selig, die ein reines Herz haben; denn sie werden Gott schauen" (Matthäus 4,8). Es versteht sich von selbst, daß man Gott nur im Zustand der Leere schauen kann, wenn das Herz nicht mehr blockiert ist von allen möglichen Anhänglichkeiten an materielle, sinnliche, psychische, intellektuelle und spirituelle Dinge. Hier sehen wir die große Übereinstimmung zwischen den Lehren Jesu und des Zen.

Es ist jetzt offensichtlich, daß der Glaube *weiblichen* Charakter hat. Doch obwohl es beim Glauben darum geht, die eigenen Fixierungen aufzugeben, haben viele „fromme" Leute den Glauben zum Zerrbild gemacht, nämlich zur größten aller ihrer Fixierungen. Sie klammern sich eisern an verschiedene Lehren, Verhaltensregeln und Bibelauslegungen und haben ihren Glauben dadurch in eine starre Rüstung gepackt.

Ein sicheres Anzeichen eines falschen Glaubens ist die militante Einstellung. Während echter Glaube sich durch Sanftheit auszeichnet, mit der er sich auf alle Bereiche des Lebens einläßt, ist falscher Glaube unschwer daran zu erkennen, daß er verbissen, unflexibel, paranoid und verzweifelt darauf aus ist, „recht" zu haben.

Weil falscher Glaube grundsätzlich etwas verkappt Paranoides an sich hat, neigt er stark zur Gewalttätigkeit. Viele religiöse Fanatiker werden von einem tiefen Gefühl der Unsicherheit umgetrieben. Bewußt oder unbewußt verspüren sie das Bedürfnis, sich an irgendein Machtsymbol zu klammern, um so ihren seelischen Frieden zu finden. Dieses Symbol kann alles mögliche sein: eine historische Persönlichkeit, bestimmte Heilige Schriften, religiöse Lehren, Glaubensbekenntnisse, ein sakraler Gegenstand. Ein Symbol zu haben, ist nicht schon an sich problematisch; problematisch wird es nur, wenn das religiöse Symbol zum Fetisch wird. Weil ihnen dieser Fetisch dann so viel bedeutet, greifen sie alles und jeden an, der diesen Fetisch in Frage zu stellen scheint. Die pathologischen Syptome eines falschen Glaubens sind wohlbekannt: er macht unfrei statt frei, stellt Barrikaden auf, statt Wege zu öffnen, indoktriniert, statt zu erleuchten. Fynn sagte darüber:

„Eine Leuchtreklame am Broadway fragte in riesigen roten Buchstaben: DO YOU WANT TO BE SAVED – MÖCHTEST DU ERLÖST WERDEN? Ich fragte mich, wie viele Menschen darauf wohl mit Ja antworten würden. Hätte da gestanden: DO YOU WANT TO BE SAFE – MÖCHTEST DU IN SICHERHEIT SEIN?, hätten sicher Millionen von Menschen gesagt: Ja, ja, ja, wir wollen in Sicherheit sein, und eine weitere Barrikade wäre errichtet worden. Wird die Seele sicher eingesperrt und geschützt, so kann nichts an sie herankommen und sie verletzen, aber sie kann auch nicht mehr ans Licht kommen. Erlöst werden hat nichts damit zu tun, ganz in Sicherheit gebracht zu werden. Erlöst werden, heißt, sich selbst ganz klar sehen, ohne farbige Brille, schutzlos, unversteckt; einfach sich selbst sehen."[78]

Echter Glaube heißt nicht, das Leben in der Festung eines Einsiedlerkrebses zu führen. Wir wissen, daß der Glaube vergiftet wird, wenn das *yin* der Sanftheit und Demut durch das *yang* der Härte, Überheblichkeit, Grausamkeit und des Hasses ersetzt wird.

Die Welt wird von Menschen terrorisiert, deren „Glaube" fehlgelaufen ist. Schon ein kurzer Blick in die Geschichte zeigt, wie viel menschliches Elend, Leiden und Blutvergießen daraus schon entstanden ist. Heutzutage wird in den meisten Teilen der Welt die destruktive Kraft eines pervertierten Glaubens dank der Trennung von Kirche und Staat einigermaßen in Grenzen gehalten. Trotzdem gibt es immer noch Religionskriege und verheerende religiöse Verirrungen.

Gleichwohl sollte man selbst jene nicht verteufeln, die religiösen Fanatismus, Unterdrückung, bigottes Wesen und andere Formen religiöser Intoleranz praktizieren, denn auch sie sind Opfer, nämlich ihrer eigenen Unwissenheit und Illusionen. Nehmen wir zum Beispiel die „Frommen" zur Zeit Jesu, die Schriftgelehrten und Pharisäer. Sie widmeten ihr ganzes Leben ihrer Religion. Obwohl sie ursächlich daran beteiligt gewesen sein dürften, Jesus ans Kreuz zu liefern, waren das keine bösen Menschen. Vielmehr waren es Menschen, die ihren Glauben mit verzweifelter Ernsthaftigkeit zu leben versuchten. Vor allem die Pharisäer waren hingebungsvolle Gesetzeseiferer, die sich alle Mühe gaben, jede kleinste Einzelheit des Gesetzes einzuhalten. In ihrem Bemühen und ihrer Hingabe waren sie zwar stark, doch fehlte es ihnen an Weisheit. Sie konnten nicht sehen, daß Spiritualität nichts mit einem sklavischen Kleben an der Form zu tun hat.

Die Gefahr des pervertierten Glaubens liegt darin, daß er selbstgerecht wird. Höchstwahrscheinlich waren die Schriftgelehrten und Pharisäer, die Jesus verfolgten, *ehrlich* davon überzeugt, Gott zu dienen, wenn sie die „Härcsien" ausrotteten, die Jesus verbreitete, und sie hielten sich für die Verteidiger des wahren Glaubens. Genau diese als starker Glaube verkappte Selbstgerechtigkeit ist besonders abwegig und destruktiv. Sie erlaubt es nämlich religiösen Fanatikern, zu tun, was sie wollen, ohne irgendein Gefühl der Scham oder Schuld dabei zu empfinden. Es ist erschütternd, mit anzusehen, wie Menschen, die sich so hingebungsvoll der Wahrheit verschrieben haben, schließlich damit enden, daß sie das genaue Gegenteil davon tun. Aber was mit Jesus geschah, das geschieht auch heute noch. Und es wird weiterhin geschehen, solange es die Illusion gibt, die Wahrheit sei etwas, das man besitzen und monopolisieren oder an das man sich krampfhaft hängen könne.

Von da her gesehen können wir verstehen, warum der Buddha das Thema der Wahrheit nie allzu „ernst" nahm. Nachdem er volle neunundvierzig Jahre gelehrt und gepredigt hatte, meinte er, er habe noch kein einziges wahres Wort gesprochen. Auch können wir verstehen, warum die Zenmeister gern Scherze über den Buddha und andere heilige Dinge machen. Ein berühmter Zen-Scherz lautet, man solle sich jedesmal den Mund sauberwischen, wenn man das Wort „Buddha" gesagt habe. Wem das unehrerbietig vorkommt, der sehe sich mit neuen Augen das dritte Gebot an: „Du sollst den Namen des Herrn, deines Gottes, nicht mißbrauchen" (Exodus 20,7).

Kein Sterblicher kann sich absolut sicher sein, ob er die Wahrheit kennt. *Wie* gehen wir vor, um unsere „Wahrheiten" zu verifizieren. Was sind die Kriterien? Wer verifiziert? Wer hat die letzte Autorität? Die Empiriker unter uns werden versuchen, ihre Wahrheitsfindung mittels empirischer Daten vorzunehmen. Aber sogenannte empirische Daten sind ein Produkt unserer eigenen Sinne und alles andere als narrensicher. Letzten Endes können wir die Welt nur über unseren subjektiven Geist wahrnehmen, und wir haben keinerlei Möglichkeit, genau zu sagen, wieviel Verzerrung, Filtern und „selektives Hören" bei diesem Wahrnehmungsprozeß mitgespielt hat. Das Grundproblem ist, daß wir über keine Möglichkeit verfügen, aus unserem eigenen System (unserem eigenen Geist) auszusteigen und von außen her zu sehen, was nun eigentlich wirklich vor sich geht. Genau wie ein Auge nicht sich selbst sehen oder den Prozeß des Sehens beobachten kann, so verfügen wir nicht über die Möglichkeit, zu sagen, in welchem Maß das, was wir für die Wirklichkeit halten, von unseren Genen, unserer Erziehung, unserer Kultur und unseren bisherigen Erfahrungen geprägt ist. Wir sind die Sklaven unseres subjektiven Geistes.

Die Welt wird von Menschen terrorisiert, die alle möglichen „Wahrheiten" verfechten. Ich zweifle gar nicht daran, daß sie redlich glauben, was sie vertreten, nur mache ich mir Sorgen darüber, daß es ihnen an Selbsterkenntnis fehlt. Der Buddha betrachtet das Unwissen als die Wurzel des Bösen. Dom Aelred Graham stellt fest:

> „Der ernsthaft nach der Wahrheit Suchende hat gewöhnlich bereits im Voraus entschieden, nach welcher Art von Wahrheit er Ausschau hält. Er ist darauf geeicht, bei seinem Suchen schließlich das zu finden, ‚was ich schon immer gedacht hatte'. . . . Mit der gleichen geistigen Disposition lesen wir Bücher und Zeitungen, die dann unsere Ansichten eher bestärken, als sie in Frage zu stellen; und genauso veranlaßt sie uns, Rat nicht bei einem unparteiischen kritischen Menschen, sondern bei einem gleichgesinnten Freund zu suchen."[79]

Damit soll nicht gesagt sein, daß es gar keine Wahrheiten gebe. Newtons Bewegungsgesetze, Einsteins Relativitätsgesetze sowie die Gesetze der Thermodynamik sind alles *relative* Wahrheiten; sie sind relativ zu unserem Wahrnehmungssystem, relativ zu unserem derzeitigen wissenschaftlichen Verständnis und relativ zu unserem subjektiven Geist. Ob sie in irgendeiner Zukunft überholt werden, weil sich unser Verständnis des Universums und unseres eigenen Geistes verbessert, ist eine Frage, die wir heute nicht beantworten können. Der Computer direkt vor mir sieht ganz wirklich und solid aus, aber wo wäre er, wenn es kein Menschenwesen gäbe, das ihn wahrnehmen könnte? Ist nicht die Form, in der er mir erscheint, von der Weise abhängig, wie mein Nervensystem gebaut ist und mein Geist Sinnesdaten verarbeitet? Wenn es sich so verhält, was ist dann „objektive Wirklichkeit"?

Soweit es um „absolute Wahrheiten" geht, ist es ein Akt der Arroganz und Ignoranz, zu sagen: „Ich weiß." Das einzige, was wir mit einem bestimmten Maß an Gewißheit sagen können, ist, daß wir die (absolute) Wahrheit nicht kennen. Der dritte Patriarch des Zen, Seng-t'san, gab den folgenden Rat:

„Es ist nicht nötig, nach der Wahrheit zu suchen.
Es genügt, einfach damit aufzuhören, sich an Meinungen zu klammern."

Ein von dem zeitgenössischen Zenmeister Seung Sahn veröffentlichtes Buch mit den Kerngedanken seiner Lehre trägt den Titel *Only Don't Know*, „Wisse einfach nichts". Ein Geist, der „einfach nichts weiß", ist lebendig und für unendlich viele Möglichkeiten offen, während ein Geist, der behauptet, alles zu wissen, verschlossen ist und stagniert. Meister Seung Sung sagt über seine Devise „Wisse nichts":

> „Ein Ich-weiß-nichts-Geist durchtrennt das Denken. Er ist vor dem Denken. Vor dem Denken gibt es keinen Arzt, keinen Patienten; auch keinen Gott, keinen Buddha, kein ‚Ich', keine Worte – überhaupt nichts. Dann werden du und das Universum eins. Wir bezeichnen das als Nichts-Geist oder Urpunkt. Manche Menschen sagen, es ist Gott oder die universale Energie oder das Glück oder das Verlöschen. Aber das sind nur Lehrworte. Nichts-Geist ist vor den Worten."[80]

Diese Rede vom Geist, der „nichts weiß", mag zu radikal und unchristlich wirken, aber Jesus hatte dafür sein eigenes Zen-Wort: über das Werden wie die „Unmündigen". Er erklärte, Gott habe „all das den Weisen und Klugen verborgen, den Unmündigen aber offenbart" (Matthäus 11,25). Das deshalb, weil die „Unmündigen" Meister im „Ich-weiß-nichts" sind. Oder haben Sie schon einmal einen Säugling erlebt, der starre Überzeugungen vertreten hätte?

Wenn Jesus vom „Geist der Unmündigen" spricht, scheint er damit einfach ein langes Erbe der Abwehr des Götzendienstes in der jüdisch-christlichen Tradition fortzuführen. Das Gegenteil von Glauben ist nicht Atheismus oder Agnostizismus; es ist der Götzendienst. Die Warnung vor dem Götzendienst ist das zweite der Zehn Gebote, das lautet: „Du sollst dir kein Gottesbild machen und keine Darstellung von irgend etwas am Himmel droben, auf der Erde unten oder im Wasser unter der Erde. Du sollst dich nicht vor anderen Göttern niederwerfen und dich nicht verpflichten, ihnen zu dienen" (Exodus 20,4–5). Der Götzendienst ist somit unter allen Umständen ein schwerwiegender Verstoß.

Die entscheidende Frage lautet daher: Warum verwahrt sich Gott so energisch dagegen, daß die Menschen sich ein Bild machen? Ist Gott jemand, der sich nicht gern abbilden läßt? Die Antwort ist in Wirklichkeit ganz einfach: Niemand hat Gott je gesehen. Gott kann man nicht sehen, weil er immer Subjekt ist und nie ein Objekt, Geist und nicht ein Etwas. Folglich bedeutet, ein Bild von Gott zu machen, zu behaupten, man wisse, wie er aussehe, und das wäre eine Lüge. Wird eine Lüge zum Gegenstand der Verehrung und der Anhänglichkeit erhoben, so führt dies unvermeidlich zu Leiden. Daher erweist sich die jüdisch-christliche Mahnung vor dem Götzendienst als Entsprechung zur buddhistischen Lehre von der Nichtanhänglichkeit. Mit dem Zen gesprochen, bestünde der Götzendienst darin, „den Finger, der auf den Mond zeigt, für den Mond zu halten".

Das erklärt, warum Jesus, der in den meisten Fällen sehr gütig und sanftmütig war, mit den Schriftgelehrten und Pharisäern so streng umging. Über sie äußerte er seine sieben Weherufe. Jesus kritisierte sie nicht deshalb, weil sie Heuchler gewesen wären, oder weil sie sich weigerten, ihn als ihren Messias anzunehmen, sondern wegen ihres Götzendienstes. Tatsächlich hatten die Schriftgelehrten die Heiligen Schriften zum Götzen gemacht, die Pharisäer das Gesetz. Jesus lehrte Zen, als er zu ihnen sagte: „Weh euch, ihr Schriftgelehrten und Pharisäer, ihr Heuchler! Ihr errichtet den Propheten Grabstätten und schmückt die Denkmäler der Gerechten" (Matthäus 23,29). Grabstätten und Denkmäler sind von sehr mäßigem spirituellem Wert; erstere können nur tote Körper enthalten, letztere können nur oberflächliche Schönheit erschaffen.

Worauf Jesus hinweist, ist eine *lebendige Wahrheit*, das heißt, eine Botschaft, die für den Betreffenden in einem bestimmten Augenblick seines Lebens von ungeheurer Bedeutung und tiefem Sinn ist. Als solche ist die Wahrheit von Natur aus eine Sache des Augenblicks und der Situation; man kann sie nicht in Worte, Gedanken und Begriffe einfrieren. Man kann sie auch nicht greifen oder sich an sie hängen. *Man muß sie leben* (das heißt, direkt erfahren), und zwar im ewigen Jetzt mittels der Übung der Achtsamkeit; einer Haltung, die wir von den kleinen Kindern lernen können.

In jedem Fall ist die spirituelle Wahrheit eine lebendige Erfahrung, die sich nicht wiederholen läßt.

Menschen mit einer westlichen Erziehung neigen zur Vorstellung, die Wahrheit sei etwas, was sich endlos über alle Zeit, Kulturen, Menschen und Ereignisse hinweg verallgemeinern lasse. Der Lackmustest für die Zen-Wahrheit ist ihre *jeweilige Situationsbedingtheit*: Wenn eine Wahrheit von wirklicher Bedeutung für den betreffenden Menschen sein soll, muß sie spezifisch für diese Person, diese Zeit und diese Situation sein. Macht man aus einer spirituellen Wahrheit ein allgemeines Prinzip, so lädt das offen zum Mißbrauch ein. Auf diesem Gebiet ist eine allgemeine, wiederholbare Wahrheit nutzlos! Wahrheit gilt für den Augenblick, und es bedarf eines wachen Geistes, sie zu erfassen.

Die frühen Christen waren in der Lehre über die Nicht-Anhänglichkeit so kreativ wie die asiatischen Zenmeister. Sprach Meister Seung Sahn über den „Ich-weiß-nicht-Geist", so sprach Paulus vom „Unbekannten Gott". Zu den Griechen in Athen sagte er: „Was ihr verehrt, ohne es zu kennen, das verkünde ich euch. Gott, der die Welt erschaffen hat und alles in ihr, er, der Herr über Himmel und Erde, wohnt nicht in Tempeln, die von Menschenhand gemacht sind" (Apostelgeschichte 17,23–24). Aus dem gleichen Grund sagte Jesus zur samaritischen Frau am Brunnen: „Gott ist Geist, und alle, die ihn anbeten, müssen ihn im Geist und in der Wahrheit anbeten" (Johannes 4,24).

Wie sieht Geist aus? Wollten wir diese Frage beantworten, so würden wir Wind haschen. Denn mit „Geist" meint Jesus den unbekannten Gott. Leider sind diese wiederholten deutlichen Aussagen weithin unbeachtet geblieben, und die Menschheit fabriziert weiterhin ihre Götzenbilder. Bischof John Shelby Spong sagte uns, als einer der größten Götzen der Geschichte erweise sich das eingefrorene Bild Christi:

„Christus ist in der Tat der ‚Held mit tausend Gesichtern'. Er war der göttliche Richter und das hilflose Kind. Er war der lebensverneinende Mönch und der politische Revolutionär. Er war der sanfte Jesus, der auf einem Hügel saß und die Kinder einlud, zu ihm zu kommen, und der Befreier und radikale Reformer, der die Geldhändler aus dem Tempel warf. Christus war für viele Menschen vieles, und ist es weiterhin. Christus ist all das, und nichts davon ist Christus. Nimm irgendeines dieser Bilder und friere es ein, und du hast als sicheres Ergebnis einen

Götzen. Laß kein konkretes Bild zu, und Christus verschwindet aus unserem Bewußtsein."[81]

Beim Glauben geht es nicht darum, Sicherheit zu gewinnen; er besteht im Annehmen der Unsicherheit. Der Glaube Jesu ist der Glaube des Samenkorns, das keine Angst davor hat, zu sterben, um neues Leben hervorzubringen. Alan Watts hat darauf hingewiesen, der Glaube an einen endgültigen, eingefrorenen Christus, an den man sich lehnen könne, sei das gerade Gegenteil des Glaubens. Das ist eine starre Einstellung, kein lebendiges Vertrauen. Es zeigt, daß man die Umkehrgesetze, die den Kern der Lehren Jesu ausmachen, überhaupt nicht begriffen hat. Sich an Jesus als seinen Erlöser zu klammern, ist deshalb die äußerste Verspottung von allem, wofür er steht, ein eklatanter Verrat des wahren Glaubens. Alan Watts sagt dazu:

> „Die Kreuzigung schenkt ewiges Leben, weil sie den Verzicht auf Gott als einen Gegenstand darstellt, den man besitzen, kennen und sich zur eigenen Sicherheit halten kann, ‚denn wer seine Seele retten will, wird sie verlieren'. Sich an Jesus zu klammern, heißt daher, einen nicht gekreuzigten Christus anbeten, einen Götzen statt des lebendigen Gottes."[82]

Erst im Kontext der Umkehrgesetze können wir die christliche Hoffnung richtig verstehen. Hoffnung und Glaube sind wie Zwillingsgeschwister. Die Bedeutung der Hoffnung im Christentum kommt in der Aussage von Paulus zum Ausdruck: „Wir sind gerettet, doch in der Hoffnung" (Römer 8,24). Doch während die Christen die Hoffnung betonen, sprechen die Buddhisten mit Vorliebe von der Hoffnungslosigkeit. Das Geheimnisvolle daran ist, daß die beiden Religionen zwar scheinbar bei diesem Thema so gegensätzlich sind, aber echte Christen wie echte Buddhisten es fertiggebracht haben, ihr Leben in Freude und Frieden zu verbringen. Wie ist das zu erklären?

Jesus sprach nie von der Hoffnung. Allerdings läßt sich aus seinen Seligpreisungen viel über die Hoffnung lernen, denn sie sind der kostbarste Ausdruck seiner Umkehrgesetze. In ihnen können wir das ganze Geheimnis der christlichen Hoffnung finden. Dieses Geheimnis beruht auf einem winzigen Punkt: in ihrer Formulierung im griechischen Urtext enthalten die Seligpreisungen kein Tätigkeitswort! Die Aussage „Selig, die arm sind im Geist" lautet zum Beispiel genau: „Selig die Armen im Geist!" Der Bibelwissenschaftler William Barclay sagt über diese besondere grammatikalische Struktur:

> „Sie ist sehr wichtig, denn sie bedeutet, daß die Seligpreisungen nicht fromme Hoffnungen darauf darstellen, was wir sein werden. Es sind keine glühenden, aber nebulösen Verheißungen eines zukünftigen Glücks, sondern Glückwünsche für das, was ist. Die dem Christen eigene Seligkeit ist keine auf irgendeine glorreiche Zukunft aufgeschobene Seligkeit, sondern eine, die im Hier und Jetzt da ist. Sie ist nicht etwas, worin der Christ dereinst eintreten wird, sondern etwas, worin er bereits eingetreten ist."[83]

Die Hoffnungen des Christen sind nicht Hoffnungen im gewöhnlichen Sinn, in dem sie immer irgendeine Art Erwartung künftiger Ereignisse samt einem Element der Ungewißheit darstellen. Paulus sagt: „Die Hoffnung läßt nicht zugrunde gehen" (Römer 5,5). Das ist nur möglich, wenn sich die „Hoffnung" nicht auf eine künftige Möglichkeit bezieht, sondern auf eine *gegenwärtige* Wirklichkeit.

Unlängst leitete nach einer Naturkatastrophe, bei der viele Menschen zu Tode und sehr viele zu Schaden gekommen waren, eine örtliche Evangelistin ein öffentliches Gebet zu diesem Anlaß. Bemerkenswerterweise betete sie nicht um eine Wiedergutmachung des Schadens, der angerichtet worden war. Auch betete sie nicht darum, künftig möchten ähnliche Tragödien nicht mehr geschehen. Worum sie jedoch betete, war, alle von der Katastrophe Betroffenen möchten Gottes Willen verstehen. Sie betete um die Erleuchtung über den *Sinn* eines solchen Ereignisses. Das ist das Wesen der christlichen Hoffnung: Sie hat nichts damit zu tun, das Ego zu befriedigen oder Gott so weit zu bringen, daß er unseren Willen erfüllt; vielmehr geht es ihr darum, Sinn in dem zu finden, was ist.

Diese Deutung der Hoffnung bestätigt sich, wenn man sich das griechische Wort für „selig" genauer ansieht: *makarios*. Nach William Barclay „beschreibt dieser Begriff jene Freude, die ihr

Geheimnis in sich selbst trägt, jene heitere, unantastbare, selbstbeherrschte Freude, die allen Möglichkeiten und Wandlungen des Lebens gegenüber innerlich völlig frei bleibt". Daraus können wir schließen, daß sich die christliche Hoffnung auf eine bereits vorhandene Wirklichkeit bezieht, *die wir nur noch entdecken müssen*. Die Hoffnung deutet an, daß es eine Art gibt, die Welt mit ganz neuen Augen zu sehen.

Die Seligpreisungen setzen mit einer starken Aussage ein: „Selig die Armen im Geist." Das ist so schockierend, wie wenn man zu einem Häftling sagen würde: „Wie wunderbar, im Gefängnis zu sein!" Auch hier finden wir wieder Erhellung, wenn wir uns die griechische Formulierung genauer ansehen. Das griechische Wort für „arm" lautet hier *ptochos*, was absolute und verachtenswerte Armut bedeutet. So klingt diese Aussage besonders absurd: Wie in aller Welt kann extreme Armut Seligkeit enthalten?

Tatsächlich ergibt keine der Seligpreisungen einen Sinn, solange man sie nicht im Rahmen der Umkehrgesetze deutet. Alle Umkehrgesetze beruhen auf der psychologischen Schlüsselwahrheit: Unsere Daseinsangst entspringt nicht einem objektiven Zustand der Wirklichkeit, sondern unseren aufgeblähten Erwartungen. Das Hauptproblem besteht dabei in der Kluft zwischen unserer Überzeugung, wir könnten alles in den Griff bekommen und der Tatsache, daß wir als sterbliche Wesen an harte Grenzen stoßen. Das wollen wir nicht wahrhaben und versuchen ständig das Unmögliche: das, was man nicht im Griff haben kann, in den Griff zu bekommen, das Unvorhersagbare vorauszusagen, das Unbeständige auf Dauer festzuhalten und das nicht Abzusichernde abzusichern. Diese Illusion der Allmacht wird zur Quelle unserer Qual.

Doch die Lösung steckt im Problem selbst. Der Weg des Zen zur Befreiung besteht nicht darin, übernatürliche Kraft zu erlangen und gottgleich zu werden, sondern, diese Illusion zu durchschauen. Wenn wir tatsächlich einsehen, daß wir auf bestimmten Gebieten absolut nichts tun können, gelangen wir paradoxerweise zu innerer Freiheit. Denn warum sollten wir unser Leiden verdoppeln, indem wir uns Sorgen um Dinge machen, die wir nicht im Griff haben können?

Das klingt ungemein einfach, ist aber in der Praxis sehr schwierig zu verwirklichen. Uns fällt es sehr schwer, unsere eigenen Grenzen und Schwächen einzusehen, besonders, wenn uns alles wunderbar zu gelingen scheint. Tatsächlich geben die meisten Menschen ihre Grenzen erst zu, wenn sie das Ende der Fahnenstange erreicht haben. Genau aus diesem Grund ist eine hoffnungslose Situation ein verkappter Segen, denn die abgrundtiefe Erschütterung, die wir darin erfahren, dient dazu, uns für die Wirklichkeit aufzuwecken. Paradoxerweise sind Frustrationen, Enttäuschungen und hoffnungslose Zustände besonders dazu angetan, unsere spirituelle Gesundheit zu fördern. Der tibetische Meditationsmeister, Gelehrte und Künstler Chögyam Trungpa sagt zu diesem Thema:

„Solange wir einem spirituellen Weg folgen, der Erlösung, Wunder und Befreiung verspricht, sind wir noch von der ‚goldenen Kette der Spiritualität' gefesselt. Eine solche Kette mag mit ihrem Juwelenbesatz und ihren kunstvollen Verzierungen wunderschön aussehen, aber dennoch hält sie uns gefangen. Die Leute meinen, sie könnten diese Goldkette als Schmuck tragen, ohne von ihr gefangen zu sein, aber darin täuschen sie sich. Solange man eine Spiritualität verfolgt, die der Anreicherung des Ego dient, ist das spiritueller Materialismus und eher ein selbstmörderischer als ein kreativer Prozeß.

Alle Verheißungen, die wir gehört haben, sind reine Verführung. Wir erhoffen uns von den Lehren, daß sie alle unsere Probleme lösen; wir erwarten, mit magischen Mitteln ausgestattet zu werden, mit denen wir unsere Depressionen, unsere Aggressionen und unsere sexuellen Hemmungen behandeln können. Aber zu unserer Überraschung merken wir immer mehr, daß dies nicht der Fall ist. Die Erkenntnis ist sehr enttäuschend, daß wir an uns selbst und unseren Leiden arbeiten müssen, statt uns an einen Erlöser zu hängen oder über die magische Kraft von Yogatechniken zu verfügen. Es ist enttäuschend, einsehen zu müssen, daß wir unsere Erwartungen aufgeben müssen, statt auf unseren vorgefaßten Vorstellungen aufbauen zu können.

Wir müssen es zulassen, daß wir enttäuscht werden, was heißt, sein Ich-sein aufzugeben, seine eigene Leistung."[84]

Das ist das Umkehrgesetz der Hoffnung: *Um Hoffnung zu haben, laß die Hoffnung fahren.* Die Enttäuschung ist der schnelle Weg zur Erleuchtung, denn sie beschleunigt unsere Fähigkeit, mit der

Wirklichkeit zurecht zu kommen. Das ist auch der Grund dafür, weshalb Jesus sagte, die Mittellosen seien selig. Christlich gesprochen heißt das: Je hoffnungsloser die Lage ist, desto wahrscheinlicher wird es, daß wir die Vergeblichkeit unserer eigenen Bemühungen einsehen und uns umso eher zu Gott hingezogen fühlen.

Daher ist die christliche „Hoffnung" die Entsprechung zur „Hoffnungslosigkeit" im Buddhismus. Beide Begriffe wirken wie ein absoluter Gegensatz, aber sie sind es nicht, weil sie sich auf ganz unterschiedliche Dinge beziehen. Unsere üblichen Hoffnungen beziehen sich auf *Dinge*: Wir hoffen auf eine bessere Zukunft, Besserung der Verhältnisse, eine Veränderung, lohnende Ergebnisse unserer Anstrengungen. Da all das auf die Zukunft ausgerichtet ist, laufen wir damit immer Gefahr, enttäuscht zu werden. Auf die Zukunft ausgerichtete Hoffnungen sind eine potentielle Quelle von Leiden. Aus diesem Grund lehrt der Buddhismus Hoffnungslosigkeit.

Im Christentum jedoch bedeutet Hoffnung die Hoffnung auf *Gott*. Das ist die Negation der Hoffnung auf bestimmte *Dinge*. Sie hat nichts mit Erwartungen, Wunschdenken oder Aberglauben zu tun. Sie erwacht erst, wenn unsere weltlichen Hoffnungen frustriert werden und uns die grundsätzlich hilflose Lage des Menschen deutlich wird. Erst dann liefern wir uns mit ganzem Herzen Gott aus. Statt nach einer Veränderung in der äußeren Welt Ausschau zu halten, zielt die christliche Hoffnung darauf, den göttlichen Sinn in dem zu entdecken, was ist.

Der Theologe Paul Tillich sagte: „Vorsehung bedeutet, daß in jeder Situation eine kreative und erlösende Möglichkeit steckt, die durch keinerlei Ereignis zerstört werden kann."[85] Auch wenn das der Fall ist, entgeht uns das bestimmt, wenn wir nicht bewußt achtgeben. Die Praxis der christlichen Hoffnung und die Praxis der buddhistischen Hoffnungslosigkeit sind ein und dasselbe: Es geht um das frohe Leben im Augenblick und die Konzentration auf die Gegenwart. Denn in der Gegenwart finden wir das Himmelreich.

Zusammenfassend können wir sagen: Glaube ist das Annehmen der Unsicherheit, und Hoffnung ist das innere Suchen nach Sinn. Beides erfordert einen lebendigen, offenen und freundlich gestimmten Geist.

Oft heißt es, wir seien eine gottlose Generation. Nachdem wir jahrhundertelang von unseren Götzen, Schriftgelehrten und Pharisäern unterdrückt worden sind, haben wir uns entschlossen, sie aus dem Tempel zu jagen. Was wir in der modernen Zeit durchgemacht haben, war eine Phase der Entwöhnung und Läuterung. Es war zwar ein schmerzhafter Prozeß, doch ist er für unser weiteres Wachstum entscheidend. Die Götzen müssen auf ihren Platz verwiesen werden. Im Gegensatz zu vielen Pessimisten sehe ich die sogenannte spirituelle Krise der modernen Zeit als etwas weithin Positives an.

Aber das Zen fördert weder Götzendienst noch Nihilismus. Nach dem Werk des Niederreißens bedarf es jetzt auch der Aufbauarbeit. Eine Kultur, die nur das Niederreißen, nicht aber das Wiederaufbauen kennt, ist krank. Wenn jetzt unsere Götzen verschwunden sind, verfügen wir über das gesunde Klima, einen behutsamen und erleuchteten Glauben zu entwickeln, der auf der Liebe gründet, nicht auf der Angst oder dem Bedürfnis. Diese Gelegenheit ist historisch einmalig. So ist das also der Punkt, an dem wir stehen: im Tempel der Zerschlagenen Götter.

ACHTES KAPITEL

Mein Joch drückt nicht

Für Menschen ist das unmöglich,
für Gott aber ist alles möglich.
JESUS

Wenn du das Geräusch des Klatschens beider Hände kennst,
wie hört sich das Klatschen einer Hand an?
ZEN-KOAN

Einer der besten Filme über Zen und Spiritualität ist der von Robert Redford mit dem Titel *A River Runs through It.* Er erzählt die wunderschöne Geschichte von Norman Maclean, der mit seinem Vater, der Geistlicher war, am äußersten Rand von Montana lebte. Macleans Fähigkeit, in eine ausgesprochen amerikanische Tradition die Zen-Spiritualität einzuweben, ist verblüffend. Dabei muß man bedenken, daß Maclean über keine professionelle Kenntnis des Zen verfügte. Ja, das Wort „Zen" wird im Film kein einziges Mal verwendet. Aber Zen ist eindeutig darin anwesend, genau wie in der einfachen Schönheit einer Teezeremonie. Es ist eine im Alltäglichen steckende Schönheit, ein im Schweigen verborgener Gesang, eine stumme, aber gewaltige Spiritualität. Und alles wird in großer Strenge durchgezogen. Der Film fängt mit der enttäuschenden Aussage an: „In unserer Familie gab es keine klare Trennungslinie zwischen Religion und Fliegenfischen."

Wissen Sie, was Religion und Fliegenfischen miteinander zu tun haben? Die meisten Menschen wissen nicht einmal was Religion und Alltagsleben miteinander verbindet. Wir sind dazu erzogen, uns die Religion als etwas ganz Besonderes und Ernstes vorzustellen, das man nicht mit alltäglichen Freuden und Vergnügen verquicken sollte. Das Webster's Dictionary definiert das Wort „sacred", „heilig", als „geweiht oder ausgesondert für den Dienst oder die Anbetung einer Gottheit". Wenn etwas für den Gottesdienst „ausgesondert" wird, kann man sich schwer vorstellen, wie es in weltliche Tätigkeiten wie Abspülen, Sichkümmern um Kinder, Gartenarbeiten oder sexuelle Liebe einbezogen werden kann. Die ehrfurchtgebietende Atmosphäre der formellen Religionen hilft ebenfalls nicht viel weiter. Alan Watts, ein Universitätsseelsorger, der zum Zenlehrer wurde, erzählte aus seiner Kindheitserfahrung:

> „Als ich Schuljunge war, wurden wir zum Besuch des Gottesdienstes in der Kathedrale von Canterbury, dem Mekka der anglikanischen Kirche, gezwungen. Wir mußten während der höfischen und strengen Zeremonien in diesem alten Heiligtum knien, uns verbeugen oder stehen und höllisch darauf bedacht sein, ja nie zu lachen oder das Gesicht zu verziehen. Das war ein Vergehen, das mit gnadenlosen Prügeln bestraft wurde und nur sehr schwer zu vermeiden war."[86]

Ich bin mir hundertprozentig sicher, daß die Abneigung vieler heutiger Menschen gegen die formellen Religionen etwas mit solchen Erfahrungen zu tun hat. Stünde man vor einer Wahl zwischen der Teilnahme an der Art Gottesdienst, wie Watts ihn beschreibt, und dem Fliegenfischen, dürfte wohl klar sein, wie die Entscheidung ausfällt. Spiritualität hat sehr viel mehr mit dem Alltagsleben als mit dem „Aussondern" von Dingen zu tun, mehr mit dem Gewöhnlichen als mit dem Besonderen.

Das Zen ist Alltagsspiritualität. Im 3. Kapitel war schon von Chao Chou die Rede, der Nan Chuan fragte, was das Tao sei, und Nan Chuan die Antwort gab: „Der gewöhnliche Geist ist das Tao." Das ist eine der wichtigsten Lehren des Zen. C. S. Lewis wußte um die *Spiritualität des Gewöhnlichen*.

In einem fiktiven Gespräch zwischen einem Ober- und einem Unterteufel hob er hervor, wie wichtig es sei, das Außergewöhnliche im Gewöhnlichen zu sehen:

> „Ahnst du, worauf es ankommt? Dank den Vorgängen, die wir vor Jahrhunderten in den Menschen in Gang setzten, finden sie

es fast unmöglich, an das Ungewohnte zu glauben, solange das Alltägliche vor ihren Augen liegt. Überzeuge ihn immer neu von der ‚Alltäglichkeit' der Dinge . . . Unter keinen Umständen aber lasse ihn von jenem unschätzbaren ‚wirklichen Leben' abweichen."[87]

Das Tao ist das Gewöhnliche. Norman Maclean erfuhr es beim Fliegenfischen. Echte Religion ist gewöhnlich, also nichts Besonderes. Wenn sie sich nicht in unsere alltäglichen Verrichtungen integrieren läßt, ist sie keine *lebendige* Religion. Jesus sprach in seiner Unterredung mit einer samaritischen Frau, die Tradition mit Heiligkeit verwechselte, davon, wie wichtig es sei, gewöhnlich zu sein. Er sagte zu ihr: „Glaube mir, Frau, die Stunde kommt, zu der ihr weder auf diesem Berg noch in Jerusalem den Vater anbeten werdet" (Johannes 4,21). Wir können nämlich Gott überall und bei jeder unserer Tätigkeiten anbeten.

Die meiner Ansicht nach beste Definition der Spiritualität fand ich in einer Broschüre: „Spiritualität ist Harmonie mit sich selbst, Harmonie mit anderen, Harmonie mit der Welt, Harmonie mit Gott."[88] Spiritualität hat nichts mit Aufspalten, sondern mit Harmonie zu tun. Auch die Reihenfolge ist hier wichtig. Wir müssen Harmonie zuerst mit uns selbst, dann mit den anderen, drittens mit der Welt und schließlich mit Gott entwickeln. Anders gesagt: Harmonie fängt mit dem Gewöhnlichen und Vertrauten an.

Wenn wir das religiöse Leben mit zu vielen „besonderen" Dingen in Zusammenhang bringen, also mit Ritualen, Zeremonien und Dogmen, haben wir Schwierigkeiten damit, im Unkrautjäten und alltäglichen Leben Spiritualität zu erkennen. Sehen wir aber allen scheinbar belanglosen Dingen auf den Grund, so stellen wir fest, daß es letztlich nur auf eines ankommt: auf ihre *Schönheit*. Echte Religion ist zuerst und vor allem das Suchen nach Schönheit. Ihre Ausgangsfrage ist: Wie kann ich in Schönheit leben? Norman Maclean sagte genau das gleiche über seinen guten Vater, der Schotte und Presbyterianer-Geistlicher war:

„Was meinen Vater betrifft, so weiß ich nicht, ob er sich Gott als Mathematiker vorstellte; jedenfalls glaubte er sicher, daß Gott zählen konnte und daß man Kraft und Schönheit nur wiederfinden konnte, wenn man sich Gottes Rhythmus zu eigen machte. Im Unterschied zu vielen anderen Presbyterianern gebrauchte er oft das Wort ‚schön'."[89]

Wann haben Sie zum letzten Mal die Schönheit einer kühlen Brise empfunden, das Wunder des Sternenhimmels oder das sanfte Sich-Wiegen der Grashalme am Straßenrand? Als Kind besaß ich die Fähigkeit, die Schönheit all dessen zu verkosten, aber mit zwanzig hatte ich sie nahezu verloren. Ich mußte lange Zen üben, um sie wieder zu erlangen. Die Welt hat sich gar nicht so verändert. Immer noch gibt es im Sommer kühle Brisen, einen sternenklaren Himmel und Gräser und Blumen am Straßenrand. Wo ist aber unser Vermögen, das alles wahrzunehmen?

Es fällt zwar kaum auf, aber auch Jesus sprach vom Geheimnis der Schönheit. Wir haben bereits ausführlich beschrieben, wie er auf die Schönheit hinwies, als er von den Vögeln am Himmel und den Lilien auf dem Feld sprach. Er lehrte die Schönheit unter anderem in einem Gespräch mit einem erfolgreichen jungen Mann, der reich und mächtig war (Lukas bezeichnet ihn als „einen der führenden Männer"). Matthäus berichtet darüber:

„Es kam ein Mann zu Jesus und fragte: Meister, was muß ich Gutes tun, um das ewige Leben zu gewinnen? Er antwortete: Was fragst du mich nach dem Guten? Nur einer ist ‚der Gute'. Wenn du aber das Leben erlangen willst, halte die Gebote! Darauf fragte er ihn: Welche? Jesus antwortete: Du sollst nicht töten, du sollst nicht die Ehe brechen, du sollst nicht stehlen, du sollst nicht falsch aussagen; ehre Vater und Mutter! Und: Du sollst deinen Nächsten lieben wie dich selbst! Der junge Mann erwiderte ihm: Alle diese Gebote habe ich befolgt. Was fehlt mir jetzt noch? Jesus antwortete ihm: Wenn du vollkommen sein willst, geh, verkauf deinen Besitz und gib das Geld den Armen; so wirst du einen bleibenden Schatz im Himmel haben; dann komm und folge mir nach. Als der junge Mann das hörte, ging er traurig weg; denn er hatte ein großes Vermögen. Da sagte Jesus zu seinen Jüngern: Amen, das sage ich euch: Ein Reicher wird nur schwer in das Himmelreich kommen. Nochmals sage ich euch: Eher geht ein Kamel durch ein Nadelöhr, als daß ein Reicher in das Reich Gottes gelangt. Als die Jünger das hörten, erschraken sie sehr und sagten: Wer kann dann noch gerettet werden? Jesus sah sie an und sagte zu ihnen: Für Menschen ist das unmöglich, für Gott aber ist alles möglich" (Matthäus 19,16–26).

Der junge Mann war mit dem Gefühl zu Jesus gekommen, er müsse ihn etwas sehr Dringendes fragen. In der Fassung des Markus heißt es, er sei auf Jesus zuge*laufen* und habe sich vor ihm niedergekniet. Das ist erstaunlich, denn der Mann war jung und reich und mächtig. Er hatte alles, was die Mehrzahl der Menschen begehrt. Aber offensichtlich hatte er das Gefühl, in seinem Leben fehle etwas, und zwar etwas sehr Wichtiges. Er fragte nach dem ewigen Leben. Hier ist wiederum zu beachten, daß das Adjektiv „ewig" nicht „endlos während" bedeutet. Im Urtext wird dafür das Wort *aiônios* verwendet, was wörtlich „wie es Gott zusteht" bedeutet. Wie ein Gott zu leben, heißt „schön" zu leben. Es spielt keine große Rolle, ob wir das als „ewiges Leben", „Schönheit" oder „Qualität" bezeichnen. Die Frage lautet letzten Endes, wie wir das Glück finden können.

Ein Zenlehrer ist immer anspruchsvoll. Was er sagt, klingt oft hart und rücksichtslos. Auch die Antwort Jesu an den jungen Mann ist entsprechend anspruchsvoll: „Verkauf deinen Besitz und gib das Geld den Armen." Tatsächlich ist es im Leben so, daß man wahre Schönheit erst dann wirklich zu schätzen vermag, wenn man allem entsagt hat. Wir reden hier darüber, wie man die Spitze der Pyramide erreicht. Ein Bergsteiger, der die höchsten Gipfel des Himalaya erklimmen will, schleppt keinen Ballast mit. So sagte auch Jesus dem jungen Mann, das Tor zum Himmelreich sei wie ein Nadelöhr: Wenn man durchkommen will, muß man alles Gepäck abwerfen!

Jesus war kein militanter Kommunist, der grundsätzlich gegen Privatbesitz und materielle Güter war. Um jedoch in Schönheit leben zu können, braucht man einen ungebundenen Geist, einen Geist, der nicht von allen möglichen Anhänglichkeiten, Überzeugungen oder erstarrten Ansichten gehemmt wird. Wir brauchen nichts loszuwerden, solange wir nicht daran hängen. Jesus betont damit nur noch einmal nachdrücklich, was er bereits in den Seligpreisungen gesagt hat: „Selig, die ein reines Herz haben; denn sie werden Gott schauen" (Matthäus 5,8). Um Schönheit erfahren zu können, brauchen wir einen inneren Zustand der Leere.

Es mag entmutigend wirken, wenn man von völliger Lossagung und Leere spricht. Das erweckt den Eindruck, als sei die Erfahrung wahrer Schönheit nur sehr schwer zu erlangen. Das ist jedoch ein großer Irrtum. In Wirklichkeit stellt sich das Erfahren von Schönheit oft ganz von selbst und unerwartet ein. Vor einigen Wochen ging ich mit meinen Kindern ins Freie, um Drachen fliegen zu lassen. Es war ein herrlicher Tag, an dem ich wiederentdeckt habe, wie schön das ist: Zuzuschauen, wie der Drache im Wind in die Luft steigt, ihn hoch droben schweben zu sehen, den Zug der Schnur in der Hand zu spüren und lachend und schreiend wie ein Kind über die Wiese zu laufen – das alles fügte sich zu einem erhebenden Erlebnis. Es war ein ungemein befreiendes Gefühl. Dazu gehörte einiges an Bewegung und Aktivität, aber zugleich empfand ich eine tiefe Stille und Harmonie. Ich war eins mit dem Spiel. Ich übte dynamische Meditation.

Das ist das Aufgeben seiner selbst: Ganz im Augenblick zu leben; keinen Druck mehr zu verspüren, irgend etwas fertigbringen zu müssen; jeden Gedanken ans Gewinnen oder Verlieren hinter sich zu lassen; sich nicht zu sorgen, man könne sich dumm anstellen; alles neurotische Empfinden, zu etwas gezwungen zu sein oder sich verteidigen zu müssen, zu verlieren; einfach die Schönheit des Augenblicks zu genießen, ohne ihn jedoch festhalten zu wollen; loszulassen, ohne an die Notwendigkeit, loslassen zu müssen, zu denken; das Glück zu verspüren, ohne zu hoffen, es werde ständig andauern; kein Ego zu haben, an nichts mehr zu hängen. Das ist keine Mühe, sondern reines Spiel. Es ist nichts, was erarbeitet werden muß, sondern *wu-wei*. Es ist nichts Geplantes, sondern etwas sich spontan Ergebendes.

Als Kinder konnten uns die gewöhnlichsten Dingen faszinieren. Ich entsinne mich noch heute, wie groß meine Freude war, als ich meinen ersten Malkasten bekam, wie es mich faszinierte, als im Sprühregen des Wasserschlauchs plötzlich ein „Regenbogen" entstand. Leider ist unsere Welt in dem Maß öde geworden, in dem unser Ego angeschwollen ist. Sitzt König Ego auf dem Thron, geht alles Staunen verloren: alles wird zum Mittel, zum Instrument der Befriedigung des Ego. Die Schönheit fällt dem häßlichen Nützlichkeitsdenken zum Opfer.

Wahre Schönheit ist kein Gegenstand des Begehrens. Sie ist eine innere Fähigkeit: *die Fähigkeit, das Ego aufzugeben und die*

Welt ohne das eigene Ich zu sehen. J. Krishnamurti hat darauf hingewiesen, sie sei ein Zustand innerer Freiheit, „wenn der Geist nicht mehr an den ‚Zugewinn' denkt, also daran, im Lauf der Zeit etwas zu haben oder zu werden." Schönheit heißt, im Augenblick leben.

Das Problem dabei ist, daß die Rede vom Aufgeben des Ego allzusehr nach Selbstmord klingt und die Rede vom Verzicht allzusehr nach Zähneziehen. Der junge Mann in der Geschichte mit Jesus ging traurig von ihm weg. Sogar seine Jünger waren tief bestürzt. „Wer kann dann noch gerettet werden?" fragten sie. Aber Jesus gab ihnen nur die rätselhafte Antwort: „Für Menschen ist das unmöglich, für Gott aber ist alles möglich."

Vielleicht läßt sich die Praxis der Religion am besten mit dem Ausüben einer Kunst verdeutlichen, und zwar jeder beliebigen Kunst. In gewisser Hinsicht ist bereits alles, was wir darüber wissen müssen, in der prägnanten Feststellung Norman Macleans über die Lebensphilosophie seines Vaters enthalten: „Für ihn ergibt sich alles Gute – eine Forelle genauso wie die ewige Erlösung – aus Gnade, und Gnade ergibt sich aus der Kunst, und die Kunst ergibt sich nie mühelos." Ich halte diesen Satz für eine der schönsten Zen-Aussagen, auf die ich je gestoßen bin. Alle guten Dinge sind das Ergebnis von *Gnade, Kunst und Mühe.*

Kunst ergibt sich nie mühelos. Im fünften Kapitel des Matthäusevangeliums (5,20–47) können wir sehen, wie schwer sie sein kann. Es ist nicht einfach, diese Zeilen zu verdauen. Jesu sagt: „Wer eine Frau auch nur lüstern ansieht, hat in seinem Herzen schon Ehebruch mit ihr begangen." Nicht nur das Berühren ist nicht erlaubt; schon das Anschauen ist Sünde! Jesus war genauso streng, was das Äußern von Wut angeht: „Wer zu seinem Bruder sagt: Du Narr! soll dem Feuer der Hölle verfallen sein." Wäre das buchstäblich wahr, wußte ich, daß ich bestimmt nicht allein in der Hölle wäre. Und wie steht es mit dem Gebot: „Liebt eure Feinde"? Wie viele von uns tun das? „Kunst ergibt sich nie mühelos."

Vergleichen wir jetzt diese Lehren mit denen eines typischen Zenmeisters. Unter den vielen unterschiedlichen Schulen und Systemen innerhalb des Buddhismus wird die Zen-Schule gewöhnlich als „der Weg des Faulen zur Wahrheit" bezeichnet. (Das ist ein Grund, weshalb ich Zen so mag.) Ein Zenmeister äußerte die folgende Bemerkung über den Lebensstil des Zen:

„Auf Wissen verzichten und nichts tun ist der Weg des muße-
vollen Tao-Menschen;
Er entledigt sich nicht seiner Illusionen und er jagt nicht hinter
der Wahrheit her."

Was für ein Kontrast! Oberflächlich gesehen, gleicht nichts von
dem, was Jesus über das religiöse Leben gelehrt hat, auch nur im
entferntesten den Zen-Lehren. Wie im 1. Kapitel dargelegt, ist
eines der Schlüsselelemente des Zen *wu-wei*, was bedeutet, nichts
verbissen anzustreben und sich nicht vor lauter Mühe zu ver-
krampfen. Der Weg des Tao ist gelöst und unverkrampft, frei von
Streß. Was Jesus jedoch hier lehrt, scheint das gerade Gegenteil von
wu-wei zu sein. Noch weitere Unterschiede sind vorhanden: Die
Zen-Lehre scheint amoralisch zu sein, das heißt, sie scheint die
Moral zu transzendieren, während die Lehre Jesu einen äußerst
moralistischen Ton an sich hat. Die Zen-Lehre ist gewöhnlich
knapp und auf den Punkt gebracht; die Lehre Jesu ist hier wortreich
und umständlich. Welche Einsicht können wir daraus gewinnen?

Um es noch schwieriger zu machen, wollen wir hören, was
Jesus bei einer anderen Gelegenheit sagte:

„Kommt alle zu mir, die ihr euch plagt und schwere Lasten zu
tragen habt. Ich werde euch Ruhe verschaffen. Nehmt mein
Joch auf euch und lernt von mir; denn ich bin gütig und von
Herzen demütig; so werdet ihr Ruhe finden für eure Seele. Denn
mein Joch drückt nicht, und meine Last ist leicht" (Matthäus
11,28–30).

Widersprach Jesus sich selbst? Wenn ja, dann könnte er also doch
ein Zenlehrer sein, denn sich selbst zu widersprechen, ist ein Zeichen des Zen. Einerseits sagte Jesus: „Mein Joch drückt nicht", und
andererseits: „Für Menschen ist das unmöglich." Wie läßt sich
dieses Rätsel lösen? Ist der spirituelle Weg nun einfach, oder ist er
schwierig? Worin besteht die Eigenart des Joches Jesu? Ein Hinweis
sei in Form einer anderen Frage gegeben: Wie kann man das Klatschen mit einer Hand hören?

Ehe wir die Antworten darauf erörtern, sei noch ein Zen-Witz
zitiert: „Wie viele Zen-Buddhisten braucht man zum Auswechseln
einer Glühbirne?" Die Antwort: Zwei. Einen zum Auswechseln

und einen zum nicht Auswechseln. Das Paradox ist der Weg des Zen.

Die Frage, ob die spirituelle Praxis leicht oder schwer sei, müssen wir ebenso mit Ja und Nein zugleich beantworten. Oder wir können auch sagen, sie sei weder einfach noch schwierig. Genau diese Antwort gab schon vor langer Zeit der dritte Patriarch des Zen, Seng-t'san: „Der Große Weg ist sehr breit; er ist weder leicht noch schwer." Um das Verstehen dieses Paradoxes zu erleichtern, sei das folgende Gleichnis des großen Sufi und Dichters Rumi angeführt:

„Es waren einmal drei blinde Männer, die zum ersten Mal vor einem Elefanten standen. Der erste umarmte ein Bein des Elefanten und sagte: ‚Er ist wie eine Säule.' Der zweite bekam das Ohr des Elefanten zu fassen und sagte: ‚Er ist wie ein großer Fächer.' Der dritte Mann griff den Rüssel des Elefanten und sagte: ‚Er ist wie eine Schlange.' Jeder von ihnen hielt an seiner Überzeugung fest, und sie diskutierten darüber bis zum Sonnenuntergang."

In einer Hinsicht hatte jeder Blinde recht, in anderer Hinsicht hatten sie alle drei unrecht. Ähnlich können wir den spirituellen Weg als einfach oder auch als schwierig betrachten. Das ist kein Widerspruch, sondern ergänzt sich gegenseitig, genau wie „Wappen" und „Zahl" zwei verschiedene Seiten ein und derselben Münze sind.

Jesus neigte dazu, eher die schwierige als die einfache Seite der religiösen Praxis zu betonen. Offensichtlich versuchte er, das, was schon schwer genug zu tragen war, noch unerträglicher zu machen. Bezüglich des Gesetzes und der Propheten sagte er: „Ich bin nicht gekommen, um aufzuheben, sondern um zu erfüllen . . . Wenn eure Gerechtigkeit nicht weit größer ist als die der Schriftgelehrten und Pharisäer, werdet ihr nicht in das Himmelreich kommen" (Matthäus 5,17–20). Um „das Gesetz zu erfüllen", wandelte er einen *auf Handeln bezogenen* Moralkodex in einen *auf Gedanken bezogenen* Moralkodex um. Während das mosaische Gesetz den physischen Ehebruch verbietet, erklärt die neue Ethik Jesu bereits lüsterne Gedanken zum Vergehen. Ähnlich wird das „Du sollst nicht töten" ersetzt durch: „Jeder, der seinem Bruder auch nur zürnt, soll dem Gericht verfallen sein; und wer zu seinem Bruder sagt: Du Dummkopf!, soll dem Spruch des Hohen Rates verfallen sein; wer aber zu ihm sagt: Du (gottloser) Narr! soll dem Feuer der Hölle verfallen sein" (Matthäus 5,22).

Nun liegt es auf der Hand, daß derartige Gesetze *nicht praktikabel* sind. Wir haben nicht einmal alle unsere Handlungen voll unter Kontrolle, geschweige denn alle unsere Gedanken. Nehmen wir zum Beispiel das Verbot, begehrliche Gedanken zu hegen. Das sexuelle Begehren ist ein Grundinstinkt. Ein chinesischer Spruch besagt, alle Menschen seien wie Katzen, und es gebe keine Katze, die nicht auf Fisch aus sei. Folglich ist es lächerlich, den natürlichen Impuls des sexuellen Begehrens zu verurteilen. Manche Theologen und Bibelgelehrte versuchen den Anspruch Jesu abzumildern, indem sie sagen, er verurteile nicht rundweg alles sexuelle Begehren, sondern nur die Lüsternheit. Aber läßt sich denn zwischen beidem wirklich eine scharfe Trennungslinie ziehen?

Auf jeden Fall verfehlen sie damit den springenden Punkt: Jesus versuchte nämlich tatsächlich, lächerlich und unvernünftig zu sein! Er übersteigerte seine Ethik *vorsätzlich* so sehr, daß sie unmöglich einzuhalten war. Darin liegt das Geheimnis: Es geht gar nicht in erster Linie darum, seinen moralischen Standard zu erreichen! Wer dies bezweifelt, sollte einmal jemanden zu finden versuchen, der nie wütend wird oder seinen Feind wirklich nichts als liebt.

Zur Klärung des Stellenwerts der moralischen Verhaltensregeln im spirituellen Leben des Menschen trägt entscheidend die folgende Einsicht des heiligen Paulus bei:

„Das Gesetz aber ist hinzugekommen, damit die Übertretung mächtiger werde; wo jedoch die Sünde mächtig wurde, da ist die Gnade übergroß geworden. Denn wie die Sünde herrschte und zum Tod führte, so soll auch die Gnade herrschen und durch Gerechtigkeit zu ewigem Leben führen, durch Jesus Christus, unseren Herrn" (Römer 5,20–21).

Ein „vernünftiger" Moralkodex ist, was das spirituelle Leben angeht, *nutzlos*. Laut Paulus besteht die spirituelle Rolle jedes Moralkodex darin, die Schwachheit des Menschen ans Licht zu bringen und auf die Gnade Gottes zu verweisen. Von da her gesehen würde ein Moralkodex, der sich genau einhalten ließe, gerade seinen Sinn verfehlen! Wie im 7. Kapitel ausgeführt, ist die Enttäuschung der

Königsweg zur Erleuchtung, und die Erlösung liegt in der Anerkenntnis unserer eigenen Hilflosigkeit. Jesus sagte: „Für Menschen ist das unmöglich, für Gott aber ist alles möglich." Es ist seine ganz eigene Art, zu sagen, daß das Geheimnis der Erlösung nicht im menschlichen Sich-Anstrengen liege, sondern im *Loslassen*. Die spirituelle Praxis kann leicht oder schwer sein, je nachdem, in welchem Maß jemand die grundsätzliche Hoffnungslosigkeit der Lage einsieht. Vor der Einsicht jedoch ist sie sehr schwer, danach leicht.

Die einzige Möglichkeit, der neuen Ethik Jesu Sinn zu geben, ist, sie als einen Nebelvorhang zu behandeln, der unsere Erleuchtung auslösen soll. Jesus schraubte die Ansprüche derart hoch, um uns einsehen zu helfen, daß es schlicht unmöglich ist, sich mittels menschlicher Anstrengung die Erlösung zu erwerben.

Dies mag als eine ziemlich umständliche Form der Unterweisung erscheinen, doch aus der Sicht der Psychologie des Menschen ist sie ungemein sinnvoll. Denn wir Menschenwesen sind merkwürdige Geschöpfe; wir haben eine insgeheime masochistische Neigung, alles lieber etwas schwerer zu haben. Sagt man uns direkt die volle Wahrheit – daß die Erlösung ein Geschenk der Gnade Gottes sei (und nicht eine Frage unserer Anstrengung) –, dann ist die Wahrscheinlichkeit groß, daß wir sie in den Wind schlagen. Sagt man uns dagegen, wir müßten uns die Erlösung durch das genaue Einhalten eines strapaziösen ethischen Kodex verdienen, wozu gehöre, das Begehren nach dem anderen Geschlecht zu unterdrücken, die Wut, die in einem kocht, nicht zu äußern usw., dann fühlen sich viele Tatmenschen davon angesprochen. Denn jeder möchte doch gern ein Held sein und ist durchaus bereit, für diese Ehre einen hohen Preis zu zahlen.

In der chinesischen Kriegskunst gibt es die Strategie, „einen Rückzug als Vorstoß auszuführen". Genau das tut Jesus. Er baute einen Irrgarten mit Spiegeln und verborgenen Gängen, um uns in die Erlösung *hineinzulocken*. Jesus hätte uns auch einfach sagen können, die Erlösung sei eine Sache der Gnade und nicht des menschlichen Bemühens; aber er wollte auf die Natur des Menschen eingehen. Warum etwas bekämpfen, wenn man es zum eigenen Vorteil nutzen kann? So setzte Jesus zum Schein eine Siegesprämie für das Erringen der Erlösung aus, obwohl diese doch „gratis" ist. Indem er das tat, benützte er das Ego, um damit das Ego zu besiegen. Er überließ sich dem Fluß des Tao. Das ist das *wu-wei* Jesu, und darin steckt große Weisheit und Güte. Und vor allem ist es wirksam!

Diese Lehrmethode Jesu entspricht übrigens derjenigen der Rinzai-Schule des Zen. Die Tradition des Zen kennt zwei große Schulen: die des Soto und des Rinzai. Während im Soto-Zen die Sitzmeditation im Mittelpunkt steht, werden im Rinzai-Zen vor allem Koans benützt. In den vorhergehenden Kapiteln haben wir bereits einige Koans vorgestellt. Das wichtige an ihnen ist, daß es auf die Koan-Fragen streng genommen gar keine Antwort gibt. Sie sollen vielmehr ans Licht bringen, daß der Mensch grundsätzlich in einer hilflosen Verfassung ist. Alan Watts zum Beispiel definiert das Koan als „ein Problem, das keine vernunftmäßige Lösung zuläßt; die Antwort hat keine logische Verbindung zur Frage, und die Frage ist von solcher Art, daß sie den Verstand völlig vor den Kopf stößt."[90]

Das mag hart klingen, und tatsächlich besteht der Zweck eines Koan ganz darin, Frustrationen zu erzeugen. Der Schüler kann sich tage- oder sogar wochenlang mit einem Koan befassen, ohne auf irgend etwas zu kommen. Ziel dessen ist, ihn derart zu ermüden und zu frustrieren, daß ihm schließlich aufgeht, sein ganzes Bemühen werde ihm nicht weiterhelfen. Tritt dies ein, läßt er endlich los und wird befreit. In der Sprache des Zen heißt dies: „Den Halt auf der Spitze eines Abgrunds loslassen; das Leben mitten im Tod finden." Es ist ein wesentlicher Schritt auf dem Weg zur Erleuchtung.

Der Große Weg ist weder leicht noch schwer. Leichtsein und Schwersein sind lediglich unterschiedliche Etappen ein und desselben Wegs. Genau wie die meisten Artisten nicht „gut" werden, wenn sie nicht Tausende von Stunden üben, so erreichen auch die meisten von uns nicht den leichten Abschnitt des spirituellen Weges, solange wir nicht den schweren Abschnitt in Erfahrung gebracht haben. Die Unmöglichkeit eines Koan liegt gewöhnlich auf der Hand. Aber paradoxerweise ist das Offensichtlichste oft am schwersten einzusehen.

Das Koan vom einhändigen Klatschen ist ein solcher Fall von scheinbarem Nonsens. Denn wie kann eine einzelne Hand klatschen? Man denkt und denkt über die Antwort nach. Der springende Punkt aber ist, nicht mehr zu denken! Dennoch ist es erstaunlich, wie viele Zen-Schüler Stunden, Tage, ja Wochen darüber nachgrübeln und das Problem mit phantasievollen Lösungsversuchen aus den verschiedensten Blickwinkeln angehen. Manchmal sind wir einfach zu schlau, wenn es um unser eigenes Wohl geht. Es ist zum Beispiel merkwürdig, wie lange wir brauchen, bis wir einsehen, daß wir mit dem Versuch, alle unsere begehrlichen Gedanken auszuschalten und unsere Wut auszutilgen, etwas praktisch Unmögliches unternehmen. Die einzige Erklärung, die ich dafür finde, ist, daß wir das Opfer unserer eigenen Ernsthaftigkeit sind. Wir sind zu angespannt, und deshalb entgeht uns der Humor Jesu völlig.

„Alles Gute ergibt sich aus Gnade, und Gnade ergibt sich aus der Kunst, und die Kunst ergibt sich nie mühelos": Eine wunderbare Formel für das, worum es bei der Praxis geht. Es ist eine paradoxe Formulierung. Der logisch denkende Verstand fragt: „Wenn alles Gnade ist, warum ist dann Kunst notwendig?" Macleans Ausspruch ist ihm Grunde eine poetische Umschreibung der uralten Kontroverse um „Glaube und gute Werke" in der christlichen Tradition.

Wir kommen des Rätsels Lösung näher, wenn wir überlegen, was es heißt, wenn wir sagen, ein Pianist spiele anmutig. Zu Anmut gehört eine gewisse Leichtigkeit oder Lockerheit der Bewegung. Das ist mit Anmut, mit „Gnade" gemeint: daß keine Mühe, kein Konflikt, kein angestrengtes Nachdenken, kein Kämpfen mehr im Spiel ist. Anmut ist der Zustand der Vollkommenheit. Anmut, Gnade ist *wu-wei*.

Doch bei den meisten Menschen, die einer „Arbeitsethik" frönen und alle, die den Standpunkt vertreten, „was nichts kostet, ist nichts wert", besteht die erste Reaktion auf ein Problem, auf das sie stoßen, darin, sich anzustrengen. Und die entsprechende Faustregel lautet dann: Praxis (etwas tun) sci die Vorbedingung der Gnade. Es verlangt Anstrengung, alles Angestrengte abzulegen. Im Fall der Spiritualität bedarf es der Anstrengung, zur Einsicht zu gelangen, daß alle Anstrengung umsonst ist.

Wenn wir sehen wollen, warum Gnade und Werke nicht unvereinbar miteinander sind, müssen wir den Mechanismus verstehen, durch den die Praxis bei der Pflege der Kunst zur Vollkommenheit führt. Nehmen wir als einfaches Beispiel die Kunst des Gehens. Darüber kann man viel lernen, wenn man einem Kind zuschaut, das das Gehen lernt. Das Gehen ist genau genommen eine unserer frühesten spirituellen Erfahrungen und geradezu ein Wunder. Um es zustande zu bringen, bedarf es eines ungemein komplizierten Systems körperlicher Fertigkeiten und mentaler Koordinationsleistungen. Erstaunlich ist, daß Kinder gehen lernen, indem sie einfach zu gehen beginnen. Sie brauchen nicht zu wissen, welchen Muskel sie betätigen oder welche Sehne sie anspannen müssen. Ja, zum Gehen braucht man überhaupt keine Theorie, kein Wissen, kein Nachdenken; es ist keine Angelegenheit der linken Gehirnhälfte. Alles, was ein Kind tun muß, ist, daß es der Natur ihren Lauf läßt. Bei der Praxis geht es genau genommen darum, zu lernen, der Natur nicht im Weg zu stehen, indem man sich Sorgen macht oder durch Fehler entmutigt wird. Es geht darum, Vertrauen zu entwickeln.

Das gleiche gilt für die Ausübung anderer Künste. Künstler müssen lernen, sich selbst loszulassen. Das Geheimnis von Spitzenleistungen liegt in einer vollkommenen Entspannung und im völligen Absehen von Erfolg oder Mißerfolg. Das Zeichen der Meisterschaft ist das Aufhören der Selbstbewußtheit. Wenn die Vorführung „anmutig" wird, ist der Vorführende nicht mehr einer, der etwas tut, sondern nur noch das Medium; es gibt nichts mehr zu „tun". So geht es letztlich bei allem Tun darum, das Vertrauen und Loslassen zu lernen. Solange noch eine Spur von Kampf oder Sich-Sorgen mit im Spiel ist, ist dies ein Zeichen, daß wir es noch nicht erreicht haben. Brillanz wird erreicht, wenn jeder Gedanke daran, etwas zu leisten, aufgehört hat. Das geschieht beim Spiel!

Das Zen ist die Kunst der Brillanz. Die Aufgabe des Zen-Übenden besteht hauptsächlich darin, zu vergessen: die Notwendigkeit, etwas zustande zu bringen, zu erobern, sich zu sorgen, besser zu sein als andere. Mit all dem setzt man sich selbst schachmatt. Das Üben besteht im Lernen, nicht zu denken. Laotse sagt vom Künstler aus der Kraft des Tao:

„Er verweilt im Wirken ohne Handeln.
Er übt Belehrung ohne Reden.
Alle Wesen treten hervor,
und er verweigert sich ihnen nicht.
Er erzeugt und besitzt nicht.
Er wirkt und behält nicht.

Ist das Werk vollbracht,
so verharrt er nicht dabei.
Und eben weil er nicht verharrt,
bleibt er nicht verlassen."[91]

In Schönheit leben heißt ohne Kampf leben. Ohne Kampf leben heißt einen gewöhnlichen Geist haben. Einer der Schüler des Meisters Seung Sahn verbrachte mit seiner Familie einen Tag am Strand. Er beobachtete einen Mann, der in formeller Zen-Haltung am Rand des Wassers saß, mitten in der Menschenmenge am Strand. Nach einer Weile stand der Mann auf, sprang ins eiskalte Meereswasser und schwamm darin ungefähr eine Viertelstunde. Der Schüler schrieb dem Meister und stellte ihm die Frage: „War das wahres Leersein: ins eiskalte Wasser zu tauchen, ohne offensichtlich etwas zu spüren?" Seung Sahns Antwort lautete:

„Zen ist klarer Geist, stets klarer Geist. Klarer Geist heißt: Alltagsgeist ist Wahrheit. Wenn jemand denkt: ‚Ich möchte schwieriges Üben erfahren', dann gut. Aber wenn man immer schwierige Übungen macht, heißt das, etwas machen. Wenn man etwas macht, wenn man an etwas hängt, dann hindert einen das, und man kann nicht zur vollkommenen, vollständigen Freiheit gelangen. Aber was ist schon vollkommen vollständig? Halte nicht Ich-mein-mir-mich fest. Dann siehst du, dann hörst du: alles ist vollkommen vollständig, nicht besonders."[92]

Meister Seung Sahn wies deutlich darauf hin, daß das Gegenteil des gewöhnlichen Geistes der *Heldengeist* ist; Jesus wußte das sehr wohl. Diesen Geist kann man auch als den Pharisäer-Geist oder den Ich-mein-mir-mich-Geist bezeichnen. Die Pharisäer, alte wie heutige moderne, sind Meister im Ich-mein-mir-mich-Spiel. Sie möchten sich immer von der Masse abheben. Die Pharisäer zur Zeit Jesu praktizierten eine Askese, die man als das „Einhalten der tausendundeins Regeln und Vorschriften" bezeichnete. Ihr Hauptproblem war, daß sie moralische Supermenschen sein wollten. Doch der Preis, ein Supermensch zu werden, ist sehr hoch. Schon der Name „Pharisäer" ist bezeichnend. Er bedeutet „die Besonderen". Die Askese der Pharisäer war so mühsam, daß sie sich aus dem gewöhnlichen Leben absondern mußten, um sie üben zu können.

Der Pharisäismus ist nichts, was der Vergangenheit angehört. Die Beliebtheit von Filmen wie *Superman* zeigt, daß der Heldengeist immer noch sehr lebendig ist. Einer der Gründe dafür, daß wir in unserer Überflußgesellschaft so unglücklich sind, liegt darin, daß die meisten von uns Sklaven dieser Supermann-Kultur sind. In der modernen kapitalistischen Gesellschaft wird der Ehrgeiz, verstanden als Streben nach Geld, Macht und Ansehen, weithin als der Motor des „Fortschritts" betrachtet; daß seine Kehrseite darin besteht, zu einer Welt des Kampfes jeder gegen jeden zu führen, in der Anstand und Rücksichtnahme auf der Strecke bleiben, wird vielfach übersehen. Die „Tugend" des Ehrgeizes wird uns von Kindheit an eingeimpft.

Unabhängig davon, ob nun solcher Ehrgeiz für das Fortkommen und Geschäfstüchtigkeit gut ist oder nicht, ist er jedenfalls für unsere spirituelle Gesundheit äußerst schädlich. Ein Interviewer fragte einmal C. S. Lewis, ob es für einen Christen falsch sei, ehrgeizig zu sein und nach persönlichem Erfolg zu streben. Er antwortete:

> „Ehrgeiz! Wir müssen genau darauf achten, was wir damit meinen. Wenn man damit den Wunsch meint, andere Leute zu überrunden – was man meiner Ansicht nach darunter versteht –, dann ist er schlecht. Wenn es sich aber einfach um den Wunsch handelt, etwas gut zu machen, dann ist er eine gute Sache."[93]

In gewisser Hinsicht ist Zen die Antithese zum Ehrgeiz; es ist der Alltagsgeist. Die Einübung ins Zen beginnt damit, alle Arten von Vorlieben oder Unterscheidungen zwischen idealen und gewöhnlichen Menschen abzulegen. Denn genau diese Art unterscheidenden Denkens ist die Wurzel des Problems. Hui Neng, der sechste Patriarch des Zen, gibt den Rat:

> „Wenn der eigene Geist gewöhnlich ist, warum sich dann um das Einhalten von Geboten sorgen? Wenn einer richtig handelt, wozu braucht er dann das Sitzen (zur Meditation)?"

Eine amüsante Bemerkung. Meister Hui Neng, vielleicht der bekannteste und geachtetste Mann der gesamten Geschichte des Zen, stellte die Nützlichkeit des Sitzens, also der überlieferten Art des sich Übens im Zen, in Frage. Ja, er ging sogar so weit, die Existenz der Erleuchtung zu leugnen, also des Grals der Zen-Tradition. An einer anderen Stelle in der gleichen Sutra sagte Hui Neng: „Letzten Endes gibt es nicht einmal eine Erleuchtung, von der man reden könnte; von der Notwendigkeit des Sitzens ganz zu schweigen."

Aber das ist nur die strikte logische Konsequenz einer Spiritualität, die dem Besonderen entsagt und das Gewöhnliche hochschätzt. Denn nur wenn sogar das höchste Gut (die Erleuchtung) beiseite gelassen wird, kann der „gewöhnliche Geist" ans Licht kommen. Laotse hat gesagt: „Die Tüchtigen nicht bevorzugen, so macht man, daß das Volk nicht streitet. Kostbarkeiten nicht schätzen, so macht man, daß das Volk nicht stiehlt."[94] Denn solange man besonders tüchtig sein will, ist dies immer noch Ausdruck des Ego. Ganz ähnlich hat auch der Meister Jesus die Tugend des Gewöhnlichseins gelehrt:

„Ihr aber sollt euch nicht Rabbi nennen lassen; denn nur einer ist euer Meister, ihr alle aber seid Brüder. Auch sollt ihr niemand auf Erden euren Vater nennen; denn nur einer ist euer Vater, der im Himmel. Auch sollt ihr euch nicht Lehrer nennen lassen; denn nur einer ist euer Lehrer, Christus. Der Größte von euch soll euer Diener sein. Denn wer sich selbst erhöht, wird erniedrigt, und wer sich selbst erniedrigt, wird erhöht werden" (Matthäus 23,8–12).

Auch heute gibt es viele Menschen, die sich gern selbst erniedrigen, um erhöht zu werden. Daran ist absolut nichts Neues. Es ist der gleiche alte Egoismus, nur jetzt als „Gutsein" getarnt. Aufwachen ist niemals einfach!

Jesus macht eine ganz „gewöhnliche" Aussage: „Kommt alle zu mir, die ihr euch plagt und schwere Lasten zu tragen habt. Ich werde euch Ruhe verschaffen" (Matthäus 11,28). Sie ist Gold wert. P. Tillich hat dazu bemerkt: „Er (Jesus) ist frei von Religion. Alle machen neue religiöse Gesetze. Er überwindet das religiöse Gesetz."[95]

Das Endziel der Religion ist ihre Selbstaufhebung.

Neuntes Kapitel

Was den Menschen unrein macht

*Hört und begreift: Nicht das, was durch den Mund
in den Menschen hineinkommt, macht ihn unrein,
sondern was aus dem Mund des Menschen herauskommt,
das macht ihn unrein.*
Jesus

Der Wissende redet nicht. Der Redende weiß nicht.
Laotse

Taubstumm, wie mag das sein? Stellen wir uns eine Welt ohne Reden, Worte oder Symbole vor. Eine Welt völligen Schweigens. Wollen wir wirklich verstehen, was das Heilige ist, können wir vielleicht hier ansetzen.

Obwohl ich nicht taubstumm bin, weiß ich, daß ich mich manchmal wie ein Taubstummer aufführe: Wenn andere reden, höre ich nicht zu; wenn ich rede, trete ich nicht wirklich in Kommunikation. Mir ist auch klar, daß ich nicht der einzige bin, der sich so verhält. Wir sind ein Volk, das lieber redet als zuhört. Wir sind ganz von uns selbst eingenommen und deshalb behindert, wir dreschen Worte, die längst ihren Sinn verloren haben, wir sind von unseren ständig ratternden Gedanken betäubt.

Ein Meditationszentrum hier in der Nähe veranstaltet von Zeit zu Zeit einwöchige Exerzitien, bei denen die Teilnehmer die ganze Zeit nicht reden dürfen. Meine Frau nahm einmal daran teil. (Ich selbst traute mich nicht. Eine volle Woche Zazen erschien mir als der sichere Weg in die seelische Krise.) Sieben Tage lang striktes Schweigen, keine Zeitungen, kein Fernsehen, keine Telefonate, kein Gespräch – es war wie ein völliges Abgeschnittensein von der Zivilisation. Auf einen Menschen unserer Zeit muß dies wie ein totaler Schock wirken, denn unsere Lebensart ist durch und durch vom Reden geprägt. Aber nach anfänglichen Bedenken ließ ich mich auf die Vorstellung ein und fragte mich, ob die Teilnehmer eigentlich etwas völlig Ungewöhnliches erfahren würden; etwas, das man als *Schönheit* bezeichnen könnte. Vielleicht ist es genau das, was wir immer wieder einmal tun müßten. Vielleicht müssen wir die Erfahrung der Taubheit machen, um neu hören zu lernen, und die Erfahrung des Stummseins, um wieder zu lernen, uns richtig auszudrücken.

Was ist das genau: *Zuhören*? Ist es reines Hören, also das passive Aufnehmen akustischer Reize, das mechanische Vibrieren des Trommelfells, seine Umwandlung in elektrische Signale und dann das Registrieren mentaler Daten im Gehirn? Zugegeben, schon dieser Vorgang als solcher ist ein Wunder an Kompliziertheit. Aber ist das alles? Wenn es das wäre, warum haben wir dann so große Kommunikationsprobleme mit unseren Ehepartnern, unseren Kindern, unseren Kollegen und unseren Kunden? Wenn das Zuhören ein angeborenes Vermögen ist, warum ist dann so viel von der Befähigung zu besserer Kommunikation die Rede?

Vielleicht kann uns hier eine Frau helfen, die eine besondere Kunst des Zuhörens entwickelt hat, nachdem sie ihr Gehör verloren hatte. „Zuhören heißt achtsam sein, wachsam sein, geduldig auf den nächsten Schlüssel der Kommunikation warten", schreibt die gehörlose Hannah Merker. „Das Hören ist nicht immer eine Hörkommunikation." Ihre Einsicht in das Zen des Zuhörens formuliert sie wie folgt:

„Wie läßt sich also das Wort ‚Zuhören' definieren, damit es alle Phänomene der Interaktion mit einschließt, die auftreten, wenn ein Stummer oder ein Gehörloser mit einem Freund am Strand spazierengeht und sich mit ihm unterhält . . . Bei einem solchen Menschen entgeht dem Ohr viel. Das Wunderbare dabei ist jedoch, daß der menschliche Körper bereit zu sein scheint, die Kluft zu überspringen. Wenn das Ohr nur noch ein leises Flüstern oder überhaupt nichts mehr wahrnimmt, schärfen sich die anderen Sinne und erfassen Zeichen der Kommunikation, die wir in der Hast des Lebens ganz vergessen haben. Das Hören erfolgt dann über das Sehen und Tasten und die Intuition.

Hören ist wohl letztlich ein Achtsamsein des Geistes."[96]

Das Hören hat also mit der Achtsamkeit zu tun. Ich war immer überzeugt, daß Gott über großen Einfallsreichtum verfügt. Wie sich herausstellt, werden Menschen mit Gehörschäden oft bessere Zuhörern als solche, die gut hören. Das ist das Wunder des Kompensierens. Hörgeschädigte merken, wie wichtig es ist, genau achtzugeben, und als Ausgleich für ihren Verlust schärfen sie ihre anderen Sinne. Sie lernen es, mit ihren Augen zu „hören", mit ihrer Intuition, mit ihrem Geist und mit ihrem ganzen Wesen. Ihre Taubheit wird zur besonderen Kraft.

Hören ist leicht; Zuhören ist schwierig. Wenigen von uns geht das auf, aber das Zuhören ist eine besondere Fertigkeit, kein angeborener Instinkt. Als solche ist es eine Kunst, die erworben werden muß. Zuzuhören bedeutet, empfindsam für die Wirklichkeit zu sein. Gute Zuhörer leben im Augenblick und achten auf das, was im Hier und Jetzt vorgeht. Percy C. Buck hat dazu bemerkt: „Beim Zuhören handelt es sich um die Anwendung des Geistes auf Geräusche, die das Ohr hört oder auch nicht hört." Genau darum geht es beim Zen: um das Hinhören auf das, was *jenseits* der Worte liegt.

Die Unfähigkeit zum Zuhören ist kein modernes Problem. Jesus beklagte sich oft über die Unfähigkeit der Menschen zu Beginn unserer Zeitrechnung, richtig zuhören zu können: „Begreift und versteht ihr immer noch nicht? Ist denn euer Herz verstockt? Habt ihr denn keine Augen, um zu sehen, und keine Ohren, um zu hören?" (Markus 8,17–18). Das Verhältnis von Zuhören und Heiligkeit wird in der folgenden Botschaft des Jesaja deutlich, die Gott durch den Propheten ausrichten ließ:

„Geh und sag diesem Volk: Hören sollt ihr, hören, aber nicht verstehen. Sehen sollt ihr, sehen, aber nicht erkennen. Verhärte das Herz dieses Volkes, verstopf ihm die Ohren, verkleb ihm die Augen, damit es mit seinen Augen nicht sieht und mit seinen Ohren nicht hört, damit sein Herz nicht zur Einsicht kommt und sich nicht bekehrt und nicht geheilt wird" (Jesaja 6,9–10).

Die interessanteste Stelle bei diesem Zitat ist der letzte Satz. Wir verbinden mit dem Begriff „heilig" oft die Vorstellung von „anders" oder „getrennt von den übrigen" zu sein, was in Wirklichkeit eine völlige Verkehrung seines ursprünglichen Sinns bedeutet. Wenn wir zur Wurzel dieses Wortes zurückgehen, stellen wir fest, daß es mit dem Wort „ganz" verwandt ist. „Ganz" heißt auf Griechisch *holos*; davon sind die englischen Wörter „whole" („ganz") und „holy" („heilig") abgeleitet wie auch das deutsche „heilig". Das deutet darauf hin, daß „heilig" mit „heil" und „ganz gesund" zu tun hat. *Heiligsein ist der Zustand des Ganzseins.* Der letzte Satz des Jesaja-Zitats besagt, daß das „Geheiltsein" und „Heiligsein" mit unserer Fähigkeit zu tun hat, mit unseren Augen zu sehen, mit unseren Ohren zu hören und mit unseren Herzen einzusehen, auch wenn vom Verstand hier nicht die Rede ist. Dabei sollten wir beachten, daß es sich beim Sehen, Zuhören und Einsehen immer um Aktivitäten der rechten Gehirnhälfte handelt.

Leider neigt unsere Kultur dazu, den Wert des Zuhörens zu verkennen. Ich kenne viele, die meinen, es sei recht fragwürdig, wenn Psychotherapeuten viel Geld dafür bekommen, „nichts zu tun als zuzuhören". Der Gedanke, daß das Zuhören ein gutes Stück weit heilend wirken könnte, ist ihnen fremd. Es stimmt, daß therapeutische Sitzungen oft zum großen Teil darin bestehen, daß der Patient redet und der Therapeut zuhört. Aber bedenken wir, daß das Geschichtenerzählen in vielen alten Kulturen als heilige Kunst betrachtet wurde, denn es war tatsächlich eine Form der Sinngebung und des Verarbeitens von Lebenserfahrungen. Das Zuhören des Therapeuten dient mindestens zwei ganzmachenden Zwecken. Zunächst schafft es eine für das Geschichtenerzählen des Patienten förderliche Atmosphäre. Und zweitens bringt es sorgende Teilnahme zum Ausdruck und symbolisiert das Überwinden der zwischenmenschlichen Entfremdung. Natürlich ist das Zuhören ganz allgemein etwas Wertvolles, nicht nur im Rahmen einer psychotherapeutischen Sitzung. Ich habe das Konzept des vorliegenden Buches einer ausgebildeten Krankenschwester gegeben, die gerade mit ihrer Diplomarbeit beschäftigt war. Nach dem Lesen meines Entwurfs schrieb sie mir:

„Bei meiner Arbeit bin ich darauf gekommen, daß die Fähigkeit der Schwester, dem Patienten und seinen Angehörigen wirklich zuhören zu können, dazu beiträgt, die Qualität der persönlichen Beziehung aller Beteiligten zueinander zu vertiefen. Oft führt sie sogar dazu, daß man den Zeitpunkt des Sterbens eines Patienten voraussagen kann. Von da her gesehen glaube ich, daß bei der Pflege wohl keine Fähigkeit höher anzusetzen ist als die, richtig zuhören zu können. Mit voller Aufmerksamkeit zuhören zu können, verschafft Authentizität und Vertrauen."

Heiligkeit scheint mit den Augen und den Ohren zu tun zu haben; das unrein Werden anscheinend eher mit dem Mund. Über die Herkunft der Unreinheit sagte Jesus in einem seiner tiefgründigen Lehrsätze: „Hört und begreift: Nicht das, was durch den Mund in den Menschen hineinkommt, macht ihn unrein, sondern was aus dem Mund des Menschen herauskommt, das macht ihn unrein" (Matthäus 15,10–11). Als ihn seine Jünger baten, ihnen das genauer zu erklären, fügte Jesus hinzu:

„Begreift ihr nicht, daß alles, was durch den Mund hineinkommt, in den Magen gelangt und dann wieder ausgeschieden wird? Was aber aus dem Mund herauskommt, das kommt aus dem Herzen, und das macht den Menschen unrein. Denn aus dem Herzen kommen böse Gedanken, Mord, Ehebruch, Unzucht, Diebstahl, falsche Zeugenaussagen und Verleumdungen. Das ist es, was den Menschen unrein macht" (Matthäus 15,17–20).

Hier ist eine Brücke zwischen der jüdisch-christlichen Tradition und der fernöstlichen Mystik geschlagen. Die Erfahrung des Heiligen ist mit der *Spiritualität des Schweigens* eng verbunden. Wenn Jesus das Unreinsein mit dem Mund in Verbindung bringt, hat das einen Vorläufer im Buch Jesaja. Der Prophet Jesaja beschrieb seine Erfahrung des Heiligen folgendermaßen:

„Im Todesjahr des Königs Usija sah ich den Herrn. Er saß auf einem hohen und erhabenen Thron. Der Saum seines Gewandes füllte den Tempel aus. Serafim standen über ihm. Jeder hatte sechs Flügel: Mit zwei Flügeln bedeckten sie ihr Gesicht, mit zwei bedeckten sie ihre Füße, und mit zwei flogen sie. Sie riefen einander zu: Heilig, heilig, heilig ist der Herr der Heere. Von seiner Herrlichkeit ist die ganze Erde erfüllt. Die Türschwellen bebten bei ihrem lauten Ruf, und der Tempel füllte sich mit Rauch. Da sagte ich: Weh mir, ich bin verloren. Denn ich bin ein Mann mit unreinen Lippen, und meine Augen haben den König, den Herrn der Heere, gesehen. Da flog einer der Serafim zu mir;

er trug in seiner Hand eine glühende Kohle, die er mit einer Zange vom Altar genommen hatte. Er berührte damit meinen Mund und sagte: Das hier hat deine Lippen berührt: Deine Schuld ist getilgt, deine Sünde gesühnt" (Jesaja 6,1–7).

Beachten wir: Eine glühende Kohle berührte die Lippen des Propheten Jesaja, und auf der Stelle waren seine Schuld und Sünde getilgt. Was symbolisiert das? Warum sind dabei Mund und Lippen so wichtig? Und was hat das mit der Heiligkeit zu tun? Was können wir mit diesem Koan des Jesaja anfangen, und wie hängt es mit der Lehre Jesu über das Unreinwerden zusammen? Die folgende kleine Erzählung aus der Vimalakirti-Sutra mag uns eine Hilfe dafür bieten:

„Einmal kam eine Gruppe Bodhisattvas (erleuchteter Wesen mit großer Kraft) zusammen, um das Dharma (die Wahrheit) zu erörtern. Vimalakirti, der weiseste aller buddhistischen Laien, sagte zu den anderen: ‚Ihr Tugendhaften, könnte bitte jeder von euch etwas über das nichtduale Dharma (d. h. die Absolute Wahrheit) sagen, wie er es versteht?' Daraufhin fingen die Bodhisattvas an, der Reihe nach ihre Auffassung über dieses Thema zu äußern. Als alle fertig waren, fragte der Bodhisattva Manjusri den Vimalakirti, wie er es verstehe. *Vimalakirti verharrte im Schweigen.*

Daraufhin rief Manjusri aus: ‚Ausgezeichnet, ausgezeichnet! Kann es denn eine wirkliche Initiation in das nichtduale Dharma geben, solange man nicht aufhört, Worte und Reden darüber zu schreiben oder zu sprechen?'"

Diese Geschichte steht bei den Zen-Leuten in hohem Ansehen und wird als „das donnernde Schweigen des Vimalakirti" bezeichnet. Jetzt erschließt sich uns besser die tiefe Einsicht Jesu in die Natur des Unreinwerdens und in das Geheimnis des Koans von Jesaja. Was den Menschen unrein macht, ist das, was aus seinem Mund kommt, und was aus dem Mund kommt, sind Wörter, Wörter und immer noch mehr Wörter! Wörter sind das Problem. Wir werden unrein durch unsere Wörter, diese Wörter, die ein Spiegelbild unseres Denkens sind.

Was stimmt mit den Wörtern nicht? Warum sind sie der Ursprung des Unreinwerdens? Bevor wir auf diese Fragen genauer eingehen, wollen wir einen Blick auf die Legenden werfen, die es in der Welt über die Erschaffung der Wörter und ihre Bedeutung gibt. Laut der chinesischen Mythologie bebten die Himmel und weinte die spirituelle Welt, als die Menschenwesen die Wörter erfanden; so folgenreich war diese Erfindung! In der jüdisch-christlichen Tradition spielen die Wörter ebenfalls eine zentrale Rolle. Aus dem Buch Genesis erfahren wir, daß die Menschheit wegen einer Sprachverwirrung anläßlich des Turmbaus zu Babel zerfiel (vgl. Genesis 11,1–9). Das Johannesevangelium beginnt mit der Aussage:

„Im Anfang war das Wort, und das Wort war bei Gott, und das Wort war Gott. Im Anfang war es bei Gott. Alles ist durch das Wort geworden, und ohne das Wort wurde nichts, was geworden ist. In ihm war das Leben, und das Leben war das Licht der Menschen" (Johannes 1,1–4).

Wenn wir das Heilige ergründen wollen, müssen wir beim Verständnis der Wörter anfangen, um von da her den gesamten Prozeß des Denkens zu verstehen.

Was steckt in einem Wort? Ist es nicht die Kristallisation eines Gedankens? Einem Wort liegen Gedanken zugrunde, und den Gedanken Begriffe. Das Fundament des gesamten Sprachgebäudes besteht aus Begriffen; diese stellen die Lego-Bausteine des Geistes dar. Sie sind die kleinsten Bausteine. Als erstes ist zu bedenken, daß ein Wort nie die gleiche Wirklichkeit ist wie das, was es darzustellen versucht. Es ist bestenfalls eine Metapher. Wenn wir „Blumen" sagen, wachsen uns keine Blumen aus dem Mund. Alfred Korzbyski hat es so formuliert: „Die Landkarte ist nicht das Gelände."

Ein Begriff ist notwendigerweise eine Abstraktion, und eine Abstraktion notwendigerweise eine Vereinfachung. Da Begriffe Vereinfachungen sind, können sie nie die Fülle an Details und die Bedeutungsvielfalt sowie den fließenden Charakter und die Integrität, das heißt die Ganzheit, die unzertrennte Natur des Lebens fassen. Friedrich Nietzsche sagte über die Wörter:

„Das ‚Ding an sich' (denn das wäre die reine Wahrheit, ohne Anhängsel) bleibt den Schöpfern der Sprache ziemlich unbegreiflich, und es lohnt gar nicht, auf es aus zu sein . . . Jeder Begriff entsteht dadurch, daß wir Dinge gleichsetzen, die ungleich sind. Kein Blatt gleicht je ganz einem anderen, und man bildet den Begriff ‚Blatt', indem man willkürlich von diesen individuellen Unterschieden abstrahiert und sie vergißt. So läßt man die Vorstellung entstehen, es könne in der Natur neben den einzelnen Blättern so etwas wie das ‚Blatt an sich' geben, eine Art Urform des Blattes, nach der alle Blätter gewoben, gezeichnet, kopiert, gefärbt, gekräuselt, bemalt worden sind, allerdings von ungeschickten Händen, so daß keine Kopie zum korrekten, verläßlichen und getreuen Abbild der Urform geriet."[97]

Nehmen wir das Wort „Becher", um deutlich zu machen, was mit dem „fließenden Charakter" gemeint ist. Im Wörterbuch wird Becher definiert als „ein kleines, offenes Gefäß zum Trinken". Kann aber der Begriff eines Bechers wirklich alle Einzelheiten eines Gegenstandes erfassen, den wir als Becher bezeichnen? Ich kann diesen „Becher" als Gewicht auf die Waage stellen, ihn als Musikinstrument verwenden und ihm Töne entlocken, als Waffe (indem ich ihn jemandem an den Kopf werfe), als Zirkel (indem ich ihn als Schablone benütze).

Und jetzt was die „Integrität" betrifft. Nehmen wir das Wort „Reis". Einem Abendländer, dessen Grundnahrungsmittel nicht der Reis ist, sagt das Wort vielleicht nicht sehr viel. Für einen Chinesen, der in einer traditionellen Familie aufgewachsen ist wie ich, besitzt das Wort „Reis" eine Fülle von Bedeutungen. Als kleinem Jungen sagte mir meine Großmutter, ich solle jedes einzelne Reiskorn in meiner Schüssel als Schatz und als Erzeugnis von viel Schweiß und Mühe betrachten. Wenn wir unseren Reis essen, sollten wir an die Bauern denken, die sich plagen, damit wir Reis zu essen haben. Genauso sollten wir an unseren Vater denken, der so schwer arbeitet, um das Essen auf unseren Tisch zu bringen, sowie an seine Kunden und seinen Arbeitgeber. Dann geht unser Gedanke vielleicht bis zur Mutter Natur zurück, die uns die Sonne, die Wolken und den Regen schickt, ohne die es keine Ernte geben würde.

Wenn die Chinesen über ihren Reis nachdenken, entspricht das also dem Brauch der Abendländer, vor dem Essen aus Dankbarkeit ein Tischgebet zu sprechen. Beides sind sehr schöne Bräuche und Rituale. Bei diesen Ritualen der Danksagung erinnern wir uns daran, daß wir mit allen anderen und allem anderen im Universum verbunden sind. Wir erkennen den Sinn der zeitlosen Worte von William Blake: „die Welt in einem Sandkorn sehen . . .“ (Man könnte sie erst recht in einem Reiskorn sehen.) So fängt Heiligkeit an: sich der Ganzheit des Lebens bewußt zu werden, unsere wechselseitige Abhängigkeit voneinander zu erkennen, unser Einssein zu feiern.

Leider erfaßt das Wort „Reis“ (oder auch „Brot“) nie diese Gesamtheit, diese Integrität. Beim Prozeß der Abstraktion geht sehr viel verloren. In den Buchstaben *R, e, i* und *s* sehen wir nichts von der Mühe des Bauern, und sie wecken in uns nicht die Gefühle der Dankbarkeit oder der Freude darüber, mit allen und allem anderen verbunden zu sein. Friedrich Nietzsche hat bemerkt, im Vergleich mit der Musik sei unsere gesamte verbale Kommunikation schamlos, denn Wörter verwässern und vergröbern; Wörter entpersönlichen; Wörter machen das Ungewöhnliche gewöhnlich. Ja, Wörter entheiligen und machen unrein! Thich Nhat Hanh liefert uns ebenfalls eine Veranschaulichung des Problems des Abstraktion, dieses Mal bei Adjektiven, und zwar in einem kurzen Kapitel mit der Überschrift „Blumen und Müll“:

„Unrein oder makellos. Schmutzig oder sauber. Das sind Begriffe, die wir in unserem Geist bilden. Eine wunderschöne Rose, die wir gerade geschnitten und in eine Vase gestellt haben, ist rein. Sie riecht so gut und frisch. Ein Komposteimer ist das Gegenteil. Er riecht schrecklich und ist voller verrottender Dinge.

Aber das ist nur so, wenn wir die Außenseite betrachten. Sehen wir tiefer, so wird uns deutlich: in nur fünf oder sechs Tagen gehört auch die Rose zum Kompost. Ja, wir brauchen gar nicht fünf Tage zu warten. Wenn wir uns nur die Rose anschauen, und zwar tief genug schauen, dann sehen wir es schon jetzt. Und wenn wir in den Komposteimer schauen, können wir sehen, daß sein Inhalt in wenigen Monaten schon wieder in wunderbares Gemüse umgewandelt sein kann, vielleicht sogar in eine Rose. Wenn Sie ein guter organischer Gärtner sind, können Sie beim Anblick der Rose schon den Kompost sehen, und beim Anblick des Komposts schon die Rose. Rosen und Kompost existieren je voneinander. Ohne Rose kein Kompost, ohne Kompost keine Rose. Sie sind für ihr Vorhandensein ganz aufeinander angewiesen. Die Rose und der Kompost sind gleich.

Der Kompost ist genauso kostbar wie die Rose. Wenn wir tiefer in die Begriffe von Unreinheit und Makellosigkeit hineinschauen, kommen wir wieder auf den Begriff des voneinander Existierens zurück."[98]

Adjektive sind gefährlich; sie schaffen den Eindruck der Unabhängigkeit, wo es eine solche nicht gibt. Wo ist das Gute ohne Böses? Wo ist das Reine ohne Unreines? Wo ist Reichtum ohne Armsein? Wo ist Licht ohne Dunkelheit? Diese sogenannten Gegensätze bedingen doch einander in ihrem Dasein. Nachdem ein Bekannter von mir, der Lehrer ist, den ersten Entwurf für dieses Kapitel gelesen hatte, sagte er mir, er habe jetzt damit angefangen, den Kindern gegensätzliche Begriffe nicht mehr als einander ausschließend, sondern als einander ergänzend zu erklären. Es ist eine gute Möglichkeit, jungen Menschen die Vorstellung der Ganzheit zu erschließen.

Was geschieht, wenn wir ein Phänomen angreifen, kritisieren oder verurteilen? Was geschieht, wenn wir einen Menschen aussondern, ihn als Ekel bezeichnen? Tun wir dann nicht so, als verfüge dieser Mensch über ein isoliertes und unabhängiges Dasein? Wir waschen uns dann wie Pontius Pilatus die Hände und erklären der Welt: „Ich habe damit nichts zu tun!" Aber sind wir für ihn tatsächlich in keinerlei Hinsicht verantwortlich? Wenn ein Verbrechen geschieht, wenn jemand in der Welt hungert, wenn ein Kind verlassen ist, wenn sich eine Frau mit Prostitution über Wasser halten muß, können wir dann wirklich unsere Hände in Unschuld waschen?

Bei der Wettervorhersage gibt es das Phänomen des „Schmetterlingseffekts". Gemeint ist damit, daß der Flügelschlag eines kleinen Schmetterlings heute in Peking das Sturmsystem des nächsten Monats in New York beeinflussen kann: Eine Weise, anschaulich zum Ausdruck zu bringen, daß schon kleinste Veränderungen am Input in ein großes System eine überwältigende Auswirkung auf den Output des Systems haben können. Vielleicht sollten wir uns selbst als solche kleine Schmetterlinge betrachten.

Im Judentum gab es die Vorstellung, wenn einer sündige, sündige man als ganze Nation. Auch die Buddhisten kannten immer die Vorstellung eines *partizipatorischen Karma*, also einer Art von gemeinschaftlichem Karma, das von allen empfindenden Lebewesen gemeinsam gestaltet wird. Der Buddha lehrte die Wahrheit der *abhängigen Gleich-Ursprünglichkeit*, das heißt: alles in der Welt hängt in seinem Entstehen und Dasein von allem anderen ab, und nichts hat ein unabhängiges Dasein. Als ich meine muslimische Bekannte fragte, was die wichtigste Lehre des Islam sei, zögerte sie nicht, mir die ganz entsprechende Antwort zu geben: „Gott ist Einer." Das Einssein ist ein Grundpfeiler aller Religionen, obwohl unsere Wörter diese grundlegende Wirklichkeit oft verschleiert haben.

Sollte Christen diese Vorstellung des Einsseins nicht vertraut sein, so mag ihnen die folgende Stelle aus dem Matthäusevangelium eine Verständnishilfe bieten:

„Wenn der Menschensohn in seiner Herrlichkeit kommt und alle Engel mit ihm, dann wird er sich auf den Thron seiner Herrlichkeit setzen. Und alle Völker werden vor ihm zusammengerufen werden, und er wird sie voneinander scheiden, wie der Hirt die Schafe von den Böcken scheidet. Er wird die Schafe zu seiner Rechten versammeln, die Böcke aber zur Linken. Dann wird der König denen auf der rechten Seite sagen: Kommt her, die ihr von meinem Vater gesegnet seid, nehmt das Reich in Besitz, das seit der Erschaffung der Welt für euch bestimmt ist. Denn ich war hungrig, und ihr habt mir zu essen gegeben; ich war durstig, und ihr habt mir zu trinken gegeben; ich war fremd und obdachlos, und ihr habt mich aufgenommen; ich war nackt, und ihr habt mir Kleidung gegeben; ich war krank, und ihr habt mich besucht; ich war im Gefängnis, und ihr seid zu mir gekommen. Dann werden ihm die Gerechten antworten: Herr, wann haben wir dich hungrig gesehen und dir zu essen gegeben, oder durstig und dir zu trinken gegeben? Und wann haben wir dich fremd und obdachlos gesehen und aufgenommen, oder nackt und dir Kleidung gegeben? Und wann haben wir dich krank oder im Gefängnis gesehen und sind zu dir gekommen? Darauf wird der König ihnen antworten: Amen, ich sage euch: Was ihr für einen meiner geringsten Brüder getan habt, das habt ihr mir getan" (Matthäus 25,31–40).

Wissen Sie, was es heißt, heilig zu sein? Möchten Sie herausfinden, wie heilig Sie sind? Hier ein einfacher Test: Sehen Sie aufrichtig die Heiligkeit in jedem anderen? Ich meine wirklich: in *jedem* anderen.

Es genügt nicht, die Heiligkeit nur in Ihrem Priester, Ihrem Guru, Ihrem Lehrer oder in Ihren Eltern zu sehen. Das meinte Jesus, als er sagte: Christus ist drunten im Obdachlosen auf der Straße, der um Geld bittet, Christus ist in allen, die AIDS-krank sind, Christus ist in allen Kriminellen, die unsere Gefängnisse füllen . . . Was tun Sie, wenn Sie einen von ihnen sehen? Eine der Grundübungen des tibetischen Buddhismus besteht darin, jeden Menschen als Buddha zu betrachten. Es ist schon schwierig genug, jeden Menschen als nicht schuldig, nicht schäbig, nicht bösartig anzusehen. Umso schwerer fällt es, jeden Menschen als Buddha oder Christus zu betrachten, und selbst dann, wenn ihn die Gesellschaft bereits als Kriminellen, als Terroristen, als Hure abgestempelt hat, in ihm dennoch wirklich seine *innere Heiligkeit* zu sehen. Heilig sein heißt, das Einssein sehen, das uns alle miteinander vereint.

Jesus sagte, unsere Worte und unsere Gedanken machten uns unrein. Um dieses Unreinwerden genauer zu verstehen, müssen wir zunächst sehen, wie unsere linke Gehirnhälfte funktioniert. Wörter werden vom Denken erzeugt, und das Denken wird vom Geist erzeugt. Was genau ist das Denken? Was spielt sich ab, wenn wir die Begriffe von sauber und schmutzig, Reinheit und Unreinheit, Gut und Böse, Ich und die anderen formulieren? Dabei trennen wir doch, isolieren, nehmen Bruchstücke heraus und setzen künstliche Grenzen. Wir sagen genau genommen, das Saubere habe nichts mit dem Schmutzigen zu tun, die Reinheit nichts mit der Unreinheit, das Gute nichts mit dem Bösen. Dabei übersehen wir das grundsätzliche Einssein, das alles verbindet. Indem wir das tun, entfernen wir uns von der Wirklichkeit und verletzen die Ganzheit des Lebens. Tatsache ist, daß in einer auf wechselseitigen Abhängigkeiten beruhenden Welt alle Abgrenzungen willkürlich sind. Meister Eckhart hat bemerkt: „Alle Unterscheidungen sind in Gott verloren."

Jetzt können wir besser verstehen, warum der Engel die Lippen des Jesaja mit einem Stück glühender Kohle berührte und warum Jesus uns aufforderte, auf das zu achten, was aus unserem Mund herauskommt. Diese Metaphern verweisen auf den Denkprozeß, der all dem zugrundeliegt. Paulus erklärt: „Auf Jesus, unsern Herrn, gründet sich meine feste Überzeugung, daß an sich nichts unrein ist; unrein ist es nur für den, der es als unrein betrachtet" (Römer 14,14). Der springende Punkt ist, daß das Unreinsein eine Erfindung unseres Geistes ist. Es ist das Ergebnis des Denkens: dabei spielt sich ein Prozeß der Bildung von Begriffen ab, der immer mit Bruchstücken arbeitet und nicht ganzheitlich ist. Das folgende *mondo* (ein Frage- und Antwortspiel im Zen) bringt es auf den Punkt:

> „Schüler: Sagt die Sutra nicht, daß alles nur Einbildung sei? Wenn das so ist, warum sollten wir uns dann die Mühe des Übens machen?
> Lehrer: Das ist richtig. Gib dir keine Mühe mit Üben; mache einfach nichts unrein.
> Schüler: Könntest du mir bitte sagen, was Unreinheit ist?
> Lehrer: Du machst schon wieder Unreines!"

Wie entstehen Phänomene wie Sünde, Unreinheit und Schuld? Auf diese schwierige Frage gibt der italienischen Regisseur Federico Fellini in seinem Film „8 $^1/_2$" eine originelle Antwort. In einer denkwürdigen Szene geht darin eine Gruppe kleiner Jungen mit einem Priester an den Strand hinaus. Der Priester entfernt sich, und es kommt eine Prostituierte vorbei. Die Jungen haben noch nie eine Prostituierte gesehen und sind von ihr sehr beeindruckt. Sie grüßen sie und fragen sie, wovon sie lebe. „Ich bin eine Prostituierte", gibt sie zur Antwort. Die Kinder können sich nicht recht vorstellen, was das ist. Aber ein etwas älterer Junge erklärt den Kleineren, eine Prostituierte sei eine Frau, die um Geld irgendwelche interessante Dinge mache. Die Jungen bereden das miteinander und beschließen, sich von ihr etwas vorführen zu lassen. Sie legen Geld zusammen und geben es der Prostituierten. Die Prostituierte findet das recht amüsant, zieht sich also aus und tanzt nackt vor den Jungen. Diese sind davon fasziniert, klatschen Beifall und tanzen mit. Alles bleibt ein herrliches Spiel, bis der Priester wieder kommt und zu schreien anfängt. Fellini fügte ganz im Sinn des Zen hinzu: „In diesem Augenblick wurden die Kinder verdorben; bis dahin waren sie unschuldig und wunderschön."

Man sollte sich nicht von der scheinbaren heiteren Leichtigkeit des Films täuschen lassen, denn hier wird nicht weniger als das kosmische Drama der Geschichte vom Sündenfall wiederaufgeführt. In der Erzählung im Buch Genesis wird dieser Fall als Ergebnis davon dargestellt, daß Adam und Eva vom Baum der Erkenntnis des Guten und des Bösen aßen, wodurch ihnen die Augen aufgingen: eine wunderbare Metapher für das Erwachen des Bewußtseins. Wenn uns „die Augen aufgehen", fangen wir an, die Welt zu kennen und alle möglichen Unterscheidungen, Vergleiche und Formen der Auswahl anzustellen. Wir werden ganz zu Menschen.

Aber wie so vieles im Leben, ist das Bewußtsein ein zweischneidiges Schwert. Das Bewußtsein steigert zwar unsere Überlebenschance und ermöglicht die Zivilisation, aber zugleich ist es die Quelle alles Leidens. Mit dem Erwachen des Intellekts kommen Angst, Scham und Schuld ins Spiel. Ob uns das paßt oder nicht, die Angst ist der Preis, den wir für den Vorzug, ein Bewußtsein zu haben, bezahlen müssen. Daß die Lage in Wirklichkeit nicht ganz so schlimm ist, wie sie aussieht, wird nur leise mit der Frage Gottes angedeutet: „Wer hat dir gesagt, daß du nackt bist?" (Genesis 3,11). Erst viel später wurde die gleiche Frage noch einmal formuliert, dann aber von einem mitfühlenden Zenlehrer namens Jesus und auf erhellendere Weise: „Hat dich keiner verurteilt?" (Johannes 8,10).

Antwortete Vimalakirti mit einem donnernden Schweigen, so stellte Gott die donnernde Frage: „Wer hat dir gesagt, daß du nackt bist?" Das ist das Koan Gottes. Den besten Kommentar dazu habe ich bei Joel Goldsmith, Amerikas ureigenem Mystiker, gefunden:

„In dieser Frage ist das ganze Wesen des Menschenlebens zusammengefaßt. Jeder von uns befindet sich im gleichen Zustand, in dem sich Adam vorfand. Solange wir von der Existenz von Gutem und Bösem überzeugt sind, sind wir wie Adam, der sich versteckt, wie Adam außerhalb des Gartens Eden, und deshalb bedecken wir alle unsere ‚Nacktheit'.

... Wer hat ihm gesagt, es sei moralischer, den Körper zu verhüllen, als ihn offen zu zeigen? Wer hat ihm gesagt, daß es Sünde gibt? Wer hat diesen Zustand geschaffen? Mit dieser Frage sagt Gott indirekt eindeutig, daß er es nicht war. Gott sagte nicht, an einem nackten Körper sei irgendetwas Schlechtes, noch sagte er, sonst sei irgendetwas Schlechtes auf dem Angesicht der Erde."[99]

Amen. Im ersten Buch der Bibel steht auch die Bemerkung: „Gott sah alles an, was er gemacht hatte: es war sehr gut" (Genesis 1,31).

So stellt sich Sünde als ein Akt der Selbsttäuschung und Selbstverurteilung heraus. Die Mystiker scheinen das allgemein so zu verstehen. Ein Zen-*mondo* besagt genau das gleiche:

> „Einmal kam ein Zen-Schüler zu einem Meister, um ihn nach dem Weg zur Befreiung zu fragen. Der Meister fragte ihn: ‚Wer hält dich gefangen?‘ Der Schüler war verblüfft, gab aber dann zur Antwort: ‚Niemand hält mich gefangen.‘ Hierauf erwiderte der Meister: ‚Warum suchst du dann Befreiung?‘“

Von daher fällt neues Licht auf einen anderen eindrucksvollen Abschnitt in den Evangelien, der vielen Menschen schwer verständlich vorkommt. Es ist die Stelle, an der Jesus von einer Sünde spricht, die „nicht vergeben“ wird. Der Text hört sich vordergründig ziemlich erschreckend an:

> „Die Pharisäer sagten: Nur mit Hilfe von Beelzebul, dem Anführer der Dämonen, kann er die Dämonen austreiben. Doch Jesus wußte, was sie dachten, und sagte zu ihnen: Jedes Reich, das in sich gespalten ist, geht zugrunde, und keine Stadt und keine Familie, die in sich gespalten ist, wird Bestand haben. Wenn also der Satan den Satan austreibt, dann liegt der Satan mit sich selbst im Streit. Wie kann sein Reich dann Bestand haben? Und wenn ich die Dämonen durch Beelzebul austreibe, durch wen treiben dann eure Anhänger sie aus? Sie selbst also sprechen euch das Urteil. Wenn ich aber die Dämonen durch den Geist Gottes austreibe, dann ist das Reich Gottes schon zu euch gekommen. Wie kann einer in das Haus eines starken Mannes einbrechen und ihm den Hausrat rauben, wenn er den Mann nicht vorher fesselt? Erst dann kann er sein Haus plündern. Wer nicht für mich ist, der ist gegen mich; wer nicht mit mir sammelt, der zerstreut.
> Darum sage ich euch: *Jede Sünde und Lästerung wird den Menschen vergeben werden, aber die Lästerung gegen den Geist wird nicht vergeben.* Auch dem, der etwas gegen den Menschensohn sagt, wird vergeben werden; wer aber etwas gegen den Heiligen Geist sagt, dem wird nicht vergeben, weder in dieser noch in der zukünftigen Welt“ (Matthäus 12,24–32).

Ich habe mich immer gefragt, weshalb es eine Sünde geben kann, die nicht vergeben wird, wo doch Gott reine Liebe ist. Warum ist die „Lästerung gegen den Geist" etwas derart Besonderes, daß sie zur ewigen Verdammnis führt? Diese Frage beschäftigte mich, bis mir aufging, daß der „Heilige Geist" gar keine Wirklichkeit von außen her ist. Jesus offenbarte es, als er uns das richtige Beten lehrte:

> „Du aber geh in deine Kammer, wenn du betest, und schließ die Tür zu; dann bete zu deinem Vater, der im Verborgenen ist. Dein Vater, der auch das Verborgene sieht, wird es dir vergelten.
>
> Wenn ihr betet, sollt ihr nicht plappern wie die Heiden, die meinen, sie werden nur erhört, wenn sie viele Worte machen. Macht es nicht wie sie; denn euer Vater weiß, was ihr braucht, noch ehe ihr ihn bittet" (Matthäus 6,6–8).

Paulus hat das genauer erklärt: „Denn wir wissen nicht, worum wir in rechter Weise beten sollen; der Geist selber tritt jedoch für uns ein mit Seufzen, das wir nicht in Worte fassen können. Und Gott, der die Herzen erforscht, weiß, was die Absicht des Geistes ist: Er tritt so, wie Gott es will, für die Heiligen ein" (Römer 8,26–27).

Darin liegt das große Geheimnis: der Heilige Geist ist unser wahres Selbst und unsere Wesensmitte. Wer kann uns erlösen, wenn wir unser innerstes Wesen ständig verurteilen oder schlecht von ihm reden? Es ist, als führe man in seinem Herzen einen Bürgerkrieg. Jesus gebrauchte dafür das Bild vom „Reich, das in sich gespalten ist"; ihm kann nicht geholfen werden. Folglich besteht der erste Schritt darin, in seinem Inneren Frieden zu schließen.

Gott kennt keine Sünde. Der von Schuldgefühlen geplagte Verlorene Sohn sagte zu seinem Vater: „Vater, ich habe mich gegen den Himmel und gegen dich versündigt; ich bin nicht mehr wert, dein Sohn zu sein" (Lukas 15,21). Aber sein Vater ging darauf nicht ein. Er sagte nur zu seinen Knechten: „Holt schnell das beste Gewand, und zieht es ihm an, steckt ihm einen Ring an die Hand, und zieht ihm Schuhe an" (15,22). Wenn Sünde eine Entfremdung von Gott ist, dann findet diese Entfremdung im eigenen Kopf statt. Es ist eine vom Verstand erzeugte Illusion. Unser Verstand arbeitet so, daß er alles aufteilt, Vorlieben entwickelt und die Dinge als gut oder schlecht einsortiert. Das ist das natürliche Ergebnis der Evolution des menschlichen Bewußtseins und gehört zum Erwachsenwerden. Rabbi Lawrence Kushner bezeichnet die Szene im Garten Eden als ein Grundmuster:

> „Was Adam und Eva im Garten taten, war keine Sünde; es war etwas, das geschehen mußte. Ja, es geschah seither in jeder Generation immer wieder. Kinder gehorchen ihren Eltern nicht, und indem sie sich so verhalten, vervollständigen sie ihr eigenes Geschaffensein. Adam und Eva werden verführt, aber nicht von der Schlange, sondern von Gott . . .
>
> Der Preis, den man für seine Autonomie und Individuation bezahlen muß, ist das Trauma der Trennung von den Eltern. Im Kern jeder Psyche steckt ein tiefer Schmerz. Wir sind nicht wegen der Sünde Adams und Evas schuldig, wie die orthodoxe christliche Lehre von der Erbsünde behauptet . . . Es geht gar nicht um Sünde oder Schuld oder auch nur Ungehorsam. Der unerläßliche Preis dafür, ein autonomer Erwachsener zu werden, ist der nicht enden wollende Schmerz der Trennung."[100]

Wie sieht danach die Lösung aus? Wie können wir in den Garten Eden zurückgelangen? Wenn das Problem damit beginnt, daß bei uns Bewußtsein und Vernunft entstehen, heißt das dann, daß wir unsere Worte, unsere Gedanken und unsere Zivilisation wieder aufgeben sollen, um auf diese Weise wieder unseren Frieden zu finden?

Eines ist gewiß: Das Denken wird unser spirituelles Problem nicht lösen, weil es dafür von Natur aus alles viel zu sehr aufteilt. Ein Zugang zur Wahrheit erschließt sich uns nicht über unseren Verstand, da sich das Heilige nicht in Begriffe fassen läßt. Der moderne Mensch meint allerdings, sein Verstand sei allmächtig. Er hat uns bis auf den Mond geholfen. Er steuert unser wissenschaftliches Forschen und unsere technologischen Durchbrüche. Vielleicht hilft er uns sogar, ein Heilmittel gegen AIDS zu finden. Aber leider ist unser Verstand auf bestimmten Gebieten völlig hilflos: Er kann uns nicht zum Glück verhelfen; er kann nicht unsere Kriege beenden, weder in unserem Inneren noch im Äußeren; er kann uns nicht ganz machen.

Wo liegt ist dann der Weg? Wie können wir unserem Verhaftetsein an das Denken entkommen? Wie können wir die Wunde der

Welt heilen? Johannes vom Kreuz hat dafür vorgeschlagen: „Wenn jemand des Weges, auf dem er geht, sicher sein will, muß er die Augen schließen und im Dunkeln gehen."

Ein recht hilfreich Rat, heiliger Johannes: Die Augen zu schließen und im Dunkeln zu gehen! Aber vielleicht meinst du das nicht buchstäblich. Wenn jedoch der Fall der Menschheit der Tatsache zu verdanken ist, daß unsere Vorfahren vom Baum der Erkenntnis gegessen haben und „ihnen die Augen aufgingen", dann scheint es ja nicht so weit hergeholt zu sein, daß die Heilung in der Umkehr dieses Prozesses besteht. Wenn das Leiden das Ergebnis unserer Verstandestätigkeit und unseres Begriffebildens ist, dann sollten wir vielleicht wieder zum Konkreten zurückkehren. R. H. Blyth sagt: „Zen ist die Entsymbolisierung der Welt." Die Frage ist nur, wie man das macht.

Der Philosoph Ludwig Wittgenstein gibt den Rat: „Denke nicht: Schau hin!" Das Heilige läßt sich nur direkt erfahren, ohne Vermittlung durch Worte und Gedanken. Vielleicht ist es das, was der heilige Johannes vom Kreuz meint, wenn er davon spricht, man solle „im Dunkeln gehen". D. T. Suzuki sagt: „Wenn das Zen Sie die Süße des Zuckers verkosten lassen möchte, steckt es Ihnen den erforderlichen Gegenstand direkt in den Mund und sagt kein weiteres Wort dazu." In diesem Sinn ist das Zen direkt und unvermittelt, konkret und nicht abstrakt, praktisch und nicht theoretisch, sinnenhaft und nicht intellektuell, bodenständig und nicht abgehoben. Er sagt weiter: „Ich hebe meine Hand; ich greife nach einem Buch auf der anderen Seite dieses Schreibtischs; ich höre die Jungen draußen vor meinem Fenster Ball spielen. In all dem praktiziere ich Zen, lebe ich Zen. Es bedarf keiner wortreichen Diskussion, keiner weiteren Erklärung."[101]

Doch um hinsehen zu können, muß man mit dem Geist eines Anfängers beginnen, mit einem Geist, der noch keine vorgefaßten Meinungen und Erwartungen hat. Der Geist des Anfängers sieht hin, um Neues zu entdecken; er sucht nicht nach Bestätigung von etwas, was er schon zu kennen meint. Wir müssen bereit sein, unsere Rüstung an Überzeugungen, Wissen, Tradition und sonstigem, woran wir uns aus Bequemlichkeit hängen, abzulegen. Wir müssen uns ganz öffnen und verletzlich werden.

Thich Nhat Hanh lehrt die Kunst des Hinschauens anhand konkreter Beispiele. Er zeigt uns, wie man das subtile innere Verhältnis von Blumen und Kompost, Edlem und Geringem, Reichem und Armem entdecken kann, trotz dessen scheinbarer Unvereinbarkeit. Er leitet uns an, zum Entdecker zu werden und die Rückseite des Teppichs des Lebens zu erkunden: die versteckte Knüpfarbeit zu sehen, die Schönheit der Paradoxa zu schätzen, uns dem fließenden, übergangslosen Charakter dessen auszusetzen, was ist. Nur dann können wir aus unseren Verstandesgefängnissen ausbrechen und unsere Isolation und Zerstückelung überwinden. Erst dann kann der Heilungsprozeß einsetzen.

Es handelt sich bei all dem einfach um andere Weisen des Hinhörens und des Achtens auf die Wirklichkeit, wie sie ist. Haben Sie schon einmal beobachtet, daß man nicht zugleich reden und zuhören kann? Vielleicht ist genau das unser Problem. Wir sind eine Generation, die zu viel redet, entweder ausdrücklich mit dem Mund oder unausgesprochen im Kopf. Jesus sagt: „Was aber aus dem Mund herauskommt, das kommt aus dem Herzen, und das macht den Menschen unrein" (Matthäus 15,18). Die Unreinheit ergibt sich aus dem Denken.

Wenn wir unablässig reden, können wir nicht mit Aufmerksamkeit auf die Menschen um uns achten und zu ihnen in Beziehung treten. Wenn unser inneres Geplapper nie abreißt, können wir nicht die Schönheit des Augenblicks genießen. Um wirklich hinhören zu können, muß der Geist sehr still und sehr entspannt sein, frei von Anhänglichkeiten und Sorgen. Echtes Hinhören bedeutet nämlich, daß man mit dem Produzieren von Gedanken aufhört, was wiederum heißt, daß man sein Ego vergißt. Dr. Harvey J. Gordon, der Leiter des Huntingdon Hearing and Speech Center, beschreibt das Wesen des Hinhörens wie folgt:

> „. . . ein Zustand, in dem man nicht weiß, daß man hinhört . . . Man ist spontan, sich seiner selbst nicht mehr bewußt . . . Es ist eine Form des Verlusts des Ego, wo es zwischen einem selbst und jemand anderem keine Schranke mehr gibt."[102]

Wirkliches Zuhören geschieht, wenn man völlig von dem, was ist, absorbiert wird, wenn man frei von Angst und Gier ist und wenn der Geist das Bedürfnis, etwas vorzustellen oder Eindruck zu machen, gar nicht mehr hat. Nur dann ist die Erfahrung des Heiligen möglich. Schließen wir mit einer weiteren Zen-Geschichte:

„Eines Morgens wollte ein Zen-Meister seinen Jüngern einen Vortrag halten. Gerade, als er ans Pult trat, flog ein kleiner Vogel daher und setzte sich aufs Fensterbrett. Er begann zu singen. Sein Gesang war so wunderbar, daß alle Anwesenden ganz hingerissen waren. Danach flog der Vogel wieder weg. Der Meister sagte zu seinen Jüngern: ,Das war der heutige Vortrag.'"

Hat man den Sinn erfaßt, warum sich dann noch um Worte kümmern?

ZEHNTES KAPITEL

Leistet dem Bösen keinen Widerstand

Liebt eure Feinde und betet für die, die euch verfolgen.
JESUS

Leidenschaften sind bodhi (Weisheit).
HUI NENG

Die Dämonenscharen um dich
brauchst du nicht zu fürchten;
am wichtigsten ist es, deinen Geist
im Innern zu bezähmen.
DIE HUNDERTTAUSEND LIEDER DES MILAREPA

Es ist eine Ironie des Schicksals, daß wir oft mehr von unseren Feinden als von unseren Freunden lernen können – allerdings nur, sofern wir fähig sind, sie zu respektieren.

Die Geschichte der abendländischen Zivilisation ließe sich als eine Abfolge von Kriegen beschreiben: von Kriegen gegen die Natur, gegen andere und gegen sich selbst. Wir neigen dazu, dem Leben gegenüber eine feindselige oder ablehnende Haltung einzunehmen. Vielleicht sind wir geborene Kämpfer. Wir kämpfen um unser Überleben, um unsere Rechte, um unsere Freiheit. Wir kämpfen um alles. Daher wundert es nicht, daß wir eine der streitsüchtigsten Gesellschaften der Welt sind.

Unlängst besuchte ein Medizinerteam aus China die University Medical School von New York. Die Universität bat einen Bekannten von mir, bei diesem Besuch als Übersetzer zu fungieren. Mein Bekannter war von der Vorstellung begeistert, die amerikanische Medizintechnologie mit der chinesischen Heilkunst zu kombinieren. Aber nach Gesprächen mit Mitgliedern der Besuchergruppe stellte er fest, daß die Aussichten auf eine solche Zusammenarbeit gering sind. Die chinesischen und die amerikanischen Forscher vertreten grundsätzlich zwei völlig verschiedene Auffassungen. Während sich das amerikanische Team darauf konzentriert, Mittel zum Ausmerzen des AIDS-Virus zu finden, geht das chinesische Team davon aus, daß es das AIDS-Virus auch weiterhin geben wird, weshalb sie nach Wegen suchen, Antikörper dagegen zu entwickeln. In gewisser Hinsicht zeigt sich hier der deutliche Unterschied zwischen dem fernöstlichen und dem abendländischen Denken.

Es ist nicht unbedingt schlecht, ein Kämpfer zu sein. Doch wäre es schade, wenn wir vor lauter eifrigem Bekämpfen der Feinde es verpassen würden, von ihnen zu lernen. Wenn unsere Einstellung gegenüber unseren Feinden die des Hasses, der Wut oder der Angst ist und wir, wie üblich, nur durch Kämpfen oder Fliehen auf sie reagieren, dann ist die Wahrscheinlichkeit ziemlich groß, daß wir es verpassen, richtig auf sie zu achten. Das kann ein verhängnisvoller Fehler sein. Für christliche Soldaten, die auf ihre militante Einstellung stolz sind, kann der folgende Abschnitt aus der Bergpredigt heilsam sein:

„Ihr habt gehört, daß gesagt worden ist: Du sollst deinen Nächsten lieben und deinen Feind hassen. Ich aber sage euch: Liebt eure Feinde und betet für die, die euch verfolgen, damit ihr Söhne eures Vaters im Himmel werdet; denn er läßt seine Sonne aufgehen über Bösen und Guten, und er läßt regnen über Gerechte und Ungerechte" (Matthäus 5,43–45).

Sind Sie schon einmal jemandem begegnet, der tatsächlich seine Feinde liebt und für seine Verfolger betet? Es ist schon schwer genug, darüber zu reden und dabei nicht gleich wie ein Heuchler zu wirken. Unseren Feind zu lieben, scheint etwas Bewundernswertes zu sein, nur ist die Frage, wie? Gibt es eine Möglichkeit, unseren Feind zu lieben, ohne daß es dazu moralischer Übermenschen bedarf? Ich habe keinen Bibelkommentar gefunden, der dafür irgendeinen praktischen Ratschlag gibt. Aber vielleicht kann uns die folgende Einsicht von Friedrich Nietzsche helfen:

„Ein weiterer Triumph ist unsere Vergeistigung der Feindseligkeit. Sie besteht in einer tiefen Wertschätzung des Umstands,
Feinde zu haben: kurz gesagt heißt das, genau gegen die übliche
Regel zu handeln und zu denken . . . Auch im politischen Bereich ist die Feindseligkeit jetzt vergeistigter geworden – sensi-
bler, nachdenklicher, bedächtiger. Fast jede Partei begreift, daß
es im Interesse ihrer eigenen Selbsterhaltung liegt, den Gegner
nicht seine ganze Stärke verlieren zu lassen."[103]

Offensichtlich können religiöse Menschen hier etwas von den Po-
litikern lernen. Immerhin fällt es nicht ganz so schwer, seine Feinde zu lieben, sobald wir sehen, daß wir von ihnen selbst etwas an
uns haben, gerade weil sie Feinde und nicht Freunde sind. Was wir
brauchen, ist eine radikale Änderung unserer Art, die Welt zu sehen. Wenn wir unser Leben nicht weiterhin als eine stete Abfolge
von Kämpfen verbringen wollen, müssen wir die Welt als Ganzheit
betrachten.

Es ist schon schwierig genug, in äußeren Feinden etwas Positives zu sehen, noch schwieriger ist dies bei inneren Feinden. Die
herkömmliche Moral lehrt, wir sollten energisch gegen unsere
Laster vorgehen und unsere Habsucht, Lust, Angst, Trägheit und
Süchte bekämpfen, um nur einiges davon aufzuzählen. Doch selbst
diese inneren Feinde können verkappte Engel sein.

Der spirituelle Werte der Erfahrung einer Sucht besteht darin,
daß er uns deutlich bewußt machen kann, wie machtlos wir aus
uns selbst sind. Bekanntlich bieten die Anonymen Alkoholiker
(AA) ein sehr wirksames Zwölf-Schritte-Programm für den Drogen-
entzug an, das auf der *Macht der Ohnmacht* basiert. Wir würden
eher glauben, das wichtigste für einen Drogenabhängigen sei es,
Selbstvertrauen und Willensstärke aufzubauen, aber der Erste Schritt
dieses Programms beginnt mit der verblüffenden Aussage: „Wir
haben eingestanden, daß wir gegen den Alkohol ohnmächtig waren –
daß wir unser Leben nicht mehr in den Griff bekommen konnten."
Ein Mitbegründer der AA führt das weiter aus:

„Kein anderer Bankrott gleicht diesem. Der Alkohol ist jetzt
zum raffgierigen Gläubiger geworden und nimmt uns auch
noch das letzte bißchen Selbständigkeit und Willenskraft, um
seinen Ansprüchen Widerstand leisten zu können. Ist diese

brutale Tatsache einmal akzeptiert, dann ist unser Bankrott beim Bemühen, wieder Mensch zu werden, komplett.

Kommen wir aber zu den A.A., sehen wir diese absolute Demütigung bald ganz anders. Wir erkennen, daß wir nur durch unsere völlige Niederlage hindurch fähig werden, unseren ersten Schritt in Richtung Befreiung und Stärke zu tun. Das Eingeständnis unserer eigenen Machtlosigkeit erweist sich schließlich als der solide Grund, auf dem sich ein zufriedenes und sinnvolles Leben aufbauen läßt.

Wir wissen, daß ein Alkoholiker nicht viel davon hat, sich den A.A. anzuschließen, wenn er nicht zuerst seine verheerende Schwäche und alle ihre Konsequenzen angenommen hat. Solange er sich nicht seine absolute Ohnmacht eingesteht, bleibt sein Nüchternsein – sofern er das überhaupt zustandebringt – immer höchst anfällig."[104]

In der christlichen wie taoistischen Tradition gibt es die tiefe Überzeugung, in der Schwäche liege eine ganz besondere Kraft. Der heilige Paulus zum Beispiel hat uns anvertraut, er habe den Herrn dreimal angefleht, ihm seinen „Stachel im Fleisch" zu nehmen, darauf jedoch die Antwort erhalten: „Meine Gnade genügt dir; denn sie erweist ihre Kraft in der Schwachheit" (2. Korinther 12,7–9). Daher ist der Gedanke nicht zu weit hergeholt, daß sogar Stachel Ausdruck der Gnade Gottes sind. Der katholische Mystiker Thomas Merton hat gesagt: „Alles, was ist, ist heilig." Die Wahrheit dieser Aussage zu sehen, ist der Anfang eines erfüllten Lebens.

In diesem Kapitel geht es uns darum, einige sehr lästige Dinge des Lebens etwas näher ins Auge zu fassen: Feinde, Gifte, Krankheiten und Dämonen. Dabei müssen wir als erstes erkennen, daß unsere herkömmliche Art, über sie zu denken, für unsere Gesundheit – die physische, psychische und spirituelle – sehr schädlich sein kann.

Fangen wir mit den Dämonen an. Ein Dämon kann entweder ein böser Geist oder ein unerwünschter Gefühlszustand sein. Die abendländische Einstellung gegenüber den Dämonen wurde in dem Film *Der Exorzist* anschaulich karikiert. In ihm geht es in vielen gewalttätigen Szenen um die Konfrontation auf Leben oder Tod zwischen dem Guten und dem Bösen: etwa beim Angriff des

„grünen Zeugs" aus dem Mund der Besessenen oder wenn Stühle und Möbel durch den Raum fliegen, Menschen durch Fensterscheiben krachen und ein Priester, der ein Kruzifix umklammert, verzweifelt brüllt: „Sei gebannt im Namen des Herrn!" Es kommt zu keinerlei Dialog, es gibt keinen Raum für irgendwelches Verhandeln. Das ähnelt der Einstellung der Amerikaner gegenüber AIDS: die Ausrottung des Feindes ist angesagt. Die Einstellung Jesu gegenüber den Dämonen ist ganz anders:

> „Sie kamen an das andere Ufer des Sees, in das Gebiet von Gerasa. Als er aus dem Boot stieg, lief ihm ein Mann entgegen, der von einem unreinen Geist besessen war. Er kam von den Grabhöhlen, in denen er lebte. Man konnte ihn nicht bändigen, nicht einmal mit Fesseln. Schon oft hatte man ihn an Händen und Füßen gefesselt, aber er hatte die Ketten gesprengt und die Fesseln zerrissen; niemand konnte ihn bezwingen. Bei Tag und Nacht schrie er unaufhörlich in den Grabhöhlen und auf den Bergen und schlug sich mit Steinen. Als er Jesus von weitem sah, lief er zu ihm hin, warf sich vor ihm nieder und schrie laut: Was habe ich mit dir zu tun, Jesus, Sohn des höchsten Gottes? Ich beschwöre dich bei Gott, quäle mich nicht! Jesus hatte nämlich zu ihm gesagt: Verlaß diesen Mann, du unreiner Geist! Jesus fragte ihn: Wie heißt du? Er antwortete: Mein Name ist Legion; denn wir sind viele. Und er flehte Jesus an, sie nicht aus dieser Gegend zu verbannen.
>
> Nun weidete dort an einem Berghang gerade eine große Schweineherde. Da baten ihn die Dämonen: Laß uns doch in die Schweine hineinfahren! Jesus erlaubte es ihnen. Darauf verließen die unreinen Geister den Menschen und fuhren in die Schweine, und die Herde stürzte sich den Abhang hinab in den See. Es waren etwa zweitausend Tiere, und alle ertranken" (Markus 5,1–13).

Der tiefe Sinn dieses Textes ist leicht zu verfehlen. Ja, wir können den entscheidenden Punkt nicht verstehen, wenn wir Jesus als göttliche Person betrachten, die viel mehr Macht über das Böse hatte als wir. Die Austreibung der Dämonen wäre dann nur ein isoliert dastehendes, einmaliges Ereignis mit keinerlei erzieherischem Wert. Diese Geschichte wird für uns nur relevant, wenn wir

Jesus als normalen Menschen betrachten, der uns hier anhand eines aus dem Leben gegriffenen Beispiels zeigt, wie wir mit unseren eigenen Dämonen richtig umgehen sollen.

Einige Punkte sind daran bemerkenswert. Als erstes ist zu beachten, daß weder der Dämon noch Jesus militant gesinnt waren. Markus berichtet, der Besessene sei zu Jesus hingelaufen und habe ihn gebeten: „Ich beschwöre dich bei Gott, quäle mich nicht!" Erscheint es nicht etwas merkwürdig, daß der Dämon eine solche Bitte äußert? Offensichtlich war der Dämon nicht Angreifer, sondern *Opfer!* Könnte es nicht sein, daß die Dämonen unseres Geistes vielleicht darum bitten, von uns angenommen zu werden, und daß auch sie unsere Liebe und unser Verständnis brauchen? Jesus hat gesagt: „Liebt eure Feinde . . ."

Als zweites ist zu beachten, daß Jesus nicht mit Kreuz und Fahnen gegen den Dämon auszog. Anders als die Exorzisten in Film und Fernsehen war Jesus zu einem Dialog mit dem Dämon bereit. Er fragte den Dämon: „Wie heißt du?" Diese Frage ist sehr bedeutungsvoll, denn sie zeigt, daß Jesus mit der alten Kunst des Schamanismus vertraut war. Im Schamanismus wird gelehrt, es sei sehr wichtig, den Dämon mit seinem *Namen* zu bezeichnen. Die Schamanen kennen ein direktes und praktisches Mittel, Macht über das zu bekommen, was Angst erweckt: es bei seinem Namen zu nennen. Könnte das der Grund dafür sein, daß wir oft so erfolglos mit unseren inneren Dämonen ringen: weil wir unseren Kampf im Finstern austragen und nicht genügend darauf geachtet haben, wogegen wir überhaupt kämpfen? Der vierte Schritt beim Genesungsprogramm der Anonymen Alkoholiker besteht darin, ehrlich und erschöpfend alle seine eigenen inneren Dämonen aufzuzählen. Was genau sind unsere Probleme? Haß? Angst? Gier? Trägheit? Rastlosigkeit? Es kommt entscheidend darauf an, seine Probleme klar und deutlich beim Namen zu nennen.

Drittens hatte der Dämon eine Bitte: Er flehte darum, nicht aus der Gegend verbannt zu werden. Das Bild vom „fernen Land" begegnet uns bereits im Gleichnis vom Verlorenen Sohn. Dort wurde berichtet, der Verlorene Sohn habe seinen Teil des Vermögens zusammengepackt und sei „in ein fernes Land" gezogen. In einem „fernen Land" zu weilen, heißt aus den Augen und aus dem Sinn zu sein. Vielleicht ließe sich der Dämon sogar als Bild für den „Verlorenen Sohn" betrachten, der von unserem richtenden und moralisierenden Ego in die Unterwelt unseres Bewußtseins verbannt wird.

Der Ausgang der Geschichte ist seltsam. Schließlich stürzen sich zweitausend Schweine in den See und ertrinken. Was sollte damit wohl gesagt werden?

Arme Schweine! Was haben sie getan, um das zu verdienen? Wer bei der Lektüre dieses Abschnitts nicht das Gefühl bekommt, hier geschehe großes Unrecht, hat nicht richtig aufgepaßt. Und was ist mit den Hirten, denen die Schweine gehörten? Immerhin geht es hier um den Verlust von zweitausend Schweinen! Ein solcher Verlust würde genügen, um jemanden völlig seiner Existenzgrundlage zu berauben. Wenn hier nicht unter der Oberfläche etwas ganz anderes gesagt werden soll, wäre das eine der mutwilligsten Taten in der ganzen Bibel. Wir müssen tiefer ansetzen.

Ganz gleich, wie wir die Geschichte betrachten, das Ersäufen von zweitausend Schweinen als Akt der Dämonenaustreibung bleibt absurd. Aber genau das ist der Punkt, auf den es Jesus ankam. Zenmeister haben die Gewohnheit, ihre Aussagen in die Form von Extremen zu kleiden. Die Lektion dieser Stelle lautet, daß man kein Problem damit löst, Sündenböcke (oder hier „Sündenschweine") zu küren, und daß dies eine große Ungerechtigkeit wäre. Der Bericht des Matthäus über dieses Ereignis schließt denn auch in einem negativen Ton: „Und die ganze Stadt zog zu Jesus hinaus; als sie ihn trafen, baten sie ihn, ihr Gebiet zu verlassen" (Matthäus 8,34).

Diese Begebenheit machte also Jesus nicht zum Helden, sondern zur unerwünschten Person. Bemerkenswert an dieser Geschichte ist auch, daß in ihr zum Unterschied zu den anderen Wundergeschichten von keinerlei Begeisterung über den Auszug der Dämonen die Rede ist. Ja, es wird nicht einmal gesagt, der Besessene sei geheilt gewesen! Alles, was wir wissen, ist, daß dieses Ereignis eine Menge schlechtes Karma bewirkte und viele Menschen unglücklich zurückblieben. Was anderes können wir denn erwarten, wenn wir Sündenböcke schaffen?

So unglaublich es erscheinen mag: das Ersäufen der Schweine war eine der Zen-Lehren Jesu. Nicht die Schweine sind das Problem. Das Problem ist auch nicht der Dämon. Das Problem sind *wir*! Der eigentliche Feind sind *wir*, und das Problem wird so lange nicht behoben sein, wie wir nicht bereit sind, an uns selbst zu arbeiten, statt Sündenböcke zu suchen. Jesus wies darauf noch deut-

licher hin im folgenden Gleichnis über die Gefahr der Dämonenaustreibung:

> „Ein unreiner Geist, der einen Menschen verlassen hat, wan-
> dert durch die Wüste und sucht einen Ort, wo er bleiben kann.
> Wenn er keinen findet, sagt er: Ich will in mein Haus zurück-
> kehren, das ich verlassen habe. Und wenn er es bei seiner Rück-
> kehr sauber und geschmückt antrifft, dann geht er und holt sie-
> ben andere Geister, die noch schlimmer sind als er selbst. Sie
> ziehen dort ein und lassen sich nieder. So wird es mit diesem
> Menschen am Ende schlimmer werden als vorher" (Lukas
> 11,24–26).

Eine Krankheit ist nicht dadurch zu heilen, daß man nur ihre Symptome bekämpft. Solange das Problem nicht an der Wurzel behandelt wird, löst ein Symptom nur ein anderes ab. Der Dichter und
Mystiker Kabir sagt sehr schaulich:

> „. . . Ich zähme meine sexuellen Bedürfnisse,
> Und jetzt merke ich, daß ich große Wut habe.
> Ich habe die Wut gelassen, und jetzt sehe ich,
> daß ich ständig voller Habsucht bin.
> Ich habe mit viel Mühe die Habsucht überwunden,
> Und jetzt schwelle ich vor Stolz auf mich selbst.
> Wenn der Geist ganz mit der Welt brechen will,
> klammert er sich immer wieder an irgendetwas."[105]

Die Neigung, Sündenböcke aufzuspüren und bestimmte Dinge zu
dämonisieren, ist allgemein verbreitet. Es ist ein Verteidigungsme-
chanismus unseres Ego, der dazu dienen soll, unsere Wahrheits-
suche und unser inneres Wissen zu vereiteln. Sigmund Freud
bezeichnet diesem Trick des Ego als „Projektion"; das ist der psychologische Begriff für Verlagerung von Vorwürfen, Schuld oder
Verantwortung nach außen in etwas anderes oder jemand anderen
hinein, um sich gegen die eigene Angst abzuschirmen.

Puritaner sind Meister im Spiel des Projizierens, Leute, die Zö-
libat und materielle Armut als *an sich* rein, und sinnlichen Genuß
und Geld als *an sich* unrein betrachten. Wenn eines gewiß ist, dann
dies, daß Jesus kein Puritaner war. Seine Konfrontation mit den

moralisch makellosen Pharisäern und seine Lehre darüber, was den Menschen unrein mache, zeigt es ganz klar. Im Grunde ist der Puritanismus eine Form der Schaffung eines Sündenbocks und das Ergebnis einer oberflächlichen Sicht der Welt. Im ewig jungen Herzen jedes echten Zenmeisters lebt immer ein Kind, das diese Art Mentalität gern auf die Schippe nimmt. Hier ein Beispiel:

„Ihr habt gehört, daß gesagt worden ist: Du sollst nicht die Ehe brechen. Ich aber sage euch: Wer eine Frau auch nur lüstern ansieht, hat in seinem Herzen schon Ehebruch mit ihr begangen. Wenn dich dein rechtes Auge zum Bösen verführt, dann reiß es aus und wirf es weg! Denn es ist besser für dich, daß eines deiner Glieder verlorengeht, als daß dein ganzer Leib in die Hölle geworfen wird. Und wenn dich deine rechte Hand zum Bösen verführt, dann hau sie ab und wirf sie weg! Denn es ist besser für dich, daß eines deiner Glieder verlorengeht, als daß dein ganzer Leib in die Hölle kommt" (Matthäus 5,27–30).

Ich möchte das als die „Amputier-Methode" zum Erlangen der Reinheit bezeichnen. Wann hat je ein Auge oder ein Arm einen Menschen zum Sündigen verführt? Das eigentliche Problem ist doch unser Geist, und den können wir nicht abwürgen, ohne Selbstmord zu begehen. Vermutlich zeigen diese strengen Aussagen einfach die dramatische Art, in der Jesus die Aufmerksamkeit auf die eigentliche Quelle des Problems lenken will.

Obwohl die „Amputier-Methode" zum Erlangen der Reinheit offensichtlich barbarisch ist, erstaunt es, wie viele Menschen sie immer noch auf irgendeine Weise anwenden – keineswegs nur Christen. Zu Lebzeiten Buddhas war ein Mönch vom Sex besessen und wurde von seinen eigenen Sehnsüchten gepeinigt. Der Mönch versuchte dem allem ein Ende zu setzen und schnitt sich die Genitalien ab. Aber der Buddha tadelte ihn dafür streng: die Wurzel seiner Krankheit liege in seinem Geist und nicht in einem Körperteil. Das Ernennen eines Sündenbocks ist nicht der Weg zur Wahrheit, es sind vielmehr Weisheit und Klarheit. Einer der frühchristlichen Kirchenväter, Origenes, tat genau das gleiche wie der törichte Mönch: Er kastrierte sich selbst. Ergebnis: er wurde nie heiliggesprochen. Solche Beispiele von Torheit zeigen, daß wir nicht nur rasch dabei sind, anderen den Vorwurf zuzuschieben; wir neigen auch dazu, das gleiche mit verschiedenen Teilen unserer selbst zu tun, indem wir in uns selbst einen Sündenbock suchen. Das ist spirituelle Vergewaltigung. Die Wurzel dieses Problems ist, daß wir nicht ganzheitlich sehen können.

Ebensowenig, wie sich Reinheit mittels Amputation erreichen läßt, ist sie dadurch zu erlangen, daß man seine „negativen" Gefühle – Habgier, Lust, Wut, Angst usw. – unterdrückt. Eines liegt auf der Hand: Ein Begehren kann nur durch ein noch größeres Begehren unterdrückt werden. Das bleibt immer im Rahmen des Spieles des Ego mit sich selbst, so als würde man einen Tiger auf den Plan rufen, um einen Wolf zu vertreiben. Zwar wird dabei der Wolf durch den Tiger ersetzt, aber das Problem bleibt erhalten. Tatsächlich bewirkt das direkte Angehen dagegen eher Schlimmeres als Gutes. Wenn das Unreinsein eine Illusion ist, dann hat der verbissene Versuch, es auszumerzen, nur zur Folge, daß es noch größere Wirklichkeit gewinnt. In seinem Gleichnis über die Dämonenaustreibung hat Jesus gesagt: „So wird es mit diesem Menschen am Ende schlimmer werden als vorher" (Lukas 11,26).

Amputieren funktioniert nicht, unterdrücken und verdrängen ebensowenig. Welches Mittel gibt es dann? Nicht kämpfen. Wir müssen die Pose des Gladiators gegenüber dem Leben aufgeben. Jesus gab den Zen-Rat: „Leistet dem Bösen keinen Widerstand!" (Matthäus 5,39). Der Widerstand gibt dem Widersacher nur noch größere Kraft. Reinheit ist keine Frage des Kämpfens oder Unterdrückens. Es ist eine Frage der *Einsicht*. Wenn uns tatsächlich aufgeht, daß wir wie junge Hunde sind, die ihrem eigenen Schwanz nachjagen und mit allem kindischen Gejage nichts erreichen, hören wir mit solcher Dummheit auf, und unser Geist wird sehr ruhig. Achtsamkeit läutert.

Heilung beginnt durch einen sanfteren Umgang mit dem Leben. Laut Thomas Moore, dem Autor des Bestsellers *Care of the Soul*, besteht der entscheidende Schritt darin, „die Symptome als Stimme der Seele ernstzunehmen". Selbst Gier, Lust, Haß und Angst können unsere Lehrmeister sein; wenn wir lernen, sie ernst zu nehmen, können sie uns zu innerer Wahrheit führen. Moore sagt über die Kunst des Zuhörens:

„Das Hauptanliegen bei jeder physischen wie psychischen Sorge um jemanden besteht darin, seine Leiden zu mindern. Was aber das Symptom als solches angeht, bedeutet die Aufmerksamkeit zunächst einmal, sorgfältig auf das zu hören und zu schauen, was sich im Leiden offenbart. Die Absicht, zu heilen, kann dem Sehen im Weg stehen. Wenn man weniger tut, erreicht man mehr. Das aufmerksame Achtgeben wirkt eher homöopathisch als allopathisch, und zwar auf die paradoxe Weise, daß es sich mit einem Problem anfreundet, statt feindselig auf es loszugehen."106

Verjagt man seine Dämonen einfach so, kommen sie ständig wieder und jagen uns Angst ein. Sie klopfen immer wieder an unsere Tür, weil sie uns etwas Wichtiges zu sagen haben und wir nicht hinhören. Der bekannte Meditationslehrer Jack Kornfield empfiehlt, wir sollten die Dämonen direkt in unseren spirituellen Weg mit einbeziehen:

„Wähle dir einen der am häufigsten auftretenden und schwierigsten Dämonen aus, die sich bei deinen Übungen melden, wie etwa die Verunsicherung, Angst, Langeweile, Lust, den Zweifel oder die Rastlosigkeit. Achte bei deiner täglichen Meditation eine Woche lang ganz besonders darauf, soof dieser Zustand einsetzt. Nenne ihn genau beim Namen. Achte darauf, wie er beginnt und was ihm vorausgeht. Achte darauf, ob es einen bestimmten Gedanken oder ein Bild gibt, wodurch dieser Zustand ausgelöst wird. Achte darauf, wie lange er andauert und wie er aufhört. Beobachte, ob er jemals ganz leicht oder sanft erwacht. Sieh zu, wie laut und stark er wird. Verringere deinen Widerstand und laß ihn zu. Und schließlich sitze und achte auf deinen Atem, wache und warte auf diesen Dämon, laß ihn kommen und gehen und begrüße ihn wie einen alten Freund."107

Kämpfe nicht gegen deine inneren Dämonen an. Lerne, sie mit Mitleiden in dein Wesen zu absorbieren, denn sie sind ein Teil deiner selbst! Denk daran, was Jesus sagt: Liebt eure Feinde! Sie zu lieben, heißt, sie zu respektieren, auf sie zu achten, bereit zu sein, ihnen zu antworten, sie zu verstehen. Der schwierigste Teil unserer spirituellen Einübung besteht darin, ein offenes Herz für unsere Feinde zu bekommen. Es mag wie eine Kapitulation klingen, ist aber ein entscheidender Schritt. Vielleicht sollten wir uns unsere inneren Dämonen als eine Art Pocken vorstellen: es sind schlimme Wesen, die uns aber viel zu sagen haben.

Oberflächlich gesehen, ist die buddhistische Einstellung gegenüber innerlichen Feinden alles andere als ganzheitlich. Nach der buddhistischen Lehre sind Habgier, Wut und Unwissenheit die Drei Gifte. Aber der Buddhismus lehrt auch, daß sich Gifte als Medikamente verwenden lassen. Hui Neng, der sechste Patriarch des Zen, sagte, Leidenschaften seien *bodhi* (Weisheit). Man braucht vor Leidenschaften keine Angst zu haben; man muß lernen, sie zu *gebrauchen.*

„Leistet dem Bösen keinen Widerstand!" lautet eine der größten Zen-Lehren Jesu, die allerdings viel zu wenig geschätzt wird. Selten wurde sie allgemein verstanden oder akzeptiert, denn sie geht unserem üblichen Verständnis und unserer herkömmlichen Vorstellung von Moral gegen den Strich. Unser Geist ist eine Kämpfernatur. Er fragt: „Warum nicht es bekämpfen, wenn es doch böse ist?"

„Leistet dem Bösen keinen Widerstand" ist eine tiefgründige Lehre, die in psychologischer Hinsicht besagt, daß wir alle unsere negativen Gefühle wirklich annehmen sollen, ganz gleich, wie lasterhaft oder giftig sie oberflächlich gesehen aussehen mögen. Dies zu tun fällt sehr schwer, denn es erfordert ein hohes Maß an spiritueller Reife. Man kann diese Gifte erst dann wirklich annehmen, wenn man die Natur des Ego versteht und sich von seinen Spielchen nicht mehr an der Nase herumführen läßt.

Es gibt zwei alternative Wege der spirituellen Einübung: den *Weg des Kämpfers* und den *tantrischen Weg.* Ersterer ist der Weg des Asketen. Ihn wählen die meisten Religionen. Kämpfer sind unentwegt auf „Reinheit" bedacht. Bewußt oder unbewußt wollen sie Helden werden, indem sie anstreben, alles völlig in den Griff zu bekommen. Weil es ihnen um die vollkommene Selbstkontrolle geht, sind sie allem gegenüber feindlich eingestellt, was dieses Bemühen vereiteln könnte. Sie verurteilen Begierden. Sie verurteilen Wut. Sie verurteilen sinnliche Genüsse. Sie verurteilen alle Grundinstinkte des Menschen, und indem sie es tun, verurteilen sie auch das Leben selbst. Aber dieser Weg ist zum Scheitern verurteilt, denn letztlich läßt sich das Leben nicht kontrollieren. Das einzige, wozu der Weg des Kämpfers führen kann, sind Mißerfolge und Enttäuschungen. Steuert man energisch das Richtige an, entdeckt man im Lauf der Zeit immer mehr Falsches.

In scharfem Gegensatz dazu steht der tantrische Weg, der Weg der *Liebe*. Leider wird das Wort „Tantra" viel mißbraucht. Tantrische Techniken werden vor allem in den USA mit viel unerleuchteter Begeisterung als Weg zur sexuellen Erfüllung angepriesen.

In Wirklichkeit geht es beim Tantra um eine Spiritualität der Sanftmut und des Annehmens dessen, was ist. Der tibetische Meister Chögyam Trungpa sagt darüber:

> „Die tantrische Weisheit bringt ins *samsara* das *nirvana*. Das mag sehr verblüffend klingen. Bevor man die Ebene des Tantra erreicht, versucht man, das *samsara* abzustreifen und sich um das Erlangen des *nirvana* zu bemühen. Aber schließlich muß man einsehen, daß das Bemühen nutzlos ist und hierauf ganz mit dem *nirvana* eins werden. Um die Energie des *nirvana* wirklich zu erfassen und mit ihm eins zu werden, bedarf es einer echten Beziehung zur gewöhnlichen Welt ... Man kann nicht das physische Dasein der Welt als etwas Schlechtes verwerfen und es mit *samsara* gleichsetzen. Das Wesen des *nirvana* läßt sich nur verstehen, wenn man in das Wesen des *samsara* schaut."[108]

Der Weg des Tantra nimmt dem Leben gegenüber eine bejahende und freundschaftliche Haltung ein und verurteilt nichts. Er anerkennt unsere Grenzen und Schwächen als Teil des Menschseins und ist bereit, sie so anzunehmen, wie sie sind. Beim tantrischen Ansatz sieht man das Himmelreich im Hier und Jetzt, und nicht in einer fernen, ungewissen Zukunft. Tantra-Übende bemühen sich nicht darum, etwas zu erreichen oder zu beherrschen. Der Weg des Tantra besteht im völligen Loslassen seiner selbst. Auf diesem Weg gibt es nichts zu tun, weil die Liebe, da sie bedingungsloses Annehmen ist, keine Forderungen stellt. Tantra-Übende leben einfach im Augenblick. Für sie gibt es nichts zu bekämpfen, zu unterdrücken, zu verurteilen oder abzulehnen, denn alles gilt als heilig. Tantra bedeutet Nichtdualität, was heißt: kein Ziel, kein Streben, kein Konflikt, kein Denken. Tantra ist die Übung des Zen.

Historisch gesehen war die Übung des Tantra sehr umstritten, weil es praktisch allem widerspricht, was herkömmliche Religionen und Moralvorstellungen vertreten. Während die traditionellen Religionen lehren, man müsse seine Leidenschaften unterdrücken, lehrt das Tantra die sanfte Art des Einsatzes von Sexualität und Wut als Zugänge zur Erleuchtung. Das Tantra legt großes Gewicht auf die Sexualität, weil diese tatsächlich zu unseren wichtigsten Urenergien gehört. Die traditionelle Religion verlangt: „Hände weg davon, das ist Gift!" Das Tantra dagegen sagt: „Hab keine Angst. Entspanne dich und beobachte, was geschieht!" Obwohl die Leidenschaften mächtig sind, sind sie an sich *neutral*. Der sanfte Weg ist auch der Weg zur *Effizienz*. Statt unsere Leidenschaften abzuwürgen, erhalten wir ihre Energie und lernen deren Kraft so zu kanalisieren, daß sie uns zur Erkundung unserer selbst hilft. Die Praxis des Tantra ist die Kunst, aus Feinden Freunde zu machen. Es braucht gar nicht mehr gesagt zu werden, daß dies eine „völlige Umwandlung unserer Sichtweise der Welt voraussetzt. Das ist der Kernpunkt des tantrischen Vorgehens", erläutert Lama Yeshe. „Die gleiche Energie des Begehrens, die uns gewöhnlich von einer unbefriedigenden Situation in die nächste treibt, wird mittels der Alchemie des Tantra in eine transzendentale Erfahrung des Glücks und der Weisheit umgewandelt. Der Übende bündelt den alldurchdringenden Glanz dieser glückvollen Weisheit so, daß er wie ein Laserstrahl alle falschen Projektionen von diesem und jenem durchbohrt und ins innerste Herz der Wirklichkeit vordringt."[109]

Es überrascht nicht, daß das Tantra so viel Kritik und Ablehnung seitens „religiöser" Menschen erfahren hat, denn die Praxis des Tantra bedeutet den Tod des Ego. In der Natur des Ego liegt es, zu kontrollieren, zu beherrschen und nach Leistung zu streben. Aber das Tantra sagt, das Himmelreich sei *jetzt*! *Samsara* wird mit *nirvana* gleichgesetzt. Warum nach etwas streben, das man schon hat? Das Ego sperrt sich gegen diese Wahrheit, weil ihm damit seine Daseinsberechtigung entzogen wird. Um überleben zu können, muß das Ego Trugbilder schaffen. Es ist kein Zufall, daß im Christentum der Teufel als der „Vater der Lüge" bezeichnet wird (Johannes 8,44).

Für das Ego ist es wichtig, unablässig Verwirrung zu stiften und zu täuschen, denn so erhält es sich am Leben. Darum weist es uns an, alles in den Griff zu bekommen, ohne die Identität dessen zu offenbaren, der alles in den Griff bekommen will. Auf ähnliche Weise sagt es: „Läutere dich von deinen Unreinheiten!", aber es gibt uns keine Aufklärung darüber, wie Unreinheiten entstehen. Es weist uns auch an, Scham und Schuldgefühle zu unterhalten und verschleiert uns die Tatsache, daß genau diese Gefühle uns davon abhalten, die Wirklichkeit zu sehen und unsere Fehler zu bessern. So wirkt das Ego: es hält uns durch seine Lügen gefangen.

Tantra ist der *sanfte* Weg. Viele neigen dazu, spirituelle Sanftmut mit Nachgiebigkeit oder irgendeiner Form moralischer Laxheit zu verwechseln. Ein Literaturagent, der mein Manuskript begutachtete, meinte, ich sollte einen Abschnitt über die „hartnäckige Liebe" hinzufügen. Er übersah, daß in der echten Sanftmut Hartnäckigkeit, nämlich kompromißlose Entschiedenheit steckt.

Tantra Übende betrachten sich tatsächlich oft als *Krieger,* das heißt als Menschen, die in der Kriegskunst bewandert sind. Ein Krieger unterscheidet sich grundlegend von einem Kämpfer. Kämpfer sind streitlustige Einzelne, die ganz von der Vorstellung des Kämpfens und Gewinnens beherrscht sind. Typisch für sie ist, daß sie eine dualistische, in Gegensätzen denkende Einstellung zum Leben haben. Tantrische Krieger dagegen gehen von einer ganzheitlichen Sicht aus. Sie betrachten die Welt nicht als gigantische Kampfarena und sind nicht süchtig nach Zweikämpfen. Sie sind Krieger dank ihres *Muts,* nicht dank ihrer Streitlust; sie sind entschlossen, die Wirklichkeit so anzunehmen, wie sie ist, ganz gleich, wie häßlich oder ungenießbar sie im Augenblick aussehen mag. Sie geben sich kompromißlos der Wahrheit hin, und ihre Taten spiegeln diese Hingabe wider. Um ein guter Krieger zu sein, bedarf es sowohl großer Disziplin (der Disziplin des Lebens im Augenblick) und großen Muts (des Muts zum *Sein).*

So sind Sanftmut und Hartnäckigkeit die beiden Seiten ein und derselben Münze. Tantrische Krieger sind in dem Sinn *sanftmütig,* daß sie die Wirklichkeit annehmen, auf sie eingehen und sich auf sie einstellen können. Sanftmütige Krieger sind bereit, ihre persönlichen Grenzen zuzugeben; sie versuchen nicht das Unmögliche und kämpfen nicht gegen das Unvermeidliche an. Diese Sanftmut ist alles andere als Schwäche; sie ist ein Zeichen der Stärke. Ja, es handelt sich bei ihr geradezu um eine Form der Askese, doch sind dabei der Ehrgeiz, das Ego oder der Wille, zu siegen, nicht in der üblichen Weise im Spiel. Tantrische Krieger sind insofern *hartnäckig,* als sie sich unerschütterlich dem hingeben, was ist. In diesem Sinn müssen wir sanftmütig sein, um hartnäckig sein zu können, und wir müssen hartnäckig sein, um sanftmütig sein zu können. Das ist ganz paradox.

Das Tantra scheint amoralisch, wenn nicht gar unmoralisch zu sein, weil es die menschliche Leidenschaften aufrichtig zugibt, während die traditionellen Religionen diese ablehnen. Dieses angstlose Annehmen der Dornen und Gifte des Lebens gehört zum tantrischen Mut, zum Mut, das, was *ist*, mit offenen Armen aufzunehmen statt es verurteilend von sich zu stoßen. Nur was man furchtlos annimmt, kann man verwandeln.

In den mahayanischen Sutren gibt es zwei Legendengestalten, Manjusri und Sudhana. Manjusri ist ein für seine Weisheit berühmter Bodhisattva, Sudhana ein junger Buddhist, der mit großem Eifer die Wahrheit sucht. Das folgende Drama, das beide spielen, veranschaulicht den Geist des Tantra:

„Eines Tages hatte Manjusri an Sudhana eine ganz besondere Bitte. Er sagte zu dem Jungen: ‚Geh hinaus und sammle mir einige Kräuter, die sich nicht als Heilmittel verwenden lassen.‘

Sudhana war lange Zeit draußen und kam schließlich mit leeren Händen zurück. Er berichtete Manjusri: ‚Es gibt kein Kraut, das deinen Anforderungen entspricht.‘ Darauf sagte Manjusri: ‚Nun, dann gib mir eines, das sich als Heilmittel verwenden läßt.‘

Sudhana blieb einfach stehen, wo er war und rupfte etwas direkt zu seinen Füßen ab.

Manjusri hob das Kraut in die Höhe und zeigte es allen Anwesenden. Er erklärte: ‚Hört alle her. Dieses Kraut kann entweder als Gift oder als Heilmittel verwendet werden. Wirklich, es kann entweder heilen oder töten.‘“

Das Tantra findet Schätze auf der Schattenseite des Daseins. Solange wir die unangenehmen Aspekte des Lebens verwerfen, können wir nie ganz werden. Thomas Moore äußerte, ein wichtiger Teil des beseelten Lebens bestehe darin, einen „Geschmack am Widerwärtigen“ zu entwickeln. Seine Erfahrung als Psychotherapeut lehrte ihn, daß ein besonders wirksamer „Trick“ für die Sorge um die Seele darin besteht, sich mit besonderer Aufmerksamkeit und Offenheit das anzusehen, was ein Patient verurteilt, verwirft, verkleinert oder versteckt. Er findet, ein großes Stück Seele gehe dadurch verloren, daß wir unsere Erfahrungen willkürlich als „gut“ oder „schlecht“ einschätzen.

Moralisten betrachten die Unbefangenheit des Tantra gegenüber den dunklen Seiten des Lebens oft als gefährlich. Dem muß klar entgegengehalten werden, daß das Tantra keinen ausschweifenden Lebensstil und kein zügelloses Schwelgen in seltsamen Dingen befürwortet. Ein Großteil der tantrischen Übung besteht einfach im ehrlichen Eingeständnis der Libido-Elemente, die in unserem Leben *bereits vorhanden* sind. Wenn man diese normalerweise versteckten und unterdrückten Elemente ans Licht bringt, wird ihre Heilung möglich.

Wichtig ist, zu sehen, daß das Tantra nicht nur eine esoterische Spiritualität ist, die von einer Handvoll Tibeter geübt wird. In gewisser Hinsicht ist das Tantra der *einzig* gangbare Weg, denn wir alle sind empfindende Lebewesen, und wir müssen mit dem Vorhandensein unserer Leidenschaften zu Streich kommen. Habgier, Lust, Wut, Eifersucht usw. sind Grundgegebenheiten des Lebens, die wir nicht einfach unter den Teppich kehren können. Sich vor ihnen zu drücken, ist eher ein Ausdruck der Angst als des Mutes. Die Askese sagt: „Vermeide die Wonnen und hüte deine Sinne." Das Tantra dagegen sagt: „Feiere die Wonnen und öffne deine Sinne für die Freuden der Welt."

Buddha hatte den Weg der Askese versucht. Er praktizierte die Askese sechs Jahre lang, nur um herauszufinden, daß sie nichts fruchtete. Tatsächlich wurde ihm seine Erleuchtung kurz nach dieser enttäuschenden Entdeckung zuteil. Bei der Praxis der Askese geht es darum, den Körper abzutöten, die Sinne zu dämpfen und seine Türen vor der Welt zu verschließen. Indem die Askese die Wonnen des Lebens verdammt, ist sie dem Leben selbst gegenüber feindselig eingestellt. Doch bei der Übung wahrer Spiritualität geht es darum, lebendiger zu werden. Es geht dabei nicht um eine Verwerfung der Welt, sondern um das Transzendieren der Welt durch das rückhaltlose Annehmen dessen, was ist, einschließlich der sinnlichen Wonnen, psychischen Gifte und menschlichen Torheiten. Die Askese bleibt fruchtlos, weil sie eine Form der Flucht darstellt. Beim Tantra geht es nicht um Flucht, sondern darum, furchtlos ins Leben einzutreten, dessen Schmerzen ebenso anzunehmen wie seine Freuden, seine Gifte genauso zu schlucken wie seinen Nektar.

Aus diesem Grund kommen wir zu dem Schluß, daß die Praxis des Tantra nicht eine unter mehreren Möglichkeiten ist; nein, es ist ein *notwendiger* Schritt im spirituellen Wachstum. Lama Yeshe sagt ausdrücklich: „Wenn uns als einzige Weise, mit begehrlichen Dingen umzugehen, diejenige geläufig ist, sie zu vermeiden, dann ist dies bezeichnend dafür, wie weit wir mit unserem spirituellen Üben kommen können."

Auch wenn unser Ego uns das vormachen will, bedeutet die Praxis des Tantra nicht Unbeherrschtheit oder Zügellosigkeit, und die Liebe zu sinnlichen Wonnen bedeutet nicht, süchtig nach ihnen zu werden. Würde das stimmen, dann wären wir alle bereits Meister des Tantra. Jesus sagt: „Leistet dem Bösen keinen Widerstand!" Er hat uns angewiesen, mit dem Bösen behutsam umzugehen, und nicht ermutigt, das Böse zu suchen. Einer der entscheidendsten Schritte für die Praxis der Spiritualität besteht darin, das sorgfältige Zuhören und Lesen zu lernen.

Wie das Vermeiden, ist auch die Zügellosigkeit eine Form der Flucht. Das, worauf sich die Zügellosigkeit richtet, seien es Drogen, Alkohol oder Sex, wird dann lediglich als Schmerzmittel verwendet. Erfahrene Heiler wissen, daß das wirkliche Problem oft nicht in der Droge oder etwas anderem, worauf der Süchtige süchtig ist, liegt. Bei den meisten Süchtigen bestand dieses Problem bereits lange, bevor sie anfingen, nach der Droge ihrer Wahl zu greifen. Erfahrene Heiler wissen auch, daß man das Problem nicht loswird, wenn man die Droge loswird. In Wirklichkeit kommt es darauf an, zu der Zeit, da die Droge abgesetzt wird, das wirkliche Problem anzusprechen. In den meisten Fällen ist die Gewohnheit, nach einer Droge zu greifen, ein Symptom für eine tiefsitzende Weigerung, sich dem Leben so zu stellen, wie es ist, d.h. für einen Mangel an Wohlwollen gegenüber dem Leben. So kann erzwungene Abstinenz mehr Schaden als Gutes anrichten, wenn nicht zugleich die Wurzel des Problems angegangen wird.

Jesus, der tantrische Meister, gibt die Anweisung: „Liebt eure Feinde und betet für die, die euch verfolgen." Seine Feinde zu lieben, heißt nicht, ihnen nachzugeben oder sich von ihnen versklaven zu lassen. Liebe zu üben (was heißt, das Tantra zu üben), heißt, den anderen zu achten, auf ihn aufmerksam zu sein, ihn zu verstehen und auf ihn einzugehen. Die buddhistische Entsprechung zum christlichen Begriff der Liebe ist *metta*, ein Begriff, dessen Wurzel der Pali-Begriff für „Freund" ist. Die wesentlichen Elemente einer echten Freundschaft sind Respekt, Aufmerksamkeit, Verständnis und die Fähigkeit, auf die Nöte des anderen einzugehen.

Veranschaulichen wir das anhand eines konkreten Beispiels. Sagen wir, unser Problem sei das Begehren nach Lust. Der erste Schritt besteht darin, die Lust *als Wert schätzen* zu lernen. Ja, wir müssen es lernen, die Lust zu achten, dieses Gefühl, das uns oft verwirrt. Um das zu können, müssen wir unser ständiges Urteilen bleiben lassen und alles mit Gleichmut behandeln (das heißt, mit gleichem Respekt). Es erfordert, daß wir unsere eingefleischte Gewohnheit des Etikettierens, zum Sündenbock-Machens, Bekämpfens und Leugnens aufgeben. Wir müssen es lernen, zur Lust ein von Scham, Schuldgefühl oder Verwirrung freies Verhältnis zu bekommen. Statt sie als einen unserer unwürdigen niedrigen Instinkte zu behandeln, müssen wir es lernen, sie als Lehrerin und Freundin zu achten. Nur dann kann die spirituelle Reise beginnen.

Eine natürliche Folge der Achtung ist die *Aufmerksamkeit*, denn wir hören nur auf das, was wir für wichtig halten. Die meisten Menschen begreifen wenig von ihren negativen Gefühlen, weil sie diese ständig unterdrücken und wie Bürger zweiter Klasse oder „Verlorene Söhne" behandeln. Haben wir es dagegen erst einmal gelernt, die Lust als unsere Lehrmeisterin anzunehmen und ihr unser Herz zu öffnen, so führt sie uns durch das Labyrinth unserer Psyche.

Auf die Lust aufmerksam zu achten, heißt nicht, sie wie eine Verbrecherin ständig zu beobachten. Es geht vielmehr darum, eine entspannte Bewußtheit ihres Daseins in unserem Alltagsleben zu entwickeln: Wenn wir auf der Straße gehen, uns mit anderen unterhalten, allein sind, mit jemandem sexuell verkehren. Bei der echten Praxis geht es darum, von Augenblick zu Augenblick, von Tag zu Tag präsent zu sein. In dem Maß, wie unsere Achtsamkeit auf die Lust zunimmt, lernen wir Schritt für Schritt ihre Gewohnheiten kennen. Wie und wann erwacht sie normalerweise? Wie und wann läßt sie normalerweise nach? Wie lange bleibt sie bei uns, wenn sie uns besucht? Ist sie gewöhnlich von anderen Gefühlen begleitet, wie etwa Traurigkeit, Langeweile oder Angst? Wir müssen unsere Lust wie eine alte Freundin kennenlernen.

Während wir uns mit diesem Gefühl in jeder Hinsicht vertraut machen, sollten wir gleichzeitig die Tiefe unserer Erfahrung bewußt pflegen. Die meisten von uns erfahren nicht wirklich ihre negativen Gefühle, obwohl sie das meinen. Entweder unterdrücken wir sie rasch wieder, wenn sie aufkommen, weil wir sie für unerwünscht halten, oder wir leben sie einfach impulsiv aus. Keine dieser beiden Verhaltensweisen läßt es zu, sie wirklich tief zu erleben, so tief, wie es notwendig ist, um die heilende Eigenschaft dieser „Gifte" zutage treten zu lassen. Statt sie immer gleich wieder zu beschönigen, müssen wir diese Gefühle mit geschärfter Achtsamkeit wahrnehmen. Der tibetische Meister Chögyam Trungpa hat dazu gesagt: „Wenn man tatsächlich die lebendige Eigenart, das Webmuster der Emotionen in ihrem nackten Zustand fühlt, so enthält diese Erfahrung auch eine letzte Wahrheit."

Achtsamkeit führt zum *Verstehen*. Wenn wir zum Beispiel offenen Herzens auf die Lust eingehen, entdecken wir mehr und mehr Dinge über uns selbst, die normalerweise in den unteren Schichten unserer Achtsamkeit vergraben bleiben. Unsere Freundin Lust betätigt sich auf dieser Reise nach innen als Führerin. Sie ist Expertin darin, in unserer inneren Burg Türen zu öffnen und Geheimgänge zu entdecken. Schließlich gelangen wir an einen Punkt, an dem sich unsere Freundin Lust entspannt genug fühlt, um uns ihre schlichten Ursprünge zu offenbaren. Sie führt uns auf dem Pfad der Erinnerung zurück in die frühen Tage unserer Kindheit, damit wir uns genau ihren Geburtsort ansehen. Zu unserer Enttäuschung werden wir feststellen, daß das nicht der Ursprung der Boshaftigkeit oder des Ordinären ist. Wir werden erkennen, wie unsere Lust aus einem Meer der Einsamkeit aufgetaucht ist, im Herzen eines Kindes, das in einem isolierten Dasein Angst hat und hilflos ist, verzweifelt nach Kontakten sucht und Trost finden will.

Wenn unsere Lust schließlich davon überzeugt ist, daß sie uns voll und ganz trauen kann, führt sie uns in die Gegenwart zurück und zeigt uns, wie mißbräuchlich wir in unserem Erwachsenenalter mit ihr umgegangen sind. Gefühllos haben wir sie zu einem schmutzigen Geschäft gezwungen: sich als Füllsel für die Liebe zur Verfügung zu stellen, die in unserem Leben fehlt. Sie sollte unseren Schmerz, unsere Langeweile und unsere Frustrationen als Erwachsene beschwichtigen und uns für kurze Augenblicke Erleichterung verschaffen. Für alles, was die Lust für uns getan hat, bleiben wir völlig undankbar. In unserer großen Herzlosigkeit geben wir ihr alle möglichen schlechten Namen und mißbrauchen sie auf alle nur erdenklichen Weisen.

Bei diesen Reisen nach innen geschehen wahre Wunder. Früher oder später stellen wir fest, daß die Lust sich verwandelt; sie legt ihre Maske als Unholdin ab. Jetzt kommt sie uns unschuldig wie eine Schneeflocke vor. Ihre ursprüngliche Häßlichkeit löst sich in das Empfinden auf, es mit einer tragischen Schönheit zu tun zu haben. Die Angst zieht aus, das Mitleiden zieht ein, das sich als heilende Wärme erfahren läßt. Wir wissen nicht, woher dieses Mitleiden kommt oder auf wen es sich richtet. Richtet es sich auf die Lust, unsere so lange verkannte Freundin? Oder wendet sie sich dem kleinen verletzlichen, hilfsbedürftigen Kind in uns zu? Ist die Lust unsere Feindin, unsere Dienerin, oder nur ein entfremdeter Teil unserer selbst? Aber vielleicht ist das gar nicht so wichtig. Denn wirkliche Heilung hat eingesetzt.

So sieht der Weg des Tantra aus. Es ist der Weg des Herzens. Der Schlüssel dabei ist, daß man sein Herz für das öffnet, wovor man Angst hat und daran mit seinen tiefsten und echtesten Gefühlen rührt. Es ist nie eine Frage des Kämpfens; es ist eine Frage, sich an die notwendige *seelische Arbeit* zu machen: auf alles sorgfältig zu achten, es gelten zu lassen, zu berühren und zu verstehen. Nur dann können wir in angemessener Weise darauf *einzugehen* beginnen, was dann das vierte Element der Liebe ist. Dieses darauf Eingehen muß nicht physischer Natur sein. Es kann auch einfach ein stilles Anerkennen sein, eine Regung des Herzens oder eine Veränderung der inneren Einstellung. Am Ende dieser Reise ist die Lust durch das Wunder der Achtsamkeit in Liebe und Mitleiden umgewandelt.

Wenn es uns zu überfordern scheint, die finstere Seite des Lebens ins Auge zu fassen; wenn wir das Bedürfnis verspüren, sie zu bekämpfen oder vor ihr zu fliehen, dann sollten wir uns vielleicht eine Lotusblüte vor Augen halten, das zeitlose buddhistische Symbol der Reinheit. Obwohl sie in schmutzigem, stinkigem Schlamm wurzelt, ist die Lotusblüte selbst rein und wunderschön. Der Schlamm mag noch so unansehnlich sein, aber doch liefert er die Nährstoffe, die die Lotusblüte braucht. Entfernt man die Blüte aus dem Schlamm, so kann sie nicht weiterleben. Vielleicht sollten wir uns unsere Gier, unsere Wut und unsere Lust genauso vorstellen: als Schlamm, der unserer Seele die Nährstoffe liefert, die sie braucht.

Elftes Kapitel

Die Liebe

*Denn er läßt seine Sonne aufgehen über Bösen und Guten,
und er läßt regnen über Gerechte und Ungerechte.*
Jesus

*In die Selbst-Natur zu schauen, ist verdienstvoll;
alle Dinge als gleich zu behandeln, ist Tugend.*
Hui Neng

Daß das Christentum die Liebe betont, ist allgemein bekannt. In den Zen-Sprüchen dagegen kommt der Begriff „Liebe" praktisch gar nicht vor, obwohl der Buddhismus die Entwicklung der gütigen Liebe *(metta)* und des Mitleidens *(karuna)* als entscheidend für den spirituellen Weg betrachtet. Natürlich stellt sich die Frage, ob Zenlehrer vor der Liebe Angst haben. Hui Neng, der sechste Patriarch des Zen, betonte vor allem den „Nicht-Geist". Vordergründig gesehen, wirken Liebe und Nicht-Geist wie direkte Gegensätze. Ist die Kluft zwischen Christentum und Zen beim Thema „Liebe" wirklich so breit? Was ist mit „Liebe" eigentlich gemeint? Ist Liebe ein Gefühl oder eine Anhänglichkeit? Wie kann die Liebe geübt werden? In welcher Beziehung stehen Liebe, Freiheit und Gutsein zueinander? Hören wir noch einmal einen Abschnitt aus der Bergpredigt:

„Ihr habt gehört, daß gesagt worden ist: Du sollst deinen Nächsten lieben und deinen Feind hassen. Ich aber sage euch: Liebt eure Feinde und betet für die, die euch verfolgen, damit ihr Söhne eures Vaters im Himmel werdet; denn er läßt seine Sonne aufgehen über Bösen und Guten, und er läßt regnen über Gerechte und Ungerechte. Wenn ihr nämlich nur die liebt, die euch lieben, welchen Lohn könnt ihr dafür erwarten? Tun das nicht auch die Zöllner? Und wenn ihr nur eure Brüder grüßt, was tut ihr damit Besonderes? Tun das nicht auch die Heiden? Ihr sollt also vollkommen sein, wie es auch euer himmlischer Vater ist" (Matthäus 5,43–48).

Die Liebe, von der Jesus sprach, ist offensichtlich etwas ganz anderes als die gewöhnliche Liebe der Menschen, denn sie unterscheidet nicht. Wie Jesus sagt, läßt Gott „seine Sonne aufgehen über Bösen und Guten". Die Liebe bezeichnet er als die höchste Tugend: zu lieben, heißt wie Gott zu sein.

Viele sind sich nicht bewußt, daß es zwischen Konfuzianismus und Zen einen Zusammenhang gibt. Aber interessanterweise entspricht dem Wort „Liebe" am engsten der konfuzianische Begriff *jen*. Kein anderes chinesisches Wort für „Tugend" hat die gleiche geheimnisvolle und nicht faßbare Qualität. Der große Sinologe Arthur Waley hat bemerkt, *jen* bezeichne eine „tranzendentale Vollkommenheit, die legendäre Helden wie Po I erreichen, aber kein lebender oder historischer Mensch".[110] Konfuzius äußerte, diese Eigenschaft sei so selten und einzigartig, daß wir „nur äußerst sparsam von ihr sprechen können" (Analects 12,3). Er zögerte, sie irgend jemandem zuzuerkennen, und seine Schüler stellten fest, daß „der Meister selten über *jen* lehrte" (Analects 9,1).

Waley bemerkt, bei *jen* handle es sich um eine mystische Qualität, die nicht nur dem Tao analog, sondern praktisch mit diesem identisch sei. Er machte die folgende klarsichtige Bemerkung über die Übersetzung dieses Begriffs:

„Mir scheint, ,good' (,gut') ist die einzig mögliche Übersetzung des Begriffs *jen*, wie er in den Analects vorkommt. Kein anderes Wort ist allgemein genug, um sein ganzes Bedeutungsspektrum zu umfassen; tatsächlich sind Begriffe wie ,human', ,altruistisch', ,gütig' fast in jedem Fall unzutreffend, oft auf geradezu lächerliche Weise. Allerdings gibt es ein anderes Wort, *shan*, dem zwar ganz die mystischen und transzendentalen Untertöne von *jen* abgehen, das ebenfalls zutreffenderweise nicht anders als mit ,good' übersetzt werden kann. Aus diesem Grund übersetze ich *jen* mit ,Good' (,Goodness' usw.) mit großem Anfangsbuchstaben; und *shan* mit ,good' mit kleinem g."[111]

Die Zurückhaltung des Konfuzius und Waleys Sorgfalt bei der Verwendung der das Gute bezeichnenden Begriffe sind verständlich. Tatsächlich ließ sich sogar Jesus nicht von anderen „gut" nennen. Der Beleg dafür findet sich im Markusevangelium, wo ihn ein junger Mann in führender Stellung nach dem ewigen Leben fragt. Dieser redet ihn mit „Guter Meister" an, aber Jesus weist ihn unverzüglich zurecht: „Warum nennst du mich gut? Niemand ist gut außer Gott" (vgl. Markus 10,17–22).

Diese Zitate aus den „Analects" des Konfuzius und der Bibel helfen einige Kernpunkte klarzustellen: Das konfuzianische *jen* verhält sich zur christlichen Liebe wie das Tao zu Gott. *Jen* ist der Weg des Tao, und Liebe ist der Weg Gottes. Nach der Lehre des Meisters Jesus heißt lieben, vollkommen und wie Gott sein. Diese Qualität erreichte nach seiner Aussage kein Sterblicher. Auch der Hinweis auf den 1. Johannesbrief, wo es heißt, Gott sei die Liebe (4,8), mag hilfreich sein.

In der Bergpredigt wies uns Jesus an, von der Natur als Lehrmeisterin zu lernen. Die Natur behandelt nicht unterschiedlich Gute und Böse noch unterscheidet sie zwischen Gerechten und Ungerechten. Die Art und Weise der Natur ist es, alle Dinge und alle Menschen gleich zu behandeln. Jesus sagte, unsere Liebe zu anderen sollte genauso sein. Wahre Liebe *macht keine Unterschiede*. In diesem Licht besehen, ist die Anweisung „liebt eure Feinde und betet für die, die euch verfolgen", mehr ein Ausfluß dieser Einstellung, keine Unterschiede zu machen, als daß damit alle Grenzen verwischt werden sollten. Hier wäre festzuhalten, daß die Einstellung gegenüber dem Leben, keine Unterschiede zu machen, im Buddhismus sehr stark betont wird. Ja, die Weisheit des Buddha wird als die *Weisheit des keine Unterschiede Machens* bezeichnet, womit ausgesagt wird, daß der Verzicht auf das Klassifizieren ein Schlüssel für die spirituelle Entwicklung sei.

Eine Hauptaussage der Botschaft Jesu ist: Ohne Unterschied zu lieben, heißt vollkommen wie der Vater zu sein. Auf diese Weise wird die Gleichung zwischen Liebe und Gutsein hergestellt. Liebe ist Gutsein, Gutsein ist Liebe. Natürlich ist es für Menschen so gut wie unmöglich, ohne Unterschiede zu lieben. Wir mögen es vielleicht hie und da kurz fertigbringen, aber nicht die ganze Zeit. Daher sagte Jesus zu dem jungen Mann: „Niemand ist gut, außer Gott dem Einen." Dennoch besteht unsere Aufgabe im

Leben darin, diese Liebe zu lernen und uns der Vollkommenheit anzunähern.

Christliche Liebe wird oft mit Selbstverleugnung in Zusammenhang gebracht. Doch müssen wir diese Selbstverleugnung richtig verstehen. Religiöse Menschen verwechseln Askese vielfach mit Spiritualität. Vor allem der Verzicht auf materiellen Besitz wird oft als Ausdruck einer spirituellen Gesinnung betrachtet. Sogar soziale und familiäre Bande gelten als Hindernisse. Hat doch Jesus gesagt:

> „Wer Vater oder Mutter mehr liebt als mich, ist meiner nicht würdig, und wer Sohn oder Tochter mehr liebt als mich, ist meiner nicht würdig. Und wer nicht sein Kreuz auf sich nimmt und mir nachfolgt, ist meiner nicht würdig" (Matthäus 10,37–38).

Beachten wir jedoch, daß Jesus nicht verlangt hat, seine Jünger sollten *ihn* mehr als alles andere lieben; er warnte sie lediglich vor einer *unangemessenen* Liebe. Echter Verzicht ist etwas anderes als Selbstverstümmelung oder Askese. Wäre es anders, so wären viele Masochisten recht spirituelle Menschen. Echte Spiritualität bejaht das Leben, statt es zu verneinen. Das Wichtigste dabei ist, gleiche Liebe für alle und alles zu haben, was Jesu Aussage über das größte Gebot bestätigt:

> „Einer von ihnen, ein Gesetzeslehrer, wollte ihn auf die Probe stellen und fragte ihn: Meister, welches Gebot im Gesetz ist das wichtigste? Er antwortete ihm: Du sollst den Herrn, deinen Gott, lieben mit ganzem Herzen, mit ganzer Seele und mit all deinen Gedanken. Das ist das wichtigste und erste Gebot. Ebenso wichtig ist das zweite: Du sollst deinen Nächsten lieben wie dich selbst. An diesen beiden Geboten hängt das ganze Gesetz samt den Propheten" (Matthäus 22,35–40).

Hören Sie sehr genau hin. Hier spricht der größte Morallehrer der Welt. Was Jesus mit diesen wenigen Aussprüchen fertigbrachte, kommt fast einem Erdbeben gleich. Dies tritt umso deutlicher hervor, wenn wir seinen zeitgeschichtlichen Kontext bedenken. Zur Zeit Jesu waren die Menschen vom Gesetz und allen möglichen von diesem vorgeschriebenen Verhaltensweisen besessen. Vor allem die Pharisäer folgten den Geboten der Schrift in derart penibler Weise, daß sie außerstande waren, als normale Mitglieder der Gesellschaft zu leben.

Angesichts dieses Hintergrunds ist das, was Jesus sagte, wirklich erstaunlich, sowohl wegen der außergewöhnlichen Schönheit des Gesagten, als auch wegen seiner Radikalität. Hier war Jesus also Morallehrer und Zenmeister in Höchstform. Er war imstande, einen ungeheuren Wust an moralischen Einzelgesetzen auf zwei Faustregeln zu reduzieren: Liebe Gott und liebe deinen Nächsten wie dich selbst. Radikal ist es insofern, als es sich so völlig vom allgemein Üblichen absetzte. Während die anderen sich die größte Mühe gaben, das Gesetz bis auf das letzte i-Tüpfelchen einzuhalten, sagte Jesus praktisch: „Laßt diesen ganzen Humbug der Buchstabenklauberei bleiben. Das einzige Kriterium der Moral ist die Liebe."

Warum sollte die Liebe zu Gott vor der Liebe zu anderen den Vorrang haben? Einigen Aufschluß darüber gibt die Stelle im Markusevangelium, wo Jesus gefragt wurde, welches das größte Gebot von allen sei, und er die folgende Antwort gibt:

„Das erste ist: Höre, Israel, der Herr, unser Gott, ist der einzige Herr. Darum sollst du den Herrn, deinen Gott, lieben mit ganzem Herzen und ganzer Seele, mit all deinen Gedanken und all deiner Kraft" (Markus 12,29).

Was bedeutet das: „der Herr, unser Gott, ist der einzige Herr"? Die oberflächliche Auslegung lautet, es gebe nur einen einzigen wahren Gott, den man lieben dürfe. Doch das erklärt nicht den inneren Zusammenhang zwischen Gottes- und Menschenliebe. Einer tieferen Auslegung zufolge heißt „Gott lieben", sich vor Augen halten, daß alles im Universum von Gott stammt (weil Gott alles aus dem Nichts erschaffen hat) und daher ein einziges großes Ganzes ist. Alle Wesen im Universum hängen voneinander ab. Folglich bedeutet, Gott zu lieben, alles, was ist, zu lieben. Der Mensch, der Gott liebt, nimmt allen Dingen im Leben gegenüber eine liebende Einstellung ein. Alles ist ja zuinnerst miteinander verknüpft, nichts existiert ganz getrennt vom anderen. Daher ist das zweitgrößte Gebot einfach eine *Ableitung* aus dem ersten. Unsere Liebe zu den anderen entstammt unserer Anerkenntnis, daß jeder von ihnen ebenfalls ein integrierender Bestandteil der Schöpfung Gottes und von Ihm als Letzter Wirklichkeit untrennbar ist. Gemäß dem Johannesevangelium ist alles „durch das Wort geworden, und ohne das Wort wurde nichts, was geworden ist" (Johannes 1,3). Mit dem „Wort" meint der Evangelist Jesus. Dieser Jesus sagt später im gleichen Evangelium (10,30): „Ich und der Vater sind eins". Das Einssein von Gott, Jesus und Schöpfung stellt den Grund für die Liebe zum Nächsten dar: in allem lieben wir Gott.

Das zweite Gebot sagt: „Liebe deinen Nächsten wie dich selbst", und nicht: „Liebe deinen Nächsten mehr als dich selbst", denn auch du bist Teil dieser letzten Wirklichkeit und folglich genauso liebenswert und genauso wichtig. Die Selbstverleugnung, zu der Jesus auffordert, besteht nicht darin, sich selbst zugunsten von anderen um etwas zu berauben. Wie bereits erläutert, geht es vielmehr darum, die Liebe ohne Unterschiede zu leben.

Echte Liebe bedeutet den Tod des Ego, des falschen Selbst. Hier treffen sich Zen und christliche Liebe. Liebe ist nur möglich, wenn man seinen Geist nicht an irgendetwas hängt, und das bedeutet, daß das Ego verschwindet. Die Natur bietet das beste Beispiel, von dem wir etwas über die Liebe lernen können. Im 5. Kapitel des *Tao te king* heißt es:

„Himmel und Erde sind nicht gütig.
Ihnen sind die Menschen wie stroherne Opferhunde.
Der Berufene ist nicht gütig.
Ihm sind die Menschen wie stroherne Opferhunde."[112]

Himmel und Erde lieben nicht, sind nicht gütig. „Stroherne Opferhunde" waren früher aus Stroh verfertigte Hundegestalten, die in einer Zeremonie dem Himmel zum Opfer gebracht wurden. Nach Vollzug der Zeremonie wurden die Opferhunde weggeworfen, ohne daß an sie weiter ein Gefühl oder eine Anhänglichkeit verschwendet worden wäre. Laotse meint, daß Himmel und Erde genauso mit uns umgehen: Wir werden alle gleich behandelt, weder mit Liebe noch mit Haß. Denn der Weg des Tao besteht darin, „alles sein zu lassen". Aber gerade weil Himmel und Erde keine Vorzugsliebe für irgend etwas haben, können sie alles lieben. Sie „lieben", weil sie nicht unterscheiden. Der springende Punkt liegt nicht im „Lieben" oder "Nicht-Lieben", sondern darin, keinen Unterschied zu machen. Parteilichkeit ist ein Ausdruck des Ego, Neutralität ein Ausdruck der Liebe.

Für die meisten von uns ist dieser „Neutralitätscharakter" der Liebe Gottes nur sehr schwer zu verstehen. Es fällt uns schwer, anzunehmen, daß Gott für uns persönlich keine ganz besondere Gunst hegt. Die erste traumatische Erfahrung ist für viele Kinder wahrscheinlich der Tod eines geliebten Haustiers. Von einem Verlustgefühl gepeinigt, fragen sie: „Warum hat der liebe Gott Arko sterben lassen?" Implizit steckt darin die Vorstellung, wenn Gott uns wirklich lieben würde, würde er unsere Lieben nicht sterben lassen. „Benimmt" sich Gott nicht so, wie wir es von ihm erwarten, so fühlen wir uns vor den Kopf gestoßen. Es ist das erste Mal, wo uns aufgeht, daß wir Gott gar nicht verstehen. Es ist die erste Glaubensprobe.

Wenn wir älter werden und die Probleme zunehmen, denen wir uns im Leben stellen müssen, wächst gewöhnlich unsere Unzufriedenheit mit Gottes „Teilnahmslosigkeit". Sooft uns etwas Unglückliches zustößt, sind wir mit der Frage bei der Hand: „Warum muß das gerade mir passieren? Warum läßt das Gott zu?" Wir tun, als wären wir ständig Opfer Gottes, und wir verstehen nicht, daß es Gottes Art ist, niemanden zu begünstigen. Manchmal steigert sich unsere Unzufriedenheit bis zur moralischen Entrüstung, und wir deuten Gottes Neutralität als Ungerechtigkeit. Wir fragen mit Ijob: „Warum bleiben Frevler am Leben, werden alt und stark an Kraft?" (Ijob 21,7).

Hier hilft es, ein gewisses Maß an Humor zu entwickeln. Wir begehren eine bedingungslose Liebe. Wir möchten von unseren Lieben und von Gott ohne Wenn und Aber geliebt werden. Aber wenn Gott bedingungslos liebt und sowohl Gerechte wie Böse segnet, beschweren wir uns. Armer Gott! Wie könnte Gott es anstellen, uns glücklich zu machen? Wie kann der begrenzte Geist den Grenzenlosen begreifen? Denkt man vernünftig nach, so erweist sich eine bedingungslose Liebe schlicht als *Nonsens*. Als Menschen, die vorwiegend aus der linken Gehirnhälfte leben, suchen wir in allem einen vernünftigen Grund. Wie sollte da die Liebe eine Ausnahme machen? Für uns ist es ganz natürlich, nur dann zu lieben, wenn wir meinen, wir bekämen für dieses Lieben etwas zurück. Warum sollten wir Fremde und Feinde lieben? Unser Ego interessiert sich nur für eines: Was springt für mich dabei heraus?

Das ist die Schwierigkeit: Während wir praktisch in einer Welt voller „vernünftiger" (das heißt, bedingter) Liebe leben, erwarten wir dennoch, von allen bedingungslos geliebt zu werden. Auch von Gott erwarten wir bedingungslose Liebe, aber nur für uns selbst, nicht jedoch für die anderen. Bei genauerem Zusehen wird also deutlich: Wir wollen nichts anderes als eine *Günstlingswirtschaft*, wobei natürlich wir die Begünstigten sein sollen. Gott steht dabei allerdings vor dem Dilemma, daß genau das *alle* wollen: eine *bedingungslose Liebe nur für sich selbst*.

Keine Unterschiede zu machen, ist ein Grundpfeiler der Spiritualität. Jesus drückt es positiv aus und spricht von der Größe der unparteiischen Liebe. Das Zen bedient sich der Negation und spricht davon, wie wichtig der „Nicht-Geist" *(wu-hsin)* sei. Für Hui Neng ist diese Übung des „Nicht-Geists" die Grundlage des Zen. Nicht-Geist ist der Geist, der an nichts hängt und von nichts behindert wird. Echte Liebe kann nicht aufkommen, solange es noch Anhänglichkeiten gibt, die Ausdruck des Ego sind. So sind Liebe und Freiheit zuinnerst miteinander verknüpft. J. Krishnamurti erklärt dieses Verhältnis folgendermaßen:

„So gehen Freiheit und Liebe Hand in Hand. Liebe ist kein Reagieren. Wenn ich dich liebe, weil du mich liebst, ist das ein bloßer Handel, etwas, das ich auf dem Markt kaufe; es ist nicht Liebe. Lieben heißt, nichts im Gegenzug verlangen, ja nicht einmal zu spüren, daß man etwas gibt. Nur eine solche Liebe weiß, was Freiheit ist.

Nun müssen Sie und ich dieses ganze Problem der Freiheit richtig verstehen. Wir müssen für uns selbst herausfinden, was es heißt, zu lieben. Wenn wir nämlich nicht lieben, können wir niemals tiefgründig und aufmerksam sein; wir können nie wirklich umsichtig sein. Wissen Sie, was es heißt, umsichtig zu sein? Wenn Sie auf einem von vielen nackten Füßen begangenen Weg einen spitzen Stein sehen, entfernen Sie ihn, nicht weil Sie darum gebeten worden sind, sondern weil Sie mit anderen mitfühlen. Es kommt Ihnen nicht darauf an, wer das genau ist, und Sie lernen sie womöglich nie kennen. Einen Baum zu pflanzen und sich daran zu freuen, den Fluß zu betrachten und einfach froh über die Fülle der Erde zu sein – zu all dem bedarf es der Freiheit; und um frei zu sein, muß man lieben."[113]

Freiheit und Liebe sind zwei Gesichter ein und derselben Wirklichkeit. Der „Nicht-Geist" des Hui Neng ist ein freier Geist, nicht gehemmt von Begehren, Gier, Wut oder Angst. Echte Freiheit ist nur zu erlangen, wenn das Ego stirbt. Jesus hat diese Haltung des „Nicht-Geists" treffend veranschaulicht:

> „Wenn du Almosen gibst, laß es also nicht vor dir herposaunen, wie es die Heuchler in den Synagogen und auf den Gassen tun, um von den Leuten gelobt zu werden. Amen, das sage ich euch: Sie haben ihren Lohn bereits erhalten. Wenn du Almosen gibst, soll deine linke Hand nicht wissen, was deine rechte tut" (Matthäus 6,2–3).

„Deine linke Hand soll nicht wissen, was deine rechte tut": Das bedeutet nicht nur, daß du nicht vor den anderen mit deinen guten Taten prahlst, um Eindruck zu machen, sondern daß du sogar bei dir selbst deine Tat nicht als gute Tat registrierst! Das heißt, *gewöhnlich* zu sein. Denn bei der echten Liebe hört alles Unterscheiden auf. Wenn du nicht einmal einen Unterschied zwischen dir und den anderen machst, wo ist dann die „gute Tat"? Das ist die Praxis des „Nicht-Geists".

Die Wechselbeziehung zwischen „Nicht-Geist", Liebe und *wu-wei* wird von der folgenden Zen-Geschichte illustriert:

> „Ein junger Mönch erhielt ein Koan, über das er meditieren sollte. Das Koan lautete: Nicht-Geist. Er beschäftigte sich lange Zeit und angestrengt damit, gelangte aber zu nichts.
>
> Eines Tages war der Mönch auf seinem üblichen Rundgang zum Almosensammeln. Während des Gehens war sein Geist mit den gleichen alten Fragen beschäftigt: ‚Was heißt es, keinen Geist zu haben? Wenn ich keinen Geist habe, wie kann ich da gehen? Wenn ich keinen Geist habe, wie kann ich da reden?' Gerade als er an einem Freudenhaus vorbeikam, hörte er ein Mädchen zu seinem Kunden sagen: ‚Heute bist du so geistesabwesend.'
>
> Diese Worte trafen den Mönch wie ein Blitz. Er erfuhr jähe Erleuchtung und wurde ein Buddha."

Wenn sich jemand längere Zeit mit einem Koan abgemüht hat, bedarf es zuweilen nur noch eines kleinen Anstoßes, um eine Erleuchtung auszulösen. Der junge Mönch in dieser Geschichte hatte sich in alle möglichen Sackgassen verrannt, denn er war auf die Idee fixiert, Nicht-Geist zu haben bedeute, alle Bewußtheit auszuschalten. Da schenkte ihm die Bemerkung des Mädchens eine frische Inspiration. Der Kunde dieses Mädchen hatte in gewisser Hinsicht keinen Geist, denn er war gerade ziemlich geistesabwesend. Da dämmerte es dem Mönch, daß Nicht-Geist nicht bedeutet, seine Bewußtheit zu verlieren; Nicht-Geist ist einfach der *gewöhnliche Geist*, der sich nicht um irgend etwas Besonderes bemüht. Ferner ging dem Mönch auf, daß er mit Nicht-Geist vor sich hin gegangen war und geredet hatte. Er hatte nicht bewußt daran denken müssen, wie er seine Muskeln zum Gehen betätigen oder in welche Schwingungen er seine Stimmbänder versetzen sollte, um zu reden. Das tat alles die Natur, ohne jede Anstrengung. Der Nicht-Geist ist der *wu-wei*-Geist.

Heutzutage ist es bei Psychologen üblich, zu sagen: „Liebe ist kein Gefühl." Der vernünftige Geist neigt dazu, von einem Extrem ins andere zu verfallen. So schließt er: „Wenn die Liebe keine Frage der Leidenschaft ist, muß sie eine Sache der Willenskraft sein." Folglich versuchen wir uns zur Liebe zu zwingen, und wir fühlen uns schuldig, wenn uns das nicht gelingt. Wir haben aus der Liebe wiederum ein Spiel für unser Ego gemacht, eine weitere Form der Besessenheit, ein weiteres Leistungssymbol.

Aber kann man Liebe wollen? Ist das Wollen nicht einfach ein weiterer Ausdruck des Ego? Wie es scheint, haben wir oft ziemlich verworrene Vorstellungen davon, was das Ego kann und was es nicht kann. Eines kann das Ego eindeutig nicht: lieben. Leider überschätzen wir oft die Fähigkeiten unseres Ego. Der heilige Paulus hat uns gesagt, ohne die Hilfe des Heiligen Geistes könnten wir nicht einmal in rechter Weise beten (vgl. Römer 8,26). Jesus war noch demütiger. Er sagte uns, von sich selbst aus könne er überhaupt nichts tun (vgl. Johannes 5,30). Könnte es folglich sein, daß, wenn wir lieben, in Wirklichkeit Gott es ist, der durch uns liebt? Vielleicht sind wir nur Leitungsrohre Gottes.

Wenn wir der Logik Jesu folgen, müssen wir zum Schluß kommen, Liebe sei keine Sache des Willens, sondern der Gnade. Als solche kann man sie nicht heranziehen oder erstreben. Das beste, was wir dafür tun können, ist, uns einfach für sie offenzuhalten und unsere inneren Widerstände gegen sie aus dem Weg zu räumen, damit sie durch uns fließen kann. Das Erlernen der Liebe ist wie das Gehenlernen. Es gibt dafür keine Handbücher oder Unterrichtskurse. Das wichtigste, was wir „tun" können, ist, unsere Angst loszulassen und auf das Tao zu vertrauen. Liebe ist nämlich eine andere Ausdrucksform des *wu-wei*.

Das wirft neues Licht auf das größte Gebot: „Du sollst den Herrn, deinen Gott, lieben mit ganzem Herzen und ganzer Seele, mit all deinen Gedanken und all deiner Kraft" (Markus 12,30). Etwas mit ganzem Herzen, ganzer Seele, allen Gedanken und aller Kraft zu tun, heißt, es mit seinem gesamten Wesen und größter Aufrichtigkeit zu tun. Aufrichtigkeit verträgt sich nicht mit Angst oder Gezwungensein. So stellt sich heraus, daß das „größte Gebot" überhaupt kein Gebot ist!

Tatsächlich muß es uns nicht geboten werden, Gott zu lieben. Wir müssen nur sehen, daß die Liebe zum Selbst und die Liebe zu anderen gar nicht im Konflikt miteinander sein müssen. Erich Fromm sagt:

> „Nicht nur andere, auch wir selbst sind ‚Objekte' unserer Gefühle und Einstellungen; dabei stehen unsere Einstellungen zu anderen und die zu uns selbst keineswegs miteinander im Widerspruch, sondern *hängen eng miteinander zusammen ...* *Liebe ist grundsätzlich unteilbar; man kann die Liebe zu anderen Liebes-‚Objekten' nicht von der Liebe zum eigenen Selbst trennen.* Echte Liebe ist Ausdruck inneren Produktivseins und impliziert Fürsorge, Achtung, Verantwortungsgefühl und ‚Erkenntnis'. Sie ist kein ‚Affekt' in dem Sinn, daß ein anderer auf uns einwirkt, sondern sie ist ein tätiges Bestreben, das Wachstum und das Glück der geliebten Person zu fördern. Dieses Streben aber wurzelt in unserer eigenen Liebesfähigkeit."[114]

Die Liebe ist eine *generelle* Fähigkeit. Wer andere nicht lieben kann, kann auch sich selbst nicht lieben. Das Umgekehrte gilt genauso. Ihrem Wesen nach ist die Liebe nämlich eine Offenheit für das Leben. Um lieben zu können, müssen wir uns sowohl für die Schönheiten wie für die dornigen Seiten des Lebens öffnen. Es scheint da eine Art von eingebauter Gerechtigkeit zu geben:

Menschen, die die Unvollkommenheiten anderer nicht ertragen können, können auch ihre eigenen Unvollkommenheiten nicht ertragen.

Wenn Sie die Liebe genauer kennenlernen wollen, beobachten Sie einfach aus innerem Abstand, unter welchen Umständen sich bei Ihnen Ungeduld, Wut und Animosität gegenüber anderen Menschen regen. Ich tue das bei mir die ganze Zeit. Warum fluche ich auf den Bus oder die Bahn, wenn sie zu spät kommen? Warum schreie ich die Kinder an, wenn sie sich nicht so verhalten, wie ich es will? Hinter allem steckt immer in irgendeiner Form die Angst oder ein Gefühl der Unsicherheit. Ich habe Angst, wegen des verspäteten Zuges werde ich mein wichtiges Treffen verpassen. Ich habe Angst, meine ungezogenen Kinder könnten mir zur immer größeren Last werden, zu einer Last, von der ich mir nicht sicher bin, ob ich sie werde tragen können.

Die Unfähigkeit zur Liebe spiegelt auch einen Mangel an Kreativität. Kreative Menschen haben die Angewohnheit, die Probleme im Leben als Möglichkeit zu sehen, ihre Kreativität zu aktivieren, etwas Neues zu erkunden, Charakter zu entwickeln, spirituell zu wachsen und Selbsterkenntnis zu gewinnen; unkreative Menschen neigen dazu, Probleme als lästig und bedrohlich zu betrachten. Liebe, Kreativität und Sanftmut sind eng miteinander verwandt. Kreative und für das Leben offene Menschen verfügen über eine größere Fähigkeit, andere und sich selbst zu lieben. Haben wir erst einmal die Kunst gelernt, in Problemen neue Möglichkeiten zu sehen, gibt es keinen Unterschied mehr zwischen der Liebe zum Selbst und der Liebe zu anderen. Meister Eckhart hat dazu bemerkt:

„Wenn du dich selbst liebst, dann liebst du auch jeden anderen wie dich selbst. Solange du den anderen weniger als dich selbst liebst, bringst du es auch nicht fertig, dich selbst wirklich zu lieben. Aber wenn du alle, einschließlich deiner selbst, gleich liebst, dann liebst du sie als eine Person, und diese Person ist sowohl Gott wie Mensch. So ist der ein gerechter und rechtschaffener Mensch, der sich selbst liebt und gleichermaßen alle anderen liebt."[115]

Der Buddhismus erkennt, daß alle Liebe mit der Selbst-Liebe beginnt. Offensichtlich tun sich Menschen, die voller eigener Probleme sind, äußerst schwer beim Versuch, anderen zu helfen. Walpola Piyananda Thera bemerkt: „Im Buddhismus ist die offensichtliche Selbst-Liebe ein entscheidender erster Schritt. Das läutert und reinigt den eigenen Geist, damit er fähig wird, andere zu lieben. Fehlt die Selbst-Liebe, so wird die Liebe zu raga (eros)."[116] Im Pali-Kanon lehrt Buddha die Kunst, andere zu lieben, indem man sich selbst liebt:

> „‚Ich werde mich selbst schützen': Mit diesem Gedanken sollten die Grundlagen der Achtsamkeit besorgt werden. ‚Ich werde andere schützen': Mit diesem Gedanken sollten die Grundlagen der Achtsamkeit besorgt werden. Indem man sich selbst schützt, schützt man andere; indem man andere schützt, schützt man sich selbst.
>
> Und wie schützt man andere, indem man sich selbst schützt? Durch wiederholtes Üben (der Achtsamkeit), durch ihr meditatives Entwickeln und durch häufige Beschäftigung mit ihr.
>
> Und wie schützt man sich selbst, indem man andere schützt? Durch Geduld, durch ein gewaltfreies Leben, durch liebenswürdige Güte und Mitleiden."[117]

Ähnlich lehrte Jesus den Primat der Selbst-Liebe, als er sagte: „Zieh zuerst den Balken aus deinem Auge, dann kannst du versuchen, den Splitter aus dem Auge deines Bruders herauszuziehen" (Matthäus 7,5). Mit anderen Worten, die Liebe zu den anderen beginnt mit der eigenen Erleuchtung.

Wie kann aber Liebe geübt werden, wenn sie nicht Sache des Bemühens oder der Willenskraft ist? Jesus veranschaulichte die Kunst des Liebens mit der folgenden Geschichte:

> „Da brachten die Schriftgelehrten und die Pharisäer eine Frau, die beim Ehebruch ertappt worden war. Sie stellten sie in die Mitte und sagten zu ihm: Meister, diese Frau wurde beim Ehebruch auf frischer Tat ertappt. Mose hat uns im Gesetz vorgeschrieben, solche Frauen zu steinigen. Nun, was sagst du? Mit dieser Frage wollten sie ihn auf die Probe stellen, um einen Grund zu haben, ihn zu verklagen. Jesus aber bückte sich und schrieb mit dem Finger auf die Erde. Als sie hartnäckig weiter-

fragten, richtete er sich auf und sagte zu ihnen: Wer von euch ohne Sünde ist, werfe als erster einen Stein auf sie. Und er bückte sich wieder und schrieb auf die Erde. Als sie seine Antwort gehört hatten, ging einer nach dem andern fort, zuerst die Ältesten. Jesus blieb allein zurück mit der Frau, die noch in der Mitte stand." (Johannes 8,3–8)

Jesus lehrt hier eindeutig Zen. Seine Hauptbotschaft ist klar: Die Wirklichkeit zu sehen, ist der Anfang der Liebe. Solange wir nicht ehrlich in uns selbst hineinblicken und unsere eigenen Grenzen sehen können, können wir auch niemals vergeben. Ähnlich können wir nie das Lieben lernen, solange wir nicht Christus in uns selbst und in anderen sehen können. Die Liebe hat mehr mit dem Sehen als mit dem Handeln zu tun. Das Handeln folgt auf das Sehen, nicht umgekehrt. Ja, Handeln ohne Sehen ist gefährlich und kann zu größerem Durcheinander und Elend führen. Jesus sagte: „Die Wahrheit wird euch frei machen" (Johannes 8,32). Aber zuerst müssen wir sie für uns selbst sehen.

Liebe besteht nicht unbedingt darin, all seinen Besitz zu verkaufen und den Erlös den Armen zu geben. Vielmehr fängt die Praxis der Liebe damit an, daß man für die Wirklichkeit sensibel wird. Im Buddhismus wird der Weg zur Befreiung als der Edle Achtfache Pfad bezeichnet. Der erste Schritt auf diesem Pfad lautet „Richtiges Sehen". Ohne richtiges Sehen führt jede Handlung unvermeidlich zu noch mehr Leiden. Andererseits erwachen wahre Liebe und Mitleiden ganz von allein, wenn man die Wirklichkeit so sehen kann, wie sie ist.

Wenn die Liebe der Ausfluß der eigenen gütigen Einstellung zum Leben und der Sensibilität für die Wirklichkeit ist, was ist dann das Mitleiden? Die meisten Menschen assoziieren Mitleiden mit Gefühlen und Weisheit mit dem Verstand. Aber dann wären Mitleiden und Weisheit wie Wasser und Öl; sie könnten sich nicht miteinander vermischen. Von Buddha heißt es, er habe sowohl großes Mitleiden wie große Weisheit. Wie ist das möglich?

Der vietnamesische Zenmeister und Dichter Thich Nhat Hanh hat uns die wahre Natur des Mitleidens veranschaulicht, als er die Lebensgeschichten der jungen Prostituierten in der Stadt Manila schilderte, die oft durch die extreme Armut und den ungeheuren Einkommensunterschied zwischen Reichen und Armen dazu gezwungen werden, ihren eigenen Körper zu verkaufen. Diese Menschen fristen ein erbärmliches Dasein, von der Gesellschaft verachtet und sich über sich selbst schämend. Nhat Hanh äußerte die folgende Bemerkung:

> „Aber wenn sie (die Prostituierte) sich selbst und die ganze Situation gründlich anschauen könnte, würde sie sehen, daß sie so ist, wie sie ist, weil andere Leute so sind, wie sie sind. Wie kann ein ‚anständiges Mädchen‘, das zu einer anständigen Familie gehört, stolz sein? Weil die Lebensweise der ‚anständigen Familie‘ so ist, wie sie ist, muß die Prostituierte als Prostituierte leben. Niemand von uns hat saubere Hände. Niemand von uns kann sagen, er sei dafür nicht verantwortlich. Das Mädchen in Manila ist so, weil wir so sind. Wenn wir in das Leben dieser jungen Prostituierten hineinsehen, sehen wir das Leben aller ‚Nicht-Prostituierten‘. Und indem wir uns die Nicht-Prostituierten und die Art, wie wir leben, ansehen, sehen wir die Prostituierten. Jedes trägt zum Entstehen des anderen bei.“[118]

Unser Mangel an Mitleiden rührt von unserer Unfähigkeit her, tief in die Natur der Dinge zu sehen. Wir neigen dazu, auf die Obdachlosen, Prostituierten und anderen Außenseiter der Gesellschaft herabzublicken, weil wir nicht all die Faktoren sehen, die dazu beitragen, daß sie so werden, wie sie sind. Die Prostitution ist ein gutes Beispiel dafür.

In einem Sonderbericht in der Zeitschrift *Time* über die boomende Sexindustrie wird festgestellt, daß „arme Frauen und Kinder Güter sind, die auf der Straße gehandelt, als Produkte getauscht, verschachert, geschmuggelt und verkauft werden, und das, um dem Hunger vorzubeugen oder als grausamer, aber schneller Weg zum Profit.“[119] Diese Industrie ist voller menschlicher Verzweiflung. Nicht alle Zuhälter sind Gangster. Im selben Bericht heißt es: „Oft ist es der Vater, der hinten im Auto sitzt, oder die Mutter, die den Preis für ihre Tochter aushandelt. Der kleine Bruder tritt vielleicht mit Schwamm und einem Kübel Seifenwasser auf den Plan, um für zusätzliche 5 Dollar den Wagen des Kunden zu waschen.“

Die sich wandelnden Strukturen des Sexmarkts in Asien lesen sich wie die moderne Wirtschaftsgeschichte der Region. Während in den sechziger und siebziger Jahren die japanischen Männer mit organisierten Sextouren in Scharen in Taiwan und Südkorea einfielen, bevorzugen sie jetzt Thailand und die Philippinen. Der Grund: Taiwan und Südkorea haben sich als Wirtschaftsmächte gemausert, und ihre Bevölkerung lebt heute in besseren Verhältnissen. Der Sachverhalt ist ganz einfach: Die Prostitution ist mehr eine Frage der wirtschaftlichen Großwetterlage als der Libido.

Die gesamte Schuld den Prostituierten anzulasten, ist deshalb ein grober Akt der Ungerechtigkeit und ein weiteres Beispiel dafür, wie man Sündenböcke schafft. Schließen wir die Augen vor den Tatsachen, weil es uns zu peinlich ist, die Probleme anzuschneiden, die mit der ungleichen Verteilung des Reichtums in der Gesellschaft zusammenhängen und zu ungleichen Möglichkeiten für unsere Kinder führen? Jesus sagte zu den selbstgerechten Menschen: „Zöllner und Dirnen gelangen eher in das Reich Gottes als ihr" (Matthäus 21,31). Vielleicht verstehen wir jetzt, warum Mitleiden nicht eine Frage der Liebe, Barmherzigkeit oder Sympathie ist. Es stellt sich mit der Einsicht ein, daß alle Dinge innerlich zusammenhängen, und mit dem Erkennen, daß wir alle zu dem Universum beitragen, in dem wir alle eins sind. Solange wir es nicht fertigbringen, uns selbst im Leben der Prostituierten und die Prostituierten in unserem Leben zu sehen, können wir auch kein echtes Mitempfinden für einen anderen Menschen aufbringen. Er wird uns fremd, wird Gegenstand unseres Mißbrauchs oder Müllkippe unserer Schuldgefühle bleiben.

Was also ist Mitleiden? Aufschluß darüber liefert uns das Wort selbst, das sich zusammensetzt aus der Vorsilbe „mit" und dem Tätigkeitswort „leiden". Folglich heißt Mit-Leiden Teilhaben am Leiden des anderen, weil man mit ihm ein und dasselbe Leben teilt und einsieht, daß keiner völlig unabhängig vom andern existiert. Paradoxerweise führt das Teilen von Leiden zu Freude und Erhebung. D. Brandon bemerkt dazu:

„Mitleiden hat überhaupt nichts mit Leistung zu tun. Es ist weit und großzügig. Entwickelt ein Mensch echtes Mitleiden, so weiß er gar nicht, ob er mit anderen oder mit sich selbst großzügig ist, denn das Mitleiden ist eine allumfassende Großzügigkeit, die sich nicht auf ein bestimmtes Ziel richtet und jegliches ‚für mich' oder ‚für diesen' oder ‚für jenen' beiseite läßt. Es ist voller Freude, spontan sich einstellender Freude, ständiger Freude im Sinn von Zuversicht, und in dem Sinn, daß Freude ungeheuren Reichtum und Fülle birgt.

Auf seiner höchsten Stufe bleibt *karuna*, das Mitleiden, nicht bei den Komplikationen des Leidens oder bei den Situationen einzelner Menschen stehen. Sein Anliegen ist die Erlösung aller Lebewesen. Es breitet vor allen, die nur immer hinsehen wollen, die Karte der Erleuchtung aus."[120]

Jesus sagte: „Ich bin die Auferstehung und das Leben" (Johannes 11,25). Er sagte auch: „Noch ehe Abraham wurde, bin ich" (Johannes 8,58). Das sind nicht nicht nur Aussagen über eine spezielle und exklusive Göttlichkeit, sondern es ist auch eine aus tiefstem Herzen kommende Anerkenntnis, daß wir in einem tiefen und echten Sinn alle an einem einzigen Leben und Schicksal teilhaben. Jesus will sich damit nicht von der übrigen Menschheit distanzieren, vielmehr ist es seine poetische Art und Weise, seine innere Verbundenheit mit allen Kriminellen, Huren, Unterdrückten und Elenden der Erde zum Ausdruck zu bringen. Wahrscheinlich können wir nur in dieser „allumfassenden Großzügigkeit", dieser Vermischung von Freude und Leid unsere wahre Befreiung finden, nicht als individuelle Einzelne, sondern als der mystische eine und einzige Sohn Gottes.

Der Anfang eines neuen Paradigmas

Verstehbarkeit oder Präzision:
beides zugleich ist unmöglich.
BERTRAND RUSSELL

Alle heiligen Schriften bergen
einen äußeren und einen inneren Sinn.
MAURICE NICOLL

Mein Lehrer der chinesischen Literatur sagte mir etwas sehr Denkwürdiges: Das Lesen der Klassiker sei ein dynamisches und lebenslanges Unternehmen.

Mit dem Lesen der Heiligen Schrift sollte es genauso sein. Manche, die meine ersten Entwürfe zum vorliegenden Buch durchgesehen haben, sagten mir, mit der einen und anderen meiner Auslegungen von Bibelstellen seien sie nicht einverstanden. Daher will ich klar sagen: Ich erhebe ganz und gar nicht den Anspruch, in dieser Hinsicht auch nur annähernd das letzte Wort zu haben. Die Tastsache, daß es vielerlei Auslegungsmöglichkeiten gibt, ist nie ein Problem, sondern lediglich Ausdruck der Vielfalt des Lebens. Erst wenn wir versuchen, eine uniforme Auslegung durchzusetzen, führt dies zu Gewalttätigkeit, müssen Menschen leiden und wird die Seele abgewürgt. Ich ändere durchaus von Zeit zu Zeit meine Auslegung der Bibel, und ich betrachte diese Veränderungen mit Freude und Verständnis. Schließlich ist Wachstum nur möglich, wenn man zur Veränderung bereit ist.

Vielen Menschen sind die Freude, der Humor und die Tiefgründigkeit der Lehren Jesu völlig entgangen, weil sie sich in die erste Auslegung verbissen haben, die man ihnen als Kindern im Religionsunterricht beigebracht hat. In gewisser Hinsicht sind sie wie Schmetterlinge, die sich nicht aus ihrem Kokon heraustrauen, oder wie Erwachsene, die ihre Kinderkleider nicht ablegen wollen. Ihre Weigerung, zusammen mit ihrer eigenen Lebenserfahrung auch ihr Verständnis weiterwachsen zu lassen, führt dazu, daß für sie die Heilige Schrift mehr und mehr zu einem langweiligen Dokument wird, das sie mit der Zeit vergessen, statt daß es sich ihnen zu den *lebendigen Worten* Gottes umgestaltet.

Dieses Problem hängt mit dem abendländischen Begriff von Wahrheit zusammen. Schließen Sie eine Minute die Augen und stellen Sie sich vor, was das ist: „Wahrheit". Welche Art von Bildern kommen Ihnen da? Für die meisten Menschen ist Wahrheit eng mit Stabilität, Endgültigkeit, Dauer, Universalität und Sicherheit verbunden. Jesus dagegen hat für die Wahrheit das Bild vom „lebendigen Wasser" verwendet. Das ist eine weitere seiner kühnen Lehren. Während wir dazu neigen, uns die Wahrheit als eine Art von heiligem, unerschütterlichem Fels vorzustellen, glich sie in den Augen Jesu eher dem Wasser; er stellte sie sich als formlos und anschmiegsam vor, als etwas, das man nicht mit Händen greifen kann. Auch das Adjektiv „lebendig" sollte man nicht übersehen. Denn die Wahrheit ist etwas Lebendiges, das in uns und mit uns wächst.

Die Wahrheit gleicht dem Leben darin, daß man sie nicht eingefrieren kann, ohne sie zu töten. Spirituell wachsen heißt die Wahrheit jeden Tag neu entdecken. Der Buddha erzählte eine Geschichte von einem Reisenden, der sich ein Floß anfertigte, um einen Fluß zu überqueren. Er war von der Nützlichkeit dieses Floßes so beeindruckt, daß er es nicht fertigbrachte, es liegenzulassen, als es seinen Zweck erfüllt hatte. So schleppte er sein Floß auf dem Rücken überallhin mit sich und machte sich zum Gespött aller. Der Buddha sagte: „Meine Lehre ist wie ein Floß: sie dient dazu, ans andere Ufer zu tragen, nicht aber, sich daran festzuhalten."

Die Wirklichkeit ist etwas Unbeständiges. Die Welt ist in stetem Wandel begriffen. Wir selbst ändern uns. Die Veränderung ist die einzige Wahrheit. Darum ist es wie eine Art spiritueller Selbstmord, sich auf eine fixe Vorstellung, auf starre Begriffe, Lehren und Meinungen zu versteifen. Ähnlich erwartet man von Forschern, daß sie nicht mit ihren Theorien verheiratet sind, sondern sie als Arbeitshypothesen verwenden, bis ihnen noch bessere Erkenntnisse kommen. Hans Küng hat bemerkt: „Je banaler eine Wahrheit (Binsenwahrheit, Platitüde usw.) ist, desto sicherer ist sie. Und umgekehrt: Je wichtiger eine Wahrheit ist (wie zum Beispiel eine ästhetische, oder erst recht eine moralische und religiöse Wahrheit, im Unterschied zur mathematischen Wahrheit), desto geringer ist ihr Sicherheitsgrad."[121]

Aus diesem Grund unterscheidet sich die spirituelle Erziehung so stark von anderen Arten der Erziehung. Anders als im Fall akademischer Themen geht es bei der spirituellen Ausbildung nicht um das Ansammeln von Wissensinhalten. Der taoistische Meister Laotse sagte einmal: „Wer das Lernen übt, vermehrt täglich. Wer den *Sinn* (das Tao) übt, vermindert täglich."[122] Das Zen-Üben besteht vor allem darin, das Lernen, das Programmieren zu vermindern und loszulassen. Das ist der Grund für den undogmatischen Charakter des Zen. Das Zen rühmt sich, „eine besondere Überlieferung außerhalb der Schriften" zu sein, die „nicht abhängig ist von Wörtern und Buchstaben". Es ist der logische Schluß daraus, sich an keine Wahrheit zu hängen.

Viele empfinden die Mehrdeutigkeit der Bibeltexte als Problem. Ein Bekannter von mir beklagte sich schon mehrmals darüber, ihm falle das Lesen der Evangelien schwer, weil ihr Sinn oft so mehrdeutig sei. Dieser Bekannte war in der Kommunikationsbranche tätig und vor seiner Pensionierung Geschäftsführer einer Marketingfirma. Er hat den Eindruck, Jesus habe es nicht richtig verstanden, seine Botschaft zu vermarkten. Oder, wie er mir sagte: „Wenn nun Jesus wirklich das sagen wollte, warum hat er das nicht klarer und direkter gesagt? Wozu dieses ganze Gerede um den Brei herum?"

Ich mag meinen Bekannten sehr. Genau das gleiche Problem hat auch mich lange beschäftigt. Als ausgebildeter Mathematiker und Wissenschaftler teilte ich seine Abneigung gegen unpräzise Aussagen. Es ist noch gar nicht so lange her, da wußte ich Poesie und Weltliteratur gar nicht richtig zu schätzen, weil ich nie recht wußte, wie man sie „richtig" interpretieren konnte. Auf diese Weise schloß ich mich vom reichen literarischen Erbe der Menschheit aus. Auf dem Gebiet der Literatur war ich ein Fundamentalist, bis ich entdeckte, welche Schönheit in der Mehrdeutigkeit liegt.

Während viele die Mehrdeutigkeit als Mangel empfinden, hat sie in Wirklichkeit ihre ganz eigenen Vorzüge. Einer dieser Vorzüge besteht darin, daß sie individuelles Lernen zuläßt. Der Wert der Mehrdeutigkeit wird uns erst klar, wenn wir merken, daß wir alle auf verschiedenen Stufen der spirituellen Reife stehen und die Heilige Schrift nicht dazu gedacht ist, nur dem Bedürfnis einer einzigen elitären Gruppe kompliziert denkender Menschen gerecht zu werden.

Bertrand Russell ist der Überzeugung, Verstehbarkeit und Präzision seien nicht miteinander vereinbar. Dichter wissen, daß der Sinn in der Mehrdeutigkeit blüht. Spirituelle Wahrheiten haben mehr mit Sinn als mit Fakten zu tun, und der Sinn steht und fällt mit der persönlichen Erfahrung. Wenn wir heute die Märchen nachlesen, die uns als Kindern erzählt wurden, entdecken wir darin wahrscheinlich eine Fülle von neuem Sinn. Diese Sinnfülle konnte uns als Kindern noch gar nicht erschlossen werden, weil wir eben noch nicht über die Reife verfügten, sie erfassen zu können. So gibt es gewissermaßen nicht nur eine Bibel, sondern deren Millionen. Denn jeder Mensch liest genau genommen seine höchst persönliche Fassung der Bibel, selbst wenn wir uns alle Mühe geben, beim Lesen möglichst „objektiv" zu bleiben. Die Subjektivität der Auslegung ist bereits darin eingebaut, denn *wir lesen, was wir sind*.

Das macht die Schönheit der Mehrdeutigkeit aus: sie erlaubt eine Art automatischer Maßschneiderei, so daß die Heilige Schrift immer auf unserer derzeitigen Verständnisebene zu uns spricht. Ihre Botschaft übersteigt nie unser Verständnis und ist auch nie so kindisch, daß sie unseren Verstand beleidigt. Ihr Sinn wächst im selben Maß, wie wir wachsen. Das ist ein weiteres Wunder des *wu-wei*!

Die Mehrdeutigkeit dient auch dazu, den tieferen spirituellen Sinn der Heiligen Schrift vor denen zu verbergen, die noch nicht reif sind, ihn zu erfassen. Maurice Nicoll bemerkt: „Alle heiligen Schriften bergen einen äußeren und einen inneren Sinn." Der äußere Sinn ist für den Massengebrauch, der innere Sinn für eine reife Zuhörerschaft. Die Verabreichung einer Dosis hochkonzentrierter spiritueller Lehre an einen unreifen Geist kann kontraproduktiv sein. Was mich an der Bibel beeindruckt, ist ihre Vielseitigkeit: Sie läßt sich genauso gut dazu verwenden, „klassische" tantrische Geheimnisse zu erschließen, wie dazu, in der Grundschule Religionsunterricht zu erteilen.

Jesus verhehlte nicht, daß viele seiner anspruchsvolleren Lehren nicht allgemein zugänglich und in der Form von Gleichnissen verschlüsselt seien. Er sagte zu seinen Jüngern: „Euch ist es gegeben, die Geheimnisse des Reiches Gottes zu erkennen. Zu den anderen Menschen aber wird nur in Gleichnissen geredet; denn sie sollen sehen und doch nicht sehen, hören und doch nicht verstehen" (Lukas 8,10). Nicoll sagt über dieses Verschlüsseln:

„So wird der Sinn verschleiert, denn würde er in buchstäblicher Form ausgedrückt, würde ihn niemand glauben, und alle würden ihn für baren Unsinn halten . . . Es geht nicht darum, die Menschen an der Nase herumzuführen, sondern diesen tieferen Sinn davor zu bewahren, falsch anzukommen, nämlich als ein flacherer Sinn, womit seine subtilere Bedeutung zerstört würde . . . Das Entwickeln von Verständnis, das Sehen der Unterschiede, ist ein langer Prozeß."[123]

Ehe ich dieses Buch schrieb, war ich mit Thomas Jefferson darin einig, daß Teile des Neuen Testaments „ihren Ursprung einem außergewöhnlichen Menschen verdanken, andere Teile aber das Werk eines sehr beschränkten Geistes sind". Lange Zeit war ich mit vielen Gelehrten und Intellektuellen der Meinung, die Worte Jesu seien verwässert und seine zentralen Lehren verzerrt worden, um den Zwecken des religiösen Establishments zu dienen. Aber wenn schon Jesus damit anfängt, den tieferen Sinn zu verschleiern, muß man wohl den Verdacht des Falschspiels noch einmal gründlich überdenken.

Die Anerkenntnis, daß es gleichzeitig einen äußeren und einen inneren Sinn gebe, bietet den Schlüssel zur Behebung des uralten Konflikts zwischen den Mystikern und der religiösen Orthodoxie, zwischen Jesus und dem pharisäischen Geist, zwischen den Intellektuellen und den religiösen Konformisten, sowie zwischen denen, die sich von ihrem inneren Licht führen lassen und den Fundamentalisten. Lange Zeit hat die religiöse Orthodoxie die Äußerungen der Mystiker und spirituell Fortgeschrittenen als gefährliche Häresien und Entstellungen des „wahren Glaubens" betrachtet. Andererseits neigen die spirituell Fortgeschrittenen dazu, die Fundamentalisten als Erwachsene in Kinderkleidern zu betrachten, die sich ewig gegen das Erwachsenwerden sperren. Tatsächlich ist dieses Problem universal und nicht auf das Christentum beschränkt. Die große Diskrepanz im spirituellen Verstehen ist für die Spaltung zwischen den Anhängern des Hinayana und des Mahayana in der Geschichte des Buddhismus verantwortlich, für die Verachtung, die die Vertreter des Hauptstroms des Buddhismus für die Tantra Übenden hegen, sowie auch für die Schwierigkeiten, die die Sufi-Mystiker mit der islamischen Tradition haben.

Die Spannung zwischen den Fundamentalisten und denjenigen, die sich von ihrem inneren Licht leiten lassen, wird nicht so bald zu beheben sein. Dabei spielt nicht nur der Mangel an Verständnis für den tieferen Sinn der Heiligen Schrift eine Rolle. Ein noch größeres Problem dabei ist die Natur unserer Psyche. Wir haben gewissermaßen alle den Instinkt des Fundamentalisten. Denn der Fundamentalismus ist ein Widerhall des Bedürfnisses unserer Seele nach Sicherheit, Gewißheit, Trost und fix und fertige Antworten. Die Haltung des Fundamentalisten gleicht derjenigen eines Drogenabhängigen insofern, als beide ihre Schwierigkeiten damit haben, sich den Herausforderungen des Lebens zu stellen. Die Sozialpsychologen Stanton Peal und Archie Brodsky treffen folgende Unterscheidung zwischen Liebe und Abhängigkeit:

„Der (süchtige) Mensch sieht eine neue Situation nicht als Möglichkeit zur Erkundung von Neuem, zur Befriedigung und zur Leistung. Er sieht in ihr nur eine drohende Schande angesichts des Scheiterns, das er befürchtet. Wer große Angst vor dem Scheitern hat, meidet Neues, ist konservativ und versucht, das Leben auf sichere Routinen und Rituale zu reduzieren.

Der grundsätzliche Unterschied (zwischen Liebe und Sucht) ... ist der Unterschied zwischen dem Wunsch, zu wachsen und neue Erfahrungen zu machen, und dem Wunsch, stehenzubleiben und in Ruhe gelassen zu werden."[124]

In dem Maß, in dem das Bedürfnis nach Sicherheit und Festhalten eine tiefsitzende Befindlichkeit der Seele widerspiegelt, können wir nicht erwarten, daß es sich ausrotten läßt; wir können ihm nur mit Liebe zu einem Gegengewicht und zur Heilung verhelfen. Denn es gibt auch das Bedürfnis der Seele, Abenteuer zu erleben, sich in Unbekanntes zu stürzen, den Reichtum des Lebens zu erkunden, sich selbst loszulassen und nach Wahrheit, Schönheit und

Poesie zu suchen. Hierin liegt die kreative Spannung. Erinnern wir uns noch einmal: das Zen kämpft gegen nichts an, was Teil der Wirklichkeit ist. Der Schlüssel ist die Ausgewogenheit.

Die Hauptabsicht dieses Buches bestand darin, einen ganzheitlichen Zugang zum Leben zu erschließen, bei dem man Spannungen als Wert erkennt, Schattenseiten als kostbar, Schwierigkeiten als wichtige Möglichkeiten und die Unvollkommenheit des Menschen als höhere Form der Vollkommenheit (weil sie Wachstum ermöglicht). Bei diesem Zugang wird keine vollkommene Kontrolle über das Leben erstrebt, denn er geht von der Einsicht aus, daß vollständige Kontrolle eine Illusion ist. Er läßt Raum für Paradoxa und Geheimnisse und betrachtet diese als etwas Schönes und Kostbares. Er verspricht weder Trost noch „Erlösung" (im Sinn von Patentrezepten), doch bietet er uns einen Weg, mittels der immer gründlicheren Entdeckung unserer selbst zu wachsen und zu reifen. Das ist das Wesen des Zen.

Zen-Leute pflegen zu sagen, jeder Schluß sei ein Neuanfang. Ich hoffe, daß auch der Schluß dieses Buches für seine Leser zum Neuanfang wird: daß sie über ein neues Paradigma für das Lesen der Heiligen Schrift verfügen, die Tiefe Jesu neu zu schätzen vermögen, mit neuen Augen sehen, wie die großen spirituellen Traditionen der Welt im Wesentlichen eins sind, und vor allem, daß sie sich ohne Angst (d. h. mit Liebe) neu auf das Leben einlassen können.

Anmerkungen

[1] Zitiert von Dom Aelred Graham, *Zen Catholicism*, New York 1994, 62.

[2] M. Williamson, *A Return to Love*, New York 1992, 58.

[3] E. M. Rosenberg, *Southern Baptists: A Subculture in Transition*, Knoxville 1989, 134.

[4] H. Bloom, *The American Religion*, New York 1992, 221.

[5] Laotse, *Tao te king* (Nr.18), übersetzt von Richard Wilhelm, Düsseldorf-Köln 1978, 58.

[6] Th. Moore, *Care of the Soul*, New York 1992, 83.

[7] Lin Yutang, *My Country and My People*, New York 1935, 107.

[8] Th. Merton, *Sinfonie für einen Seevogel. Weisheitstexte des Tschuang-tse*, Freiburg 1996, 134.

[9] R. H. Blyth, *Zen and Zen Classics* a.a.O. 25.

[10] W. Rahula, *What the Buddha Taught*, London 1978, 111.

[11] J. Welwood, *Ordinary Magic*, Boston 1992, xiii.

[12] D. Brande, *On Becoming a Writer*, Los Angeles 1981.

[13] D. T. Suzuki, *Introduction to Zen Buddhismus*, New York 1964, 45.

[14] A. Camus, *Der Mythos von Sisyphos. Ein Versuch über das Absurde*, übertragen v. Hans Georg Brenner u. Wolfdietrich Rasche, Hamburg 1959, 32.

[15] H. Smith, *The Religions of Man*, New York 1958, 204.

[16] R. Fulghum, *All I Really Need to Know I Learned In Kindergarten*, New York 1986, 6f.

[17] Nach Th. Merton, *Sinfonie für einen Seevogel* a.a.O. 23ff.

[18] A. Watts, *Cloud-Hidden*, New York 1974, 112.

[19] Laotse, *Tao te king* (Nr.78), a.a.O. 121.

[20] Th. Moore, *Care of the Soul*, New York 1992, 286.

[21] R.H. Blyth, *Zen in English Literature and Oriental Classics*, Tokyo o.J. 180.

[22] B. Russell, „Vagueness", *Australian Journal of Philosophy* 1 (1925).

[23] Sh. Rajneesh, *Zen: The Special Transmission*, Rajneeshpuram, Oregon 1984, 17f.

[24] R. Linssen, *Living Zen*, New York 1978, 75.

[25] W. Rahula, *What the Buddha Taught*, London 1978, 61f.

[26] L. Oliver, „Clarity, Will-Power, Creativity", *Lotus* 2 (Frühjahr 1993), 28.

[27] A. Maslow, *The Farther Reaches of Human Nature*, New York 1972, 169.

[28] Bhagwan Shree Rajneesh, *Zen: The Special Transmission*, Rajneeshpuram, Oregon 1984, 2.

[29] Bhagwan Shree Rajneesh, *The Mustard Seed*, Rajneeshpuram, Oregon 1975, 301.

[30] P. Noonan in *Forbes* vom 14. September 1992, 58.

[31] E. Fromm, *Haben oder Sein*, Stuttgart 1976, 29.

[32] D. Meyers, „Pursuing Happiness", *Psychology Today* vom Juli/August 1993, 34.

[33] Ebd.

[34] Laotse, *Tao te king* (Nr.21), a.a.O. 61.

[35] D. Carnegie, *How to Stop Worrying and Start Living*, New York 1985, 162.

[36] Ebd. 163.

[37] D.T. Suzuki, *Introduction to Zen Buddhism*, New York 1964, 95.

[38] J. Marsh, *Saint John*, New York 1968, 178.

[39] E. Conze, *Buddhism: Its Essence and Development*, New York 1975, 39.

[40] W. Rahula, *What the Buddha Taught*, London 1978, 40.

[41] A. Camus, *Der Mythos von Sisyphos*, a.a.O. 99.

[42] Ebd. 100.

[43] M. Sc. Peck, *The Road Less Traveled*, New York 1978, 15.

[44] A. Camus, *Der Mythos von Sisyphos*, a.a.O. 100f.

[45] A. Einstein und Leopold Infeld, *The Evolution of Physics*, New York 1938.

[46] J. Marsh, *Saint John* 181.

[47] C. S. Lewis, *The Grand Miracle*, New York 1970, 114.

[48] Anm. d. Ü.: In der deutschen Einheitsübersetzung ist die Antwort Jesu mit „Ihr sagt es – ich bin es" wiedergegeben.

49 G. B. Caird, *Saint Luke*, New York 1963, 245f.

50 C. S. Lewis, *Miracles*, New York 1947, 109.

51 A. Camus, *Der Fremde*, übertragen von G. Goyert und H. G. Brenner, Reinbek bei Hamburg 1961, 122.

52 B. S. Siegal, *Peace, Love and Healing*, New York 1989, 192.

53 L. Koren, *Wabi-Sabi*, Berkeley 1994, 7.

54 S. *Peace, Love and Healing* 193.

55 C. S. Lewis, *Miracles* 125.

56 Ebd. 130.

57 A. Watts, *Beyond Theology*, New York 1973, 40.

58 C. S. Lewis, *The Screwtape Letters*, New York 1982, ix (fehlt in der deutschen Ausgabe der *Dienstanweisung für einen Unterteufel*).

59 C. S. Lewis, *The Problem of Pain*, New York 1962, 127.

60 Ebd. 119.

61 M. Sc. Peck, *Further Along the Road Less Traveled*, New York 1993, 171.

62 P. Tillich, *Systematic Theology*, Chicago 1957, Bd.1, 284.

63 C. S. Lewis, *The Problem of Pain* 127.

64 C. S. Lewis, *Dienstanweisung für einen Unterteufel*, Freiburg 1975, 66.

65 P. Tillich, *Systematic Theology*, Chicago 1957, Bd. 1, 284.

66 P. Tillich, *The Shaking of the Foundations*, New York 1948, 110.

67 Ebd.

68 P. Tillich, *Systematic Theology*, Chicago 1957, Bd. 2, 110.

69 M. S. Peck, *Further Along the Road Less Traveled* 209f.

70 P. Tillich, *Systematic Theology* Bd. 2, 110.

71 M. Williamson, *A Return to Love*, New York 1992, 7.

72 A. Watts, *The Book*, New York 1972, 14.

73 R. H. Blyth, *Zen and Zen Classics*, Union City/Kalifornien 1978, 149f.

74 Th. Merton, *New Seeds of Contemplation*, New York 1972, 133.

75 Fynn, *Mister God, This Is Anna*, New York 1974, 74f.

76 E. Fromm, *Die Kunst des Liebens*, Stuttgart 1980, 33.

77 J. A. Sanford, *The Kingdom Within*, überarb. Ausg., New York 1987, 123f.

78 Fynn, *Mister God, This Is Anna* 60.

[79] Dom Aelred Graham, *Zen Catholicism*, New York 1994, 47.

[80] S. Sahn, *Only Don't Know*, Cumberland, Rhode Island 1984, 5.

[81] J. S. Spong, *Rescuing the Bible from Fundamentalism*, New York 1991, 230.

[82] A. Watts, *Beyond Theology*, New York 1973, 109.

[83] W. Barclay, *The Gospel of Matthew*, Philadelphia 1975, Bd. 1, 199.

[84] Ch. Trungpa, *The Myth of Freedom*, Boston 1976, 5.

[85] P. Tillich, *The Shaking of the Foundation*, New York 1948, 109.

[86] A. Watts, *Beyond Theology*, New York 1973, 29.

[87] C. S. Lewis, *Dienstanweisung für einen Unterteufel*, Freiburg 1975, 11f.

[88] *Spirituality, Happiness and Health*, Christopher News Notes.

[89] N. Maclean, *A River Runs Through It*, New York 1992, 2.

[90] A. Watts, *The Spirit of Zen*, Boston 1992, 70.

[91] Laotse, *Tao te king* (Nr.2), a.a.O. 42.

[92] S. Sahn, *Only Don't Know*, Cumberland/Rhode Island 1984, 27.

[93] C. S. Lewis, *The Grand Miracle* 30.

[94] Laotse, *Tao te king* (Nr. 3),a.a.O. 43.

[95] P. Tillich, *The Shaking of the Foundations*, New York 1948, 99.

[96] H. Merker, *Listening*, New York 1994,17.

[97] Rückübersetzt aus dem amerikanischen Zitat in W. Kaufmann, *The Portable Nietzsche*, New York 1954, 45f.

[98] Th. N. Hanh, *Peace Is Every Step*, New York 1992, 96f.

[99] J. S. Goldsmith, *The Thunder of Silence*, New York 1961, 55.

[100] L. Kushner, *God Was In This Place, and I, I Did Not Know*, Woodstock/Vermont 1991, 75.

[101] D. T. Suzuki, *Introduction to Zen Buddhism*, New York 1964, 74.

[102] Zitiert von Merker, *Listening* 25.

[103] Rückübersetzt aus dem amerikanischen Zitat in W. Kaufmann, *The Portable Nietzsche*, New York 1954, 488.

[104] Alcoholics Anonymous, *Twelve Steps and Twelve Traditions*, New York 1953, 21.

[105] Zitiert von J. Kornfield, *A Path with Heart*, New York 1993, 103.

[106] Th. Moore, *Care of the Soul*, New York 1992,10.

[107] J. Kornfield, *A Path with Heart* 100.

[108] Ch. Trungpa, *Cutting through Spiritual Materialism*, Boston 1973, 220.

[109] L. Yeshe, *Introduction to Tantra*, Boston 1987, 37.

[110] A. Waley, *The Analects of Confucius*, Newe York 1989, 28.

[111] Ebd. 29.

[112] Laotse, *Tao te king* (Nr. 5), a.a.O. 45.

[113] J. Krishnamurti, *Think on These Things*, New York 1970, 19.

[114] E. Fromm, *Die Kunst des Liebens*, Stuttgart 1980, 71.

[115] Rückübersetzt aus dem angegebenen englischen Zitat in R. Blakney, *Meister Eckhart*, New York 1941, 204.

[116] W. P. Thera, *Love in Buddhism*, Los Angeles 1990, 12.

[117] N. Thera, *The Heart of Buddhist Meditation*, York Beach/Maine, 1991, 77.

[118] Th. N. Hanh, *Peace Is Every Step*, New York 1992, 98.

[119] „Sex for Sale" in *Time* vom 21. Juni 1993.

[120] N. Thera, *Love in Buddhism* 10.

[121] Zurückübersetzt aus H. Küng, „Theology for the Third Millennium", New York 1988, 218.

[122] Laotse, *Tao te king* (Nr. 48) a.a.O. 91.

[123] M. Nicoll, *The New Man*, Boston 1981, 2.

[124] St. Peal und A. Brodsky, *Love and Addictions*, New York 1976, 60.

Spirituelle Wege

Daisetz Teitaro Suzuki
Wesen und Sinn des Buddhismus
Ur-Erfahrung und Ur-Wissen
Band 4197
Die Quintessenz des Buddhismus: Grundideen des Zen, seine
Spiritualität und Philosophie in überzeugend klarer Darstellung.

Daisetz Teitaro Suzuki
Das Zen-Koan – Weg zur Erleuchtung
Mit einem Vorwort von Janwillem van de Wetering
Band 4452
Koans sind Rätsel, die jeder für sich löst. Sie können zeigen, wer wir
wirklich sind. Die klassische Einführung.

Daisetz Teitaro Suzuki
Der Buddha der Liebe
Herzensgüte im Zen-Buddhismus und christlicher Glaube
Mit einer Einführung von Michael Brück
Band 4576
Der Interpret zeigt, wie nahe der buddhistische Begriff allumfassender
Liebe und universalen Mitleidens dem christlichen Glauben steht.

Daisetz Teitaro Suzuki
Zen und die Kunst zu siegen, ohne zu kämpfen
Der Schwertweg
Band 4688
Das Schwert als Grenzerfahrung und Gegenstand der Inspiration. Ein
Schlüssel auch für das tiefere Verständnis des heutigen Japans.

Perle Bessermann
Zen oder die Kunst, das Leben zu meistern
Band 4657
Geschichten aus dem Alltag, in denen es immer wieder um die
Erfahrung geht, daß man in einer Situation „feststeckt". Und plötzlich
zeigt sich: Es tun sich überraschende Lösungsmöglichkeiten auf.

HERDER spektrum

Dalai Lama
Einführung in den Buddhismus
Die Harvard-Vorlesungen
Band 4148

Die unauslotbare Tiefe der buddhistischen Weisheitstradition – von
einer der großen geistigen Gestalten der Gegenwart auf einzigartige
Weise erschlossen.

Dalai Lama
Unsere spirituelle Sehnsucht
Religiöse Erfahrung als Brücke zwischen
Buddhisten und Christen
Band 4758

Für das neue Jahrtausend – ein Pfad gemeinsamer Spiritualität. Zeugnis
eines religionsübergreifenden Dialogs, ganz praxisbezogen und lebensnah.

Sangharakshita
Einführung in den tibetischen Buddhismus
Aus dem Englischen von Hans Obermann
Band 4731

Einblicke in eine faszinierende Welt und Kultur, geprägt von einer
reichen spirituellen Tradition. Alles, was man über den tibetischen
Buddhismus und seine praktischen Lehren wissen muß.

Dhammapada – Die Weisheitslehren des Buddha
Mit einem Vorwort von Thich Nhat Hanh
Aus dem Pali neu übertragen von Bernhard Schiekel
Band 4665

Diese Sammlung von Worten des Gautama Buddha ist „wohl der beste
Leitfaden zu den Grundgedanken des Buddhismus, den man überhaupt
finden kann" (Thomas Cleary).

Die Reden des Buddha
Lehre, Verse, Erzählungen
Mit einer Einführung von Heinz Bechert
Band 4797

Buddhas Reden und Gleichnisse, gedankenklar und poetisch, offenbaren
Weisheitswissen von großer Aktualität.

HERDER spektrum

Thich Nhat Hanh

Das Leben berühren
Atmen und sich selbst begegnen
Band 4729

Schritte der Achtsamkeit
Eine Reise an den Ursprung des Buddhismus
Hrsg. v. Thomas Lüchinger
Band 4890

Nenne mich bei meinen wahren Namen
Meditative Texte und Gedichte
Band 4579

Schlüssel zum Zen
Der Weg zu einem achtsamen Leben
Mit einer Einführung von Philip Kapleau
Band 4915

Zeiten der Achtsamkeit
Mit einer Einleitung hrsg. von Judith Bossert und Adelheid
Meutes-Wilsing
Band 4492

Lächle deinem eigenen Herzen zu
Wege zu einem achtsamen Leben
Hrsg. von J. Bossert/A. Meutes-Wilsing
Band 4883

HERDER spektrum